교회력에 따라 예배하기
LITURGICAL YEAR AND WORSHIP

남 호 지음

이 책을
사랑하는 아내 이영옥과
두 아들 대영, 하림에게

머리말

    인간을 역사적인 존재라고 할 때 시간이란 개념은 아주 중요한 요소다. 더욱이 역사적 종교인 기독교에서 하나님의 구원 섭리가 드러나는 매체로서의 시간은 매우 소중하다. 하나님께서 인간을 구원하시기 위해 일하시는 것을 체험하며, 그 은혜에 능동적으로 참여하여 감사와 신앙고백을 하고 날마다 새롭게 되는 삶을 살아가는 것이 기독교인이다.

    하나님의 말씀과 섭리에 대한 응답은 예배라는 형태로 나타나며, 그 예배를 통해 우리는 기도와 찬양으로 하나님께 영광을 돌리고 은혜에 감격하여 기쁨에 젖어든다. 그러므로 우리는 모두 적극적이고 능동적으로 예배에 참여해야 하며, 또한 신령과 진정으로 드리는 공동예배를 더욱 깊고 새롭게 만들어 나가야 한다. 근래에 예배에 대한 관심이 늘면서 예배의 논의가 많아진 것은 매우 좋은 현상이다. 그러나 예배의 새로운 방향을 모색하는 것이 아주 특이한 형태를 찾아나가는 것은 아니다. 가장 중심이 되는 주제는 "참여"다. 또한 예배가 가진 특성인 형식과 자유를 최대한 살리는 것이다. 지금까지 많은 사람들이 형식과 자유는 서로 상반되고, 하나를 강조하기 위해서는 다른 하나를 포기해야 한다고 생각해 왔다. 그러나 예배가 살아나기 위해서는 이 두 가지가 모두 필요하며, 이 둘이 서로 조화를 이루어 극대화할 때 예배의 생명력은 살아나게 될 것이다.

    초대교회부터 예배하는 것은 넓은 의미로 기도하는 것과 같은 것으로 여겼으며, '기도의 법이 교리의 법이다(*Lex orandi lex credendi*).'라는 말이 있을 정도로 찬양과 간구 고백 등 모든 것이 포함된 기도를 바르게 드리는 것이 예배와 기독교 신앙의 기준이 되었다. 이단 논쟁이 심할 때는 기도를 드리는 방법이 명문화되어 기독교의 진리를 담아오기도 하였다. 현대에도 기도문들은 당연히 필요하다. 예수께서도 기도할 때 "중언부언하지 말라."(마 6:7)고 하신 것과 같이, 기도하는 데에는 그 뜻과 취지를 드러내는 격이 필요하다. 사람들은 현대 개신교의 예배 기도문 중 회중과 함께 드리는 공동기도나, 기도 내용을 주고받으며 간구하는 것이나, 찬양과 경배하는 것은 가톨릭의 형식이 아니냐며 부정적인 반응을 보인다. 그러나 신구교의 구분을 떠나서 회중의 적극적인 참여는 예배의 나아갈 방향이고, 초대교회부터 중요한 기도문은 목회자와 회중이 함께 드려왔다는 점에서 보면 타당하다. 우리는 이러한 형식 속에 담겨진 전통을 재발굴하고, 동시에 그 형식 속에 성령의 충만함으로 채워진 우리의 찬양과 기도를 담아나가는 것이 바람직한 예배의 모습이 될 것이다.

이 책이 이러한 부분을 완전히 채울 수는 없지만 예배에 관심이 있는 목회자들에게는 많은 도움이 되리라고 믿는다. 아무쪼록 매 절기마다 하나님의 구원하시는 역사가 널리 드러나고 신앙이 날로 성숙해가는 한국교회가 되기를 바란다.

이 책의 출판을 위해 힘써 도와주신 기독교대한감리회 홍보출판국 국장이신 이면주 목사님께 감사하며 더욱 강건하기를 기도한다. 그와 함께 책이 나오기까지 교정 교열에 힘을 쏟아주신 임명주, 성민혜 님께 감사를 드린다. 찬미 예수.

2002년 사순절에
구파발에서

차 례

I 절기에 대한 기본 이해

❶ 시간의 의미 · 11
❷ 매일 드리는 기도시간 · 12
❸ 주일 · 15
    주일의 기원과 의미 · 17
❹ 부활절 절기(The Easter Cycle) · 31
    부활절 · 31 | 오순절 · 34 | 사순절 · 36
❺ 성탄절 절기(The Christmas Cycle) · 39
❻ 현대 교회의 교회력 · 46

II 예배에 대한 기본 이해

❶ 예배의 일반적인 모습 · 51
❷ 예배에 대한 기능 분석 · 63
❸ 예배의 구조 · 66
    예배의 시작 · 66 | 말씀의 선포 · 68 | 말씀에 응답 · 74

III 교회력에 따른 예배 자료들

❶ 강림절(Advent), 성탄절(Christmas), 주현절(Epiphany) · 78

신학과 목회의 관점에서 본 특성 · 78 | 절기에 대한 준비 · 82 | 강림절의 주일들 · 85 | 성탄절과 그 후의 주일들 · 97 | 존 웨슬리의 언약예배 · 118 | 주현절 · 131 | 주현절 이후의 주일들(주님의 세례주일, 변형주일) · 140

❷ 사순절(Lent), 부활절(Easter), 오순절(Pentecost) · 162

절기의 의미 · 162 | 재의 수요일(Ash Wednesday) · 172 | 사순절의 주일들 · 178 | 고난/종려주일(Passion/Palm Sunday) · 193 | 고난주간의 월요일, 화요일, 수요일 · 202 | 세족 목요일 저녁(Holy Thursday Evening) · 211 | 테너브레이(Tenebrae) · 221 | 성 금요일(Good Friday) · 233 | 부활절 철야(Easter Vigil) 예배 · 243 | 부활절 예배 · 264 | 부활절 이후 둘째 주일부터 여섯째 주일까지 · 268 | 승천일(Ascension)과 승천주일 · 278 | 오순절(Pentecost) · 282

❸ 일상적인 기간(Ordinary Time)의 주일들 · 292

삼위일체 주일(Trinity Sunday) · 293 | 5월 29일부터 11월 19일까지의 주일들 · 296 | 만성절(All Saints Day) · 320 | 그리스도께서 왕이심을 기념하는 주일(Christ the King) · 330 | 추수감사주일 · 332 | 그 외에 기념하는 날들(광복절 예배, 성찬식으로 드리는 새벽예배) · 342

I. 절기에 대한 기본 이해

1. 시간의 의미

　　기독교는 시간을 매우 중요하게 여긴다. 하나님께서는 역사적인 시간을 통해 자신을 나타내시고 구원의 실제적인 사건을 펼치셨으므로, 기독교인들이 시간에 대한 관념이 없다면 하나님을 바로 알 수 없을 것이다. 하나님께서 자신을 계시하는 것은 정치적 사건들과 같이 "유대왕 헤롯 때에"(눅 1:5), "구레뇨가 수리아 총독이 되었을 때에"(눅 2:2) 등과 같은 표현으로 인간의 시간 측정 방법 속에 구체적으로 드러났다. 기독교는 일반적인 구원을 말하는 것이 아니라 특정한 시간과 장소에서 하나님의 특별한 행위에 의해 완성된 구원을 이야기한다. 달리 말해 하나님께서는 시간 안에서 예수 그리스도를 통해 인간의 역사 속에 들어오셔서 인간의 육신을 입으시고, 죄인들을 치유하시고, 가르치시며, 또 죄인들과 함께 잡수시기도 하셨음을 이야기한다. "예루살렘에 수전절이 이르니 때는 겨울이라 예수께서 성전 안 솔로몬 행각에서 거니시니"(요 10:22-23)라는 설명과 같이 구체적이고 특정한 시간과 장소에 대해 명시해 놓은 것을 복음서에서 많이 발견하게 된다. 예수 그리스도께서는 유월절과 관계되는 특별한 날에 죽으셨고 삼 일만에 부활하셨다.

　　시간을 중요시하는 기독교에서는 이를 예배에 반영하였다. 항상 리듬을 가지고 표현하는 예배에 시간을 기본적인 구조의 하나로 사용하였다. 예배 속에서 인간의 현재는 과거에 행하셨고 또 미래에 행하실 하나님을 만나는 시간이 된다. 인간이 예배를 통해 경험하는 구원은 역사적 사건에 기초한 현실적인 것이며 그 실제적 사건을 통해서 하나님께서는 인간에게 다가오신다. 인간이 시간을 잘 구성하여 예배에 연결시킬 때 그 구원의 사건들을 기억하고 재경험할 수 있게 된다. 기독교 예배는 시간의 기초 위에 만들어진 것이다. 교회도 시간을 지키는 방법에 따라 교회 생활에 무엇이 가장 중요한 것인지를 보여준다. 기독교인들이 무엇을 고백하는가에 대한 질문은 기독교인들이 시간을 어떻게 지키는지를 보면 알 수 있다. 초대 교회 신앙의 중요한 점들은 2-4세기의 기독교인들이 시간을 구성하는 방법에 드러나게 되었다. 초대 교회에서 시간을 사용하는 것에 의해 증거된 신앙의 중요한 점은 무엇인가? 그것은 무엇보다도 예수 그리스도의 죽음과 부활에 대한 믿음이었고, 성령께서 영원히 함께 하신다는 신뢰와 예수 그리스도를 통해 하나님께서 인간들에게 명확하게 계시하고 있다는 신앙이다. 이러한 초대 교회 신앙의 명백한 핵심은 교회가 시간을 어떻게 지키는가에 의해서 잘 드러나게 되었다. 초대 교회의 교회력은 성부와 부활하신 성자, 그리고 교회에 내재하는 성령이라는 삼위일체 구조를 은연 중에 보여주고 있다.

2. 매일 드리는 기도시간

초대 교회는 날마다 찬양의 구조를 가지고 있었다. 『디다케』는 주님이 가르치신 기도로 하루에 세 번 기도하라고 지시하고 있다. 시편 55:17은 "저녁과 아침과 정오에 내가 근심하여 탄식하리니 여호와께서 내 소리를 들으시리로다."라고 고백하고 있고, 다른 시편들도 "내가 하루 일곱 번씩 주를 찬양하나이다."(119:164), "내가 주의 의로운 규례를 인하여 밤중에 일어나 주께 감사하리이다."(119:62)라는 기도의 모습을 보여주고 있다. 3세기 초의 터툴리안은 아침, 저녁과 더불어 거룩한 기도를 특별하게 드리는 시간으로 하루의 제 삼 시, 제 육 시, 제 구 시를 이야기하였다. 3세기 경의 히폴리투스(Hippolytus)의 작품으로 여기고 있는 『사도 전승(Apostolic Tradition)』 41장은 하루에 일곱 번 기도해야 하는 시각에 대해 언급하고 있다:

> "모든 믿는 사람들, 남자와 여자는 그들이 아침에 잠에서 깨어났을 때, 어떤 일이든 시작하기 전에 그들의 손을 씻고 하나님께 기도드리게 하라. 그리고 나서 그들의 일을 하러 가게 하라. … 너희가 집에 있으면, 제 삼 시에 기도하고 하나님을 찬양하라.[1] 그러나 그 시각에 다른 곳에 있다면, 마음 속으로 하나님께 기도하라. 왜냐하면 그 시각에 그리스도께서 십자가에 못박히셨기 때문이다. … 마찬가지로 제 육 시에 기도하라. 왜냐하면 그리스도께서 십자가에 못박히셨을 때 날이 나뉘어지고 어둠이 내렸기 때문이다. … 제 구 시에 또 큰 기도와 큰 찬양으로 기도하여, 의로운 자들의 영혼이 거짓말을 안 하시고 그의 성도를 기억하시며 그들에게 빛을 주시기 위해 말씀을 보내신 하나님을 찬양하는 방법을 알게 하라. 이 시각에 그리스도께서 옆구리를 (창으로) 찔리시고 물과 피를 쏟으시고, 그날의 나머지 시간에 빛을 주시어 저녁까지 있게 하셨다. 그리고 나서 주무시기 시작하고 다른 날의 시작을 만드시어 부활의 형태를 완성하셨다. … 너희 몸이 잠자리에 들기 전에 기도하라. 자정 무렵에 일어나 물로 너의 손을 씻고 기도하라.[2] … 이에 대해서는 주님께서

---

[1] 제 삼 시, 제 육 시, 제 구 시는 현재의 오전 9시, 정오, 오후 3시에 해당한다. 낮에 세 번 기도하는 것은 시 55:17, 단 6:10에서 보듯이 구약성서의 경건으로부터 나온 것이다. 『디다케』 8장에서 이미 보이고 있는 것과 같이 이 관습은 기독교 공동체에 전해졌다.
[2] 이 기도는 유대교에서 비롯되었다: "한밤중에라도, 주의 의로운 규례가 생각나면, 벌떡 일어나서 주께 감사를 드립니다"(시 119:62). 쿰란 공동체의 기록에서도 이 기도의 모습이 발견된다.

이렇게 말씀하시며 증거하고 계신다. "한밤중에 외치는 소리가 났다. 신랑이 온다. 나와서 맞이하여라." 주님은 계속해서 말씀하시길, "그러므로 깨어 있으라. 너희는 그 날과 그 시각을 알지 못하기 때문이다."[3]

마찬가지로 새벽에 일어나 기도하라. 왜냐하면 그 시각에 수탉이 울 때 이스라엘의 자녀들이 그리스도를 부인했기 때문이다. 죽음으로부터의 부활 때에 영원한 빛이 나타남을 소망하고 우리의 눈이 그날을 바라면서 우리는 믿음으로 그리스도를 안다."

4세기 말에 크리소스톰(Chrysostom)은 새로 세례를 받은 사람들에게 하나님의 도움으로 강건해지기 위해 새벽에 교회에 모여서 기도한 후 하루의 일을 시작하며, 저녁 때 교회로 돌아와 주님께 보고드리고 잘못에 대한 용서를 빌어야만 한다고 역설하였다.

주간에 기도하고 금식하는 것에 대해, 『디다케』 8장에서는 정상적인 유대의 금식일인 월요일과 목요일에 금식을 하지 말고 수요일과 금요일에 하라고 했으며, 이러한 관습은 수요일, 금요일 제 구 시(오후 세 시)에 행해지는 정기적인 예배와 함께 후대에 널리 계속 지켜져 왔다. 기독교인들이 이러한 변화를 준 것은 유대인들과 명확하게 구별되는 것을 보이기 위함이라고 전통적으로 생각해 왔다. 그러나 거기에는 보다 깊은 뿌리의 예배 전통이 있다는 주장이 있다. 쿰란의 유대 공동체는 양력을 사용했으며 수요일과 금요일을 확실하게 특별한 날로 삼아 지켰다. 이러한 쿰란 공동체의 달력에 친숙한 개종자들의 영향을 받아 기독교가 이런 특별한 날들을 선택했다고 설명하기도 한다.[4]

기독교인들은 해가 지면서부터 하루를 시작하는 유대인들의 감각을 받아들여 성탄절 혹은 부활절의 '전야(eve)'가 날이 밝고 계속되는

---

3) 마 25:6, 13.
4) Paul F. Bradshaw, *The Search for the Origins of Christian Worship*, 194.

같은 날의 한 부분이라고 여겼다.

3. 주일

교회력의 기초가 되는 것은 신약성서 요한계시록 1장 10절의 '주의 날'로서 매 주간의 첫째 날이다. 초기의 기독교인들은 한 주간을 칠일로 형성한 고대 이스라엘의 구조를 받아들였다. 신약성서는 예배를 위한 특별한 시간을 한 주간의 첫째 날로 지적하고 있다. 바울은 고린도에 있는 기독교인들에게 매 주일 첫날에 연보를 하여 모아두라고 하였다(고전 16:2). 바울은 드로아에서 토요일 한 밤중까지 강론을 한 후 떡을 떼었고(아마 성찬식이었을 것이다.), 일요일에 날이 새기까지 이야기를 나누다가 떠났다(행 20:7, 11). 1세기 말까지 주의 날이라는 용어는 한 주간의 첫째 날로서 기독교인들에게는 익숙한 것이었다. 처음부터 주의 날을 기념하고 지키는 것은 교회의 신앙에 대해 증거하는 것이었다. 창조의 처음에, "하나님이 이르시되 빛이 있으라 하시니 빛이 있었고 빛이 하나님이 보시기에 좋았더라. 하나님이 빛과 어둠을 나누사 하나님이 빛을 낮이라 부르시고 어둠을 밤이라 부르시니라. 저녁이 되고 아침이 되니 이는 첫째 날이니라."(창 1:3-5). 모든 복음서가 첫째 날 아침에 빈 무덤이 발견되었다고 진술하고 있다(마 28:1-6; 막 16:2-6; 눅 24:1-3; 요 20:1-8). 복음서는 계속해서 그 첫째 날에 부활하신 그리스도께서 제자들에게 나타났으며(마 28:9; 눅 24:13; 요 20:19) 팔 일째 되는 날, 즉 다음 주일에 나타나셨다(요 20:26)고 전한다.

기원 후 115년경 이그나티우스(Ignatius)는 마그네시아에 있는 기독교인들에게 편지를 써서 유대인들의 안식일을 지키는 것을 그만두고 사람들의 삶이 빛나며 주님과 주님의 죽음에 감사하는 날인 주님의 날에 따라 살라고 권면하였다. 일반적으로 100년 전후하여 쓰여진 것으로 알려진 『디다케(Didache)』는 기독교인들에게 "주님 자신의 날에(On the Lord's day of the Lord) 빵을 떼고 감사드리기 위하여 공동으로 모여라."(14:1)라고 가르치고 있다. 심지어는 이방인이 쓴 편지에도 기독교인들이 정기적으로 모이는 것이 기록되어 있는데, 기원 후 111-112년에 비티니아와 폰투스의 총독이었던 플리니(Pliny the Younger)가 트라잔(Trajan) 황제의 명령을 받아 기독교인들을 다룬 후 보고한 편지에는 "그들은 규칙적으로 정해진 날, 날이 밝기 전에 신에게 하는 것과 같이 그리스도에게 드리는 찬송가를 서로 주고 받으며 부르기 위해, 그리고 어떤 범죄 행위를 목적으로 하는 것이 아님을 맹세하며 그들을 결속시키기 위해서 즉, 도적질, 약탈, 간음, 배신 그리고 신용의 악용을 삼가기 위해 모였습니다. 이를 마치고 그들은 헤어지며, 음식 – 매우 평범하며 해가 없는 음식 – 을 먹기 위해 다시 모이는 것이 그들의 관습이었습니다."라고 묘사되어 있다.

주일에 대한 다른 용어인 '일요일(Sunday)'은 2세기 중반에 나타나기 시작한다. 저스틴(Justin Martyr)은 이방인인 로마 황제에게 기독교의 모습을 바로 알리기 위해 155년경에 쓴 『제일 변증론(First Apology)』에서 다음과 같이 설명하고 있다.

"우리는 모두 일요일에 공동으로 모입니다. 왜냐하면 일요일은 하나님께서 어둠과 물질을 변형시켜 이 세상을 창조한 첫째 날이고, 예수 그리스도 우리 구세주가 같은 날에 죽음에서 부활하셨기 때문입니다. 사람들이 그를 토요일 전 날에 십자가에 못박았고, 그는 토요일 다음 날 그의 사도들과 제자들에게 나타나 이 일들을 가르쳤습니다. 또한 나는 그 일을 당신께서 진지하게 고려해 주시기를 바라면서 당신께 전해준 것입니다." (67장)

기독교인들은 곧 일요일이라는 새로운 이방 용어를 받아들였고 그리스도의 죽음에서의 부활을 떠오르는 태양에 비유하기도 하였다. 2세기 초에 기록된 것으로 추정되는 『바나바의 편지(Epistle of Barnabas)』는 주일을 '제 팔 일째 날'로 적고 있다:

"현재의 안식일은 주께 받아들여질 수 없으나, 이 세상의 마지막을 표시하고, 제 팔 일째 날(the eighth day) 즉 다른 세상으로 인도하기 위해 이 날을 주께서 정하셨다. 그래서 우리는 제 팔 일째 날을 기쁨이 넘치게 축하해야 할 이유가 있다. 그 똑같은 날에 예수께서 죽은 자들로부터 부활하셨고, 그 후에 주님께서 자신을 명백히 드러내 보이셨고, 하늘에 오르셨다."(15장 8-9절)

초기 기독교인들은 주일을 하나님께서 제 칠일에 안식을 하시고 새롭게 창조를 시작하시는 것으로 보아 제 팔 일째 날이라고 한 것이다.

일요일은 예배의 날이었으며, 321년 "모든 재판관, 시민, 그리고 기능공들은 존경해야 할 태양의 날에 휴식을 취하나 시골에 있는 사람들은 방해받지 않고 농사에 참여할 수 있다."는 콘스탄틴 황제의 칙령이 있기 전까지는 휴식을 위한 날이 아니었다. 주일은 부활을 매주 기념하는 것이기 때문에 다른 모든 날보다 뛰어나다. 매 주일은 부활 신앙을 증거하는 것이다. 따라서 주일은 매주 있는 작은 부활절(a weekly little Easter)이며, 부활절은 해마다 있는 큰 주일(a yearly great Sunday)이라고 할 수 있다.

1) 주일의 기원과 의미

초기의 기독교인들은 고대 이스라엘로부터 일주일이 칠 일인 유형을 받아들였다. 일주일이 칠 일로 구성되어 있는 것은 원래 달의 차고 이지러짐과 연관있는 것으로 고대 사회로부터 세계 곳곳에서 사용해 왔다. 동양에서도 신월(新月, 초승달)로부터 상현(上弦, 반달)까지가 약 7일이 걸리고, 그로부터 만월과 이어지는 하현까지도 7일씩으로 간주하였다. 그러나 모든 곳에서 달의 주기에 따른 이러한 구분을 택했던 것은 아니다. 로마인들은 오랫동안 한 달을 세 부분으로 나누어 구분하는 그들 나름대로의 어색한 형태를 사용하기도 하였다. 동시에 시장이 형성되는 기간에 맞추어 한 주간이 결정되기도 했었다.[5] 그러나 근동 지방에서는 대부분 칠 일 주기의 일주일을 지켰으며 히브리인들도 이런 형태를 받아들였다. 구약성서의 열왕기하 4:23, 이사야 1:13, 에스겔 45:17, 호세아 2:11, 아모스 8:5 등에서 볼 수 있는 것과 같이 안식일이 달의 주기를 지키는 것과 연관되어 언급되고 있다. 유대인들에게는 안식일이 일주일의 중심이 되며 일주일이라는 개념 전체가 안식일에 귀속되었다. 따라서 한 주간의 각각의 날들이 특별한 이름을 갖고 있지 않았다. 단지 첫째날(현재의 일요일), 둘째날(월요일), 셋째날(화요일) 등으로 불렸을 뿐이다. 다만 안식일 전날인 금요일은 특별한 이름이 있었다. 안식일에는 음식을 만들 수 없기 때문에 금요일에 다음날 먹을 음식을 요리하고 등불을 켜는 일 등을 해야했으므로 마태복음 27:62에 나오듯이 '예비일' 또는 '안식일 전날' 이라고 불렀다.

한편 로마에서는 기원전 45년에 줄리우스 케자르(Julius Caesar)가 태양력을 만들었는데, 이 줄리우스 달력은 오늘날 사용하는 것과 같은 월과 한 주간의 요일들의 순서와 이름을 사용했다. 로마가 사용한 요일 이름의 순서는 태양계에 있는 행성들 - 태양도 포함하여 - 의 이름을 따라 토(Saturn) 일(Sun) 월(Moon) 화(Mars) 수(Mercury) 목(Jupiter)

---

[5] 고대사회에서는 장(market)이 서는 간격에 따라 기간을 설정하기도 했는데, 고대 로마에서는 장이 8일마다 섰으며 그날을 nundinae라고 불렀다. 아우구스투스 시대까지도 7일 주기의 주(week)와 8일 주기의 주가 병행하여 사용되기도 했다. 기원 후 4세기가 되어서야 7일 주기의 주가 완전히 자리를 잡게 되었다. (Willy Rordorf, *Sunday: The History of the Day of Rest and Worship in the Earliest Centuries of the Christian Church*, 10)

금(Venus)이었다. 이러한 순서가 어떤 근거로 되었는가는 설명하기가 쉽지 않다.[6] 행성의 이름을 따라 요일 이름을 정한 것은 이미 기원전 1세기부터다. 그러나 유대인들이나 기독교인들이 사용했던 달력과 공식적으로 사용했던 로마의 달력은 일치하지 않는다. 로마인들이 토요일을 한 주의 첫째 날로 지킨 반면 유대인이나 기독교인들은 토요일을 안식일로 일곱 번째 날이나 한 주의 마지막 날로 지킨 것이다. 점차 시간의 흐름에 따라 로마에서는 일요일이 토요일의 자리를 빼앗아 가장 중요한 위치를 차지하기 시작했으며, 기원 후 321년 3월 3일 콘스탄틴(Constantine) 황제가 일요일에 대한 법을 반포한 후에는 일요일이 휴식을 위한 날로 인식되기 시작했다. 이때부터 휴일이라는 개념이 도입되었으나 법령이 "모든 재판관들, 시민들, 그리고 기능공들이 존경할 만한 태양의 날에 쉬어야 하나 시골의 주민들은 방해받지 않고 농사를 지을 수 있다."고 한 것과 같이 차별을 두기도 하였다.

　　초대 기독교회는 한 주간의 날들을 그 당시 유대교의 풍습대로 똑같은 이름을 사용했다. 한 주간의 마지막 날을 안식일이라 하였고 금요일을 예비일, 그리고 그 밖의 날들을 단순히 첫째, 둘째, 셋째 등으로 불렀다. 그렇다고 토요일을 안식일이라고 칭한 기독교인들이 안식일을 준수하였다는 것은 아니었다. 초대 기독교인 중 예루살렘을 중심으로 한 사람들은 유대적인 관습에 영향을 많이 받았다. 사도행전에 보면 자주 언급되는 회합 장소로 성전, 회당, 가정(그리고 단 한번 야외 - 문밖 강가, 행 16:13)이 있다. 사도행전 2:46은 "성전에 열심히 모이고, 집마다 빵을 떼면서"라고 기록하고 있고 사도행전 5:42에는 "그들은 날마다 성전에서, 그리고 이집 저집에서 쉬지 않고 가르치어, 예수가 그리스도임을

---

6) 그리이스인들은 지구로부터의 거리에 따라 순서를 정했는데, 그 순서는 토-목-화-일-금-수-월이거나 그 반대였다.

전하였다."고 적혀 있다. 이러한 사도행전에 나타나는 모습들은 새로 회심하여 그리스도인이 된 사람들이 "마음을 같이하여"(행 1:14, 5:12) 그들의 신앙을 성전이나 회당에서 공공연하게 나누고 또한 집에서 개별적으로 나누었던 교회 공동체의 생활을 보여주는 것이다. 그러나 이들 모임의 두 형태에 차이는 있었다. 성전과 회당에서는 초기 공동체가 복음을 선포하였고(행 3:19-20, 5:21) 기도에 참여했으며(행 3:1) 성경의 가르침을 받기도 하였다.[7] 한편, 가정 모임에서 그들은 사도로부터 개인적인 가르침을 받기도 하고(행 1:13-14) 음식을 나누고 성찬식을 거행하는 것에 참여함으로써 성도 사이의 유대를 돈독히 하였다.[8]

 초기 공동체의 개별적인 모임들은 부활하신 주님에 대한 그들의 신앙을 더욱 자유롭고 완벽하게 표현하였다. 그리고 그 모임들은 성전이나 회당에서의 예배와 갈등을 일으키기 보다는 성전이나 회당 예배를 보완하였다. 랄프 말틴(Ralph P. Martin)은 이에 대해, "교회 생활의 초기 시절에, 최소한 신앙의 외적인 실천에 관해서는, 부모 종교를 떠나고자 하는 바람이 없었던 것으로 보인다."라고 하며 "초기 기독교 교회는 유대교 울타리 안의 한 종파처럼 보였다."고 지적하고 나사렛의 분파(sect of the Nazarenes, 행 24:5)로 여겨졌다고 하였다.[9] 이 분파(sect)라는 단어는 사도행전에서 기독교의 파(행 24:5, 28:22)와 유대교의 공식 종파인 사두개인의 당파(행 5:17)와 바리새파(행 15:5, 26:5)를 묘사하

---

7) 회당은 가장 빈번히 언급되는 예배의 장소다. 예수의 사역 안에 수없이 등장하며, 사도행전에서도 회당에 참여한 기독교인들에 대한 기록은 가장 인상적이다. 바울도 회당에서 유대인과 헬라인을 정기적으로 만났다. (행 18:4, 19; 13:5, 14, 44; 14:1; 17:1, 10, 17). 회당은 기원 후 첫 4세기 동안 기독교 예배의 형태와 예배의 시간 – 기독교인들이 공동기도를 위해 함께 모이는 시간 – 에 우리가 인식하는 것보다 더욱 크게 영향을 주었다.
8) 성전에서 성경이 읽혀지고 기도가 있었으므로 예루살렘에 있는 초기 기독교인들이 성전 예배에 참여했던 것은 사실이다. 성전 예배에 참여한 후, 그들은 개인집에서 그들만이 따로 모였으며, 그곳에서 사도들의 가르침을 열심히 듣고 떡을 떼며 기도함을 통해 성도의 교제에 충성스럽게 참여했던 것이다.
9) Ralph P. Martin, *Worship in the Early Church*, 18.

는데 똑같이 사용되고 있다. 이런 점으로 보아 처음 기독교인들은 유대교의 영향을 많이 받았고, 자주 언급되는 성전, 회당, 기도와 설교 등의 용어는 기독교 예배가 아무것도 없는 곳으로부터 새롭게 나온 것이라기보다는 유대교의 종교적인 예배의 한 연장이거나 그 예배를 재해석한 것임을 암시한다.[10]

예루살렘 교회의 예배 시간, 즉 예배드리는 날을 언제로 하였는가에 대해서 오스카 쿨만(Oscar Cullmann)은 다음과 같이 주장한다:

"모이는 때에 관해 사도행전은 날마다 모였다고 말한다(2:46과 5:42, 또한 눅 24:53). 안식일 역시 계속 이곳 저곳에서 지켰을 것이다. 그러나 여기서 우리가 단언하는 것은 이미 가장 초기에 기독교(교회) 예배가 한 날을(교회) 예배를 위한 날(주일)로 특별히 구별한 기독교 구조를 독특하게 만들어 냈다는 것이다. 그것은 유대교적 안식일이 아니고 유대교와 차별하려는 깊은 사려 속에서 처음 기독교인들이 주일의 첫째 날을 선택했던 것이다. 왜냐하면 이 날에 그리스도가 죽음에서 부활했으며 이 날에 그리스도가 식사하기 위해 함께 모인 제자들에게 나타났기 때문이다."[11]

그러나 오스카 쿨만이 말한 것 같이 주일이 안식일을 대치하는 발전된 모습은 초기 예루살렘 교회에서는 아직 발생하지 않았다. 다시 말해 기원 후 70년 예루살렘 성전이 무너지기 전에는 예루살렘 교회에 기독교인들이 예배를 위한 새로운 날을 도입했다고 여기는 것이 불가능하다는 것이다. 사도행전 2장과 5장에서 보듯 사도들이 날마다 성전과 집에서 가르쳤다. ('날마다' 가 수식하는 것이 성전만인지 아니면 집도 수식하는 것인지에 대해서는 확실하지 않다.) 그러나 날마다 모였던 것은 유대인과 이방인들에게 복음을 선포하기 위한 복음전도적인 것으로, 사도들을 중

---

10) Samuele Bacchiocchi, *From Sabbath to Sunday: A Historical Investigation of the Rise of Sunday Observance in Early Christianity*, 138.
11) Oscar Cullmann, *Early Christian Worship* (London: SCM Press Ltd, 1953), 10.

심으로 새로이 회심한 사람들이 이 모임에 참석하였을 것으로 보인다. 반면 전체 공동체는 날마다 모임에 참석했다고 보지는 않는다. 그와 함께 안식일을 버리고 일요일을 받아들이는 것은 즉각적으로 일어나지 않았다. 스데반의 순교 이후 계속된 박해(행 8:3, 9:2)로 인해 기독교인들이 성전과 회당에서 분리되기 시작한 것은 사실이나, 급진적으로 분리되지 않았으며 안식일에 대해서도 큰 문제가 제기되지는 않았다. 기원 후 49-50년에 있은 예루살렘 회의에서 지도자들은 당시의 신앙생활의 실제 모습에 대한 중요한 문제를 제기했다(행 15장). 그러나 그 의제에 안식일에 대한 논란은 없었던 것으로 보아 안식일을 지키는 것이 그 당시에 그리 큰 문제가 되지 않았음을 알 수 있다.[12] 그 뿐 아니라 그 회의에서 모세의 의식에 대한 법을 존중하고 야고보가 "모세를 전하는 사람이 있어서, 안식일마다 회당에서 그의 글을 읽고 있습니다."(행 15:21)라고 언급한 것을 보면 일요일이 이미 안식일을 대신해 자리잡았다는 가설을 일축한다.[13]

예루살렘 교회에 획기적인 변화가 오기 시작한 것은 예루살렘 성전 파괴 이후다. 많은 사람들이 예루살렘을 떠나 다른 지역으로 이주를 했고 예루살렘 성전을 중심으로 한 유대교와 기독교의 연관은 깨졌다.

로마를 중심으로 한 기독교인들의 모습은 다소 다른 면이 있다. 로마의 종교적, 정치적, 사회적 상황은 로마의 기독교인들에게 영향을 주

---

12) 기원 후 135년 이후 로마는 폐허가 된 예루살렘에 로마 도시(Aelia Capitolina)를 세우고 유대인들에게 금지조항을 엄격히 지키게 하였는데 그 중 종교적 실천에 있어 가장 대표적인 두 가지의 관습, 즉 안식일과 할례에 관한 것을 금지했다. 사도행전 15장의 지도자 회의는 예루살렘의 영향력이 주변 안디옥, 수리아, 길리기아에 미치고 있음을 보여주고 있다. 이 회의에서 지도자들은 기독교인이 된 이방인들이 기본적으로 지켜야 하는 것을 토론하였다. 할례는 이방인 형제들에게는 예외로 하기로 결정하고 모세 율법에 따른 금지 사항을 결의했다.
13) Samuele Bacchiocchi, *From Sabbath to Sunday*, 148. 예루살렘 회의에 대해 견해를 달리 하는 학자들도 있다. 그들은 비유대인 회심자들이 모세의 법을 지키도록 명령받지 않았음을 상기시키며 안식일을 지키는 것도 할례와 마찬가지로 포기되었다고 주장한다(H.B. Porter, *The Day of Light: The Biblical and Liturgical Meaning of Sunday*, 8).

었다. 로마서를 보면 로마 교회가 다수의 이방출신 기독교인들과 소수의 유대출신 기독교인들로 구성되어 있음을 알 수 있다. 교회 내에서 다수를 차지했던 이방 출신 기독교인들이 교회 내의 유대출신 기독교인들과 그리고 교회 밖의 유대인들과 갈등을 겪었으며, 그런 갈등이 로마에서는 예루살렘을 중심으로 한 지역보다 더 빨리 유대교와 단절하도록 하는 데 기여했음이 확실하다. 또한 로마 사회 내에서도 유대인과 기독교인들은 구별되었다. 기원 후 49년에 반포된 클라우디우스(Claudius) 황제의 칙령은 유대인들을 로마에서 추방하라고 하였는데 그 이유는 Chrestus(그리스도라는 이름이 잘못 병기된 것 같다.)의 선동으로 유대인들이 끊임없이 폭동을 일으키기 때문이라고 하였다. 이 당시에는 유대인과 기독교인들을 명확히 구별하지 않았으나 네로 시대에 가서는 기독교인들을 유대인들과는 구별된 하나의 실체로 여겼다. 그리고 기원 후 64년에 이르러서는 명백히 구별하였다. 당시 유대인들에 대한 로마인들의 강한 혐오감이 있었으며, 이러한 상황 때문에 기독교인들은 유대인들에 대한 부정적 태도를 보일 뿐만 아니라 특징적인 유대교의 종교적 관습을 대체시키는 새로운 체계, 즉 반유대적인 차별성(anti-Judaism of differentiation)을 창출하였다. 이에 따라 안식일에 대한 존경이 사라지게 되었고 이런 로마 교회 모습은 주변 지역에 영향을 주었다.

오늘날 그리스도인들이 거룩한 날로 구별하여 특별한 날을 지정하고 예배를 드리는 것이 언제 무엇으로부터 생겨났는가에 대해서는 학자들에 따라 차이가 있으나, 대부분의 학자들은 초대 그리스도인들이 주일을 지키기 시작한 것이 유대 안식일의 대체로서가 아니라 그들의 공동예배를 위한 그들 자신들의 날로서 설정한 것이라는 주장에 동의하고 있다. 특히 일요일을 지키는 것이 기원 후 2세기 기독교인들 사이에서 시작되었다는 주장에 대해, "많은 학자들은 처음 기독교인들이 유대인으로부터 그들 자신을 차별하기 위하여 주일을 그들의 안식일로 선택하였고, 더욱이 1세기 동안 기독교 성찬식을 유대적 시간 계산에 따라 안식일이 끝나고 일요일이 시작되는 토요일 저녁에 보통 행했다는 것을 믿는 경향이 있다."[14] 라고 답하고 있다. 즉 주일의 준수는 기독교 예배의 가장 중요한 부분으로 매주 행하는 성찬식과 연관되어 기독교 초기부터 정해진 시간에 있었는데, 이 사실은 기독교인들에게 주일(명칭이 그 무엇으로 불리워졌든)은 공동체가 예배를 드리기 위해 지정한 날이었음을 보여준다.

신약성경에는 주일과 관계되어 잘 알려진 세 구절 - 고전 16:2('매주 첫날'), 행 20:7('주간의 첫날'), 그리고 계 1:10('주의 날') - 이 있다. 고린도전서 16:2을 통해 바울이 연보를 하는 특별한 날을 고정하여 규칙적으로 지키게 했다는 점을 알 수 있다. 이는 이미 기독교인들이 매주 돌아오는 주일에 대한 지시에 의해 그들의 달력을 고정했기 때문에 가능했던 것이다. 사도행전 20:7-20은 예배와 성찬을 위해 모인 모임에서 일어난 사건이며 기독교 공동체의 예배는 주일에 있었음을 보여주는 것으로,[15] 예배를 위한 기독교인들의 정규적인 날로 주일이 이미 존재했음을 일러준다. 요한계시록 1:10은 새로운 희랍어 이름으로 특색있는 모습이다. 이 구절의 요점은 예언자 요한이 '주의 날'을 언급하면서 교회가 예배드리는 날에 밧모섬에서 그가 계시를 받았다는 것을 강조하기를 원함이었다. 그러나 주일에 대해 새로운 이름이 붙여졌다는 것이 매우 의미있는 사실이었다. "만약 기독교인들이 첫째 날에 대한 새로운 이름을 만들어 냈다면, 이는 이 날이 그들에게 특별히 중요하다는 것을

---

14) Paul F. Bradshaw, *The Search for the Origins of Christian Worship*, 192.
15) 사도행전 20:7은 이 모임이 저녁에 있었음을 분명히 보여준다. 그러나 이것이 토요일 저녁인지, 일요일 저녁인지 명확하지가 않다. 유대적 계산법에 의하면, 유대인은 해가 지면 하루가 시작된다고 계산하기 때문에 토요일 저녁이 되고, 로마의 방법 - 하루가 한밤중에 시작해 다음날 한밤중에 끝나는 방법 - 을 따르면 일요일 저녁이 된다. Willy Rordorf는 일요일 저녁에 일어났음이 틀림없다고 주장한다(Willy Rordorf, *Sunday*, 205).

의미한다. 우리는 예배를 위한 날로서 이 날이 특별한 중요성을 갖고 있다는 것을 가정할 수 있다."[16]

기독교인들 사이에 처음에는 예배를 드리기 위해 지정된 날(지금의 일요일, 주일)의 이름이 없었다. 단지 유대인들이 쓰는 대로 '첫째 날'이라고 불렀다. 그러나 기독교인들이 정해진 날에 모여 예배를 드리는 것은 유대인들과는 구별된 의미를 갖고 있었다. 그들이 예배드리는 날에 대한 특별한 이름이 없었다고 그들이 모여 예배드리는 날에 대한 의미가 없었던 것은 아니다. 후에 그 의미들을 분명히 해 주는 명칭들 - 주일, 제 팔 일째 날, 일요일 - 이 나타나게 된 것이다. 먼저 그 날은 부활과 관계가 있다. 복음서 기자들이 그리스도가 부활한 날을 '안식 후 첫 날'로 기록하고 있다. 또 '그날'(눅 24:13) 엠마오로 가던 제자 둘에게 예수께서 나타나셨고, '주간의 첫날 저녁에'(요 20:19) 예수께서 제자들에게 나타나 못자국을 보여주셨다. 그리고 요한복음에는 그 다음 주일에(요 20:26, '여드레 뒤에') 예수께서 제자들에게 같은 모습으로 나타났다고 기록하고 있다. 그리고 다른 때에 예수께서 제자들과 함께 실제로 식사를 함께 하셨다. 그런데 초대 교회부터 예배의 중요한 요소로 예수 그리스도의 죽음과 부활과 연관시켜 성찬식을 지켜왔다. 예수께서는 제자들과 함께 떡을 떼시고 '이를 행하여 나를 기념하라.'(눅 22:19, 고전 11:24)고 명하셨다. 이는 성찬식이라고 불리는 '주의 만찬'(Lord's Supper, 고전 11:20)이 예배의 중심을 차지하고 죽으시고 부활하신 주를 항상 '기념하는'(아남네시스, *anamnesis*) 자리였다. 그래서 부활하신 주님이 영적으로 임재하시는 성찬식이 매주 정해진 날에 드려지는 형식의 예배의 중심으로 자리잡아 왔다. 주님의 죽으심과 부활, 그리고 다시 오신다는 것을 기억하며 성찬식이 행해지는 어느 때나 어느 곳에서든지

---

16) Willy Rordorf, *Sunday*, 214.

주님이 함께 하신다는 것이 생생하게 나타났다. 그러므로 주의 만찬과 깊게 연관되어 주일(Lord's Day)의 의미가 드러나는 것이다. 이것은 부활하신 주님을 부활절에만 기리는 것이 아니라 매주 예배를 통해서 하나님 체험을 새롭게 하는 것이었다. "따라서 주일(Lord's Day)이라는 이름은 단지 한 번뿐인 역사적인 부활 사건으로부터 유래되었다기보다는 주의 만찬을 위해 모인 공동체 속에서 고귀하신 주님의 임재를 매주 체험하는 것으로부터 유래했으며, 이러한 실천은 부활절 저녁에 발생한 것에 기원을 둔다."[17)]

또한 예배를 드리기 위해 정한 이 날의 의미는 창조와 관계가 있다. 유대인들에게 안식일이 창세기에 나오는 창조와 관계있는 것과 같이, 기독교인들에게는 '첫째 날'이 창조 이야기 가운데 나타나 계속되는 사건으로 연결되었다. 기독교인들에게 이것은 새로운 시작이었다. 이것은 새로운 창조라는 개념으로부터 나왔는데, 이런 생각은 고린도후서 5:17에 그리스도께서 하신 일이 새로운 창조로 묘사된 것과, 에베소서 2:10에서 기독교인들이 '지으심을 받은 자'로 묘사되는 구절 속에 확실히 나타나 있다.[18)] 이러한 생각은 에베소서 2:5,6에서 보듯이 부활과 연결되어 있다. 그리스도의 부활은 '첫째 날'에 되어진 새로운 창조의 시작이다. 그리스도의 부활은 어둠이 지나가고 새 빛이 비추는 것으로 이 날은 '첫째 날'이 된다. 기원 후 150년경 쓰여진 것으로 보이는 저스틴의 『제일 변증론』 67장에서도 일요일에 기독교인들이 모였는데 이 날이 '첫째 날'로서 이 날에 하나님이 어둠과 물질을 변화시켜 세상을 창조하셨고, 우리의 구세주 예수 그리스도가 같은 날 죽음으로부터 부활했기 때문이라고 설명하고 있다. 창조는 빛으로 상징되었으며 이

---

17) Willy Rordorf, *Sunday*, 275.
18) 새로 지으심을 받는다는 구절이 엡 4:24, 골 3:10, 갈 6:15 등에도 나온다.

빛 가운데 부활하신 예수 그리스도가 선포되었고, 사람들은 빛을 통해 깨달음을 얻고 빛 가운데로 나오게 된 것이다. 따라서, "첫째 날을 그들 자신의 것으로 여기며 기독교인들은 그들을 빛되신 하나님의 자녀로, 예수 그리스도와 함께 상속자로, 그리스도께서 죄와 잘못과 죽음으로부터 구원해낸 백성으로 선언하였다."[19]

그와 함께 '제 팔 일째 날'이라는 명칭을 통해 볼 수 있는 주일에 대한 의미는 종말론적이고 새롭게 도래할 세계에 대한 대망이다. 이것은 안식일을 준수함으로 율법을 지키는 것과는 다른, 예수 그리스도를 믿는 사람들과 교제를 나누며 체험하는 새 삶에 대한 경험과, 복음의 진리 안에 있는 믿음에 의거한 것으로 기독교의 근본적인 면을 보여준다. 이에 대해서는 뒤에 자세히 논할 것이다. 위에서 살펴본 바와 같이 예배 드리기 위해 정해진 날인 주일의 의미는 세 가지 주된 점을 암시하고 있다. "이 날은 우리가 믿음 가운데 거행하는 부활에 대한 기념일이며, 우리가 소망 가운데 행하는 우리 주님께서 다시 오심을 대망하는 날이다. 또한 기독교인들이 이 날에 함께 모이고 말씀이 선포되고 성찬식이 거행되기 때문에 주님을 따르는 사람들 가운데 주님께서 실제적으로 현존하시며, 우리들은 그 사랑 안에서 주님과 더불어 교제를 나누는 날이다."[20]

칠 일로 된 한 주간에 팔 일째라는 계산이 비이성적인 것으로 보일지 몰라도 초대 교회 당시에는 어색한 것이 아니었다. 이렇게 요일을 계산하는 방법은 아직도 이탈리아 같은 나라들에 남아있어 약속을 할 때 '다음 주일에 오늘과 같은 요일'이라기 보다는 'oggi otto(여덟째 날 오늘)'라고 한다. 초대 기독교인들은 주일을 창조의 제 팔 일째로 보았다. 즉, 칠 일째 날에 휴식을 취하고 하나님께서 새롭게 창조하기 시작한 때

---

19) H.B. Porter, *The Day of Light*, 25.
20) A.G. Martimort ed., *The Church at Prayer vol. IV*, 18.

라는 것이다. 이것은 한 주일이 칠일이고 그 마지막 날이 안식일이라는 유대적인 사고에 근간을 둔 것이다. 그러나 기독교인들은 거기에 더욱 중요한 의미를 첨가하였다. 한 주간의 첫째 날로서 일요일이 세상 창조의 상징으로 모든 사물의 시작을 뜻하는 것과 같이, 동시에 안식일에 뒤이어 나타나는 이 특별한 '제 팔 일째 날'은 끝이 없는 새로운 영겁을 상징하는 것이었다.

'제 팔 일째 날(the eighth day)'이라는 표현이 처음 나타나는 문헌은 기원 후 130년에서 138년 사이에 바나바라는 익명의 사람에 의해 알렉산드리아에서 쓰여진 것으로 추정되는 『바나바의 편지(The Epistle of Barnabas)』이다. 이 글에서 바나바는 신학적이고 사회적인 체계로서의 유대주의를 전적으로 거부하고 있다. 이 글의 15장 8-9절에 '제 8일'에 대한 언급이 있다:

> 더욱이 주께서 그들에게 말씀하셨다: "나는 너희의 초하루와 안식일을 경멸한다." 너희는 이것이 무엇을 의미하는지 알고 있다. 현재의 안식일은 주께서 받아들일 수 없다. 그러나 주께서 만든 안식일이 있는데 그날에 세상 만물이 휴식을 취한 후, 제 팔 일째 날의 시작, 즉 다른 세상의 시작을 주께서 만들 것이다. 이 때문에 우리는 또한 기쁨으로 제 팔일째 날을 축하하는데 이 날에 예수께서 죽음으로부터 부활하셔서 자신을 보이셨으며 하늘로 올라가셨다.[21]

바나바는 하나님께서 현재의 안식일을 받아들이시지는 않지만 미래의 안식일을 받아들이시는데, 그것은 팔 일째 날로 표시될 것이고 새로운 세상을 뜻하는 것이라고 하였다. 이것은 종말론적인 성격이 있다. 즉 안식일로 상징되는 현재의 시대가 끝난 후, 제 팔 일째 되는 날인 다른 세상의 시작을 알린다는 것이다. 이것은 또한 일곱 날 혹은 이 세상

---

21) Thomas K. Carroll and Thomas Halton, *Liturgical Practice in the Fathers*, 36.

역사를 넘어서 있다는 것을 의미하기도 한다. 초대 교회에서 숫자들은 깊은 의미를 가졌다. "일곱은 현재의 세상을 뜻하는 것으로 나타났고 여덟은 앞으로 올 세상을 의미했다. 혹은 때로는 일곱이 모세의 제도를 의미한 반면 여덟은 복음을 의미하기도 했다."[22)]

바나바와 마찬가지로 저스틴도 음악의 옥타브(octave)로 상징되는 것과 같이 순환되는 주기의 새로운 시작과 갱신이라는 견해를 분명히 보여주고 있다. 순환되는 시간의 신비스러운 의미를 붙잡고 저스틴은 이 새로운 시작이 첫째 날이면서도 그것이 되풀이되고, 그것 자체를 새롭게 하고 갱신할 경우에는 그것이 옥타브 또는 '제 팔 일째 날'로 불리워진다고 하였다. 저스틴은 그의 저서, 『트리포와의 대화(Dialogue with Trypho)』에서 '제 팔 일째 날'에 관해 말하고 있다:

> 따라서 이미 내가 말한 바와 같이, 열두 예언자 중의 하나인 말라기를 통해 하나님께서는 너희가 하나님께 드릴 희생에 대해 말씀하셨다: 내가 너희를 기뻐하지 아니하며 너희 손으로 드리는 것을 받지도 아니하리라. 주께서 말씀하시길, 해 뜨는 곳에서부터 해 지는 곳까지의 이방 민족 중에서 내 이름이 크게 될 것이라. 그러나 너희가 내 이름을 더럽히는도다. 우리 이방인들이 모든 곳에서 하나님께 드리는 희생, 즉 성찬 빵과 성찬 잔에 대해 언급하시면서, 우리가 하나님의 이름을 영광스럽게 할 것이나 너희[유대인들]는 그 이름을 더럽힐 것이라고 하나님께서 말씀하셨다. 게다가 너희들의 아들들을 팔 일째 되는 날에 어김없이 할례하게 하는 할례의 명령은 참 할례의 한 유형이었다. 이 참 할례에 의해, 우리는 첫째 날에 죽음으로부터 부활하신 우리 주 예수 그리스도를 통하여 잘못과 사악함으로부터 할례를 받았다. 한 주간의 첫째 날에 있어서는, 모든 날들의 첫째 날이라고 하나, 그럼에도 불구하고 순환되

---

22) Roger T. Beckwith and Wilfrid Stott, *This is the Day: The Biblical Doctrine of the Christian Sunday in its Jewish and Early Church Setting*, 118.

어지는 주기의 모든 날들의 숫자에 따라 팔 일째 날이라고 불리운다. 그러면서 여전히 첫째 날로 남아있다.[23]

'제 팔 일째 날'에 등장하는 여덟이라는 숫자를 생각해 볼 때, 이 숫자는 세례와 연관된 상징성이 있다. 첫째는, 유대교 할례와 기독교 세례 사이의 유형적인 관계성이다. 기독교인들은 세례가 할례와 관계가 있다고 여겼다.[24] 구약 성서의 중요한 규정은 새로 태어난 남자는 난지 팔 일만에 할례를 받아야 했다.[25] 팔 일째 할례를 받는 것이 세례의 유형 가운데 녹아 들어가 초대 교회 교부들은 부활절 사건을 제 팔 일째 행해지는 할례의 새로운 뜻으로 생각하기도 했다. 따라서 새로이 회심한 사람들이 일요일에 세례를 받았으므로 이 날을 제 팔 일째 날로 여겼으며, 또한 세례를 영적 할례로 생각했기 때문에 예수의 부활이 팔 일째 날에 행해진 인류의 할례로 여겨졌다. 둘째로, 세례의 유형은 홍수 이야기와 연관이 있다. 베드로전서 3:20-21과 베드로후서 2:5에 보면 '세례 - 물(홍수) - 여덟'의 관계성이 드러나 있다. 구원을 받은 여덟이라는 숫자는 그리스도가 부활하시고 나타난 팔 일째되는 날의 상징이 되는 것이다. 그와 함께 여덟이라는 숫자는 고대에서 완전과 조화의 숫자로 여겨져 우주적 완성과 조화를 표시하기도 하였다.

'제 팔 일째 날'은 다른 한편 새로운 창조의 마지막 완성으로 의미가 있다. 일요일이 새로운 창조가 시작되는 날로 여겨진 것처럼, 제 팔 일째 날은 새로운 창조가 완결되는 것이었다. 이러한 생각은 제 팔 일째 날이 심판의 날이라는 것으로 연결되어, 안식일이 죽음을 뜻한다면 제 팔 일째 날은 부활을 뜻하게 되는 것이다. 어거스틴(Augustine)은 『신국(The City of God)』에서 '그리스도의 부활에 의해서, 그리고 영뿐만

---

23) Thomas K. Carroll and Thomas Halton, *Liturgical Practice in the Fathers*, 37.
24) 골 2:11, 엡 2:11.
25) 창 17:12, 21:4, 레 12:3.

아니라 몸의 영원한 휴식을 예시한 것에 의해서 성별된 제 팔 일째 날과 영원한 날'에 대해 말하며 '그래서 우리는 쉬고 보고 사랑하고 찬양할 것'이라고 하였다. 이것은 생명이 회복되는 희년의 모습과도 맥을 같이 하며 영원한 삶으로 연결되는 것이다. 이와 같이 예배를 드리기 위해 정해진 날인 일요일이 '제 팔 일째 날'인 것은 이 날이 영원한 삶의 징표이기 때문이다. 어거스틴은 "여덟째 날은 첫째 날과 같아질 것이며, 그래서 첫째 날이 회복될 것이다. 그러나 영원할 것이다."라고 하였다. 제 팔 일째 날이란 명칭은 보다 예언적인 면을 강조한다.

4. 부활절 절기(The Easter Cycle)

1) 부활절

초대 교회가 예수 그리스도의 사건과 관련하여 주일을 지키고 날마다의 기도 시간을 지킨 것과 같이 해마다 그리스도를 기억하는 구조를 확립하였다. 예수 그리스도가 유월절 기간에 십자가에 달리셨다는 것은 매우 중요한 의미를 갖는다. 유월절이 유대인을 노예 상태에서 해방시킨 하나님의 사건인 것과 같이 초기의 기독교인들은 하나님의 인도를 받아 더 이상 죄와 죽음의 노예가 되지 않음을 깨달았다. 그것은 예수 그리스도의 고난과 죽음, 그리고 부활을 통해서 가능해졌다. 그러므로 유대인들의 옛 사건이 기독교인들에게는 예수 그리스도 안에서 이루어진 전적으로 새로운 사건이 되는 것이다. 바울도 고린도전서 5:7에서 그리스도를 "유월절 양"으로 표현하며 유대인들의 사건을 기독교적인 사건으로 새롭게 해석한다. 따라서 초기 기독교인들에게 부활절은 일 년 중에서 가장 중요한 사건이었다. 마치 한 주간이 주의 날에 초점이 맞추어져 있듯이 한 해는 유월절이라는 의미의 파스카(Pascha, 부활절)에 초점이 맞추어져 있었다.

　그럼에도 불구하고 2세기 초에 가서야 특별하게 기독교적인 부활절 의식을 거행하려고 생각했고 로마 교회도 2세기 후반에 가서야 받아들였다. 더구나 교황 빅터(Victor, 약 189-198년)가 간섭하기 전에는 부활절의 날짜를 계산하는 데 두 가지 방법이 사용되었다. 하나는 소아시아의 교회들이 사용한 것으로, 그들은 유대의 유월절인 니산월 14일을 기독교화하여 지켰다. 다른 하나는 유월절 다음에 오는 일요일을 부활절로 지켰으며 로마 교회도 이 원칙을 따랐고 3세기 초부터 실시되었다. 그러나 이후에 음력인 니산월 14일을 양력으로 바꾸어 계산하는 데 문제가 생겼다. 이 문제는 파스카를 언제 지켜야 하는가에 대한 논쟁으로 발전하였다. 즉 콰르토데키만(Quartodeciman, 십사 일째 날이란 뜻) 논쟁이라고 알려진 것으로, 기독교의 부활절이 유대의 유월절 날짜 계산을 따라야 하는지 따르지 말아야 하는지에 대한 논쟁이었다. 콰르토데키만주의자들은 그리스도께서 수난당하신 바로 그날, 즉 유대 달력으로 첫째 달인 니산월 14일에 십자가에 달리신 것을 매년 기념하여 금식을 하며 지켜야 한다고 주장하였다. 파스카를 양력으로 환산하는 것을 소아시아의 몬타니스트(Montanists)들은 4월 6일로 설정했고, 다른 그룹들은 3월 25일로 정하기도 하였다. 결국 325년 니케아 회의에서 모든 교회가 알렉산드리아 계산법에 따라 부활절을 춘분 이후의 만월 다음에 오는 주일에 지키기로 결정하였다. 이러한 결정이 오늘날 로마 가톨릭과 개신교에서 부활절의 날짜를 정하는 데 적용되고 있으며, 음력에 따라 계산하므로 매년 부활절의 날짜가 다르게 나타나 3월 22일과 4월 25일 사이에 있게 되는 것이다. 초기 기독교인들은 부활절 전날인 토요일을 금식하고 철야 기도를 하며 보냈는데 금요일은 평상적으로 금식하는 날이었으므로 많은 지역에서 금, 토 이틀간 계속하여 금식하는 것이 제도화되기도 하였다. 3세기에 이르러 시리아와 이집트 같은 지역에서는 이 기간을 한 주로 늘려 월요일부터 육 일 동안 금식하기도 하였다.

4세기의 부활절은 예수께서 예루살렘에서 돌아가시기 전에 행하셨던 사건을 기념하는 것으로 시작되었다. 특히 마지막 한 주간 동안 예수께서 행하셨던 시간과 장소에서 특별한 의식을 행함으로써 부활의 의미를 더욱 깊게 새기려고 노력했으며, 이를 위해 세계 각지에서 모여든 순례자들이 함께 거룩한 자리에 모여 각기 분리된 의식들을 가졌다. 그 당시의 예배 모습을 기록해 놓은 훌륭한 예로서 384년경에 작성된 에게리아(Egeria)의 여행기를 들 수 있다. 에게리아는 스페인의 수녀로서 성지를 순례하며 그곳에서 일어나는 일들을 기록하였는데 예루살렘에서 어떻게 예배의 날들과 시간을 준수했는지를 보여주고 있다. 그녀의 여행기에 묘사된 고난주간의 모습은 그 후에 기독교에서 실천하고 있는 것들과 거의 일치한다. 에게리아는 고난/종려주일이 부활절 주간의 시작 – 예루살렘의 사람들이 칭하는 Great Week의 시작 – 임을 말하고 있다. 그날에 모든 사람이 항상 "주님의 이름으로 오시는 분을 찬양하라."고 반복하면서 시편과 교창을 부르며 감독 앞에 나아간다고 기록하고 있다. 수요일은 월요일 화요일과 똑같으나, 밤에 장로가 유대인에게 가서 주님을 배반하고 받아야 할 돈을 흥정한 유다 이스카리옷에 대한 구절을 읽으면 사람들은 눈물을 흘리고 신음하며 슬퍼한다고 묘사하고 있다. 또 목요일에는 모두가 성찬을 받고 감독을 겟세마네로 모시며 금요일에는 골고다에서 예배를 드리며 탁자 위에 놓인 나무 십자가에 모든 사람이 한 사람씩 나와 허리를 굽혀 십자가에 키스를 하고 계속 걸어 나간다고 기록하고 있다. 4세기 말에 이르러 고난주간을 지키는 방법이 완전한 모습을 갖추었고 그래서 부활절(Pascha)은 고난/종려주일, 고난주간(Holy Week)의 보다 작은 삼 일, 세족 목요일(Holy Thursday), 성

금요일(Good Friday), 성 토요일(Holy Saturday), 그리고 부활절 이브와 부활절로 각기 나뉘어 지키게 되었다. 부활절에 대한 영어 용어인 Easter의 기원에 대해서는 논란의 여지가 있지만 고대 앵글로 색슨의 봄 여신인 Eastre와 그에 대한 축제에서 비롯된 것으로 볼 수 있다.

2) 오순절

오순절(Pentecost)은 예수의 승천 사건과 성령의 강림 사건을 결합하여 기념하는 절기이다. 오십 일을 의미하는 희랍어인 Pentecost는 구약의 밀 수확을 기념하는 절기에서 비롯되었다. 유대인들은 레위기 23:16의 "거기에다가 일곱 번째 안식일 다음날까지 더하면 꼭 오십 일이 될 것이다. 그 때에 너희는 햇곡식을 주께 곡식제물로 바쳐야 한다."는 명령을 따라 '주간들(Weeks)'이라는 뜻을 가진 샤부오트(Shabuoth, 초실절, 칠칠절)를 지켰다. 그러나 구약성경 자체가 이 농업적인 축제를 시내산에서 율법을 준 것과는 동일시하지 않는다. 그러한 성격의 오순절이 1세기에는 시내산에서 율법인 토라를 받은 것을 반영하게 되었다. 오순절을 더 이상 추수의 때로 결론짓지 않고 언약을 새롭게 하는 것으로 기념하기 시작하였다. 이미 기원전 약 140-100년에 작성된 『희년의 서(Book of Jubilees)』가 오순절을 언약을 갱신하기 위해 거룩하게 제정된 축제로 증거하고 있으며, 1세기에 쿰란 공동체에서는 언약 갱신의 축제로 율법 받음을 기념하였다.[26]

기독교인들에게는 사도행전 2:1-41에서 기록하는 것과 같이 오순절은 교회의 탄생을 기념하는 날이었다. 유대인의 오순절에 교회를 탄생시키기 위해 성령이 제자들에게 임했다는 것은 기독교인들에게는 매

---

26) Thomas J. Talley, *The Origins of the Liturgical Year*, 59-60.

우 중요한 일이었다. 유월절로 기념되는 출애굽사건과 접목되어 있는 옛 언약이 시내산에서 완결되듯이, 기독교의 파스카인 부활절과 접목되어 있는 새 언약이 제자들에게 성령이 임하는 때인 오순절에 완결된 것이다. 곧 기독교인들은 토라를 받음과 성령을 받음을 나란히 놓기 시작했다. 2세기의 오순절은 교회가 부활절에 준비가 안된 세례 후보자들에게 세례를 베푸는 시기였다. 사도행전 2:41에 보면 오순절에 삼천 명이나 세례를 받은 것으로 되어 있다. 교회의 생일로 축하하는 날이 기독교인들이 영적으로 새롭게 태어나는 것을 축하하기에 적합한 날인 것이다.

부활절 이후 오십일 동안 축제 절기로 지켰다는 기록이 2세기 말에 다양한 지역에서 나타난다. 오순절을 기뻐하는 시기로 여겼고 모든 날들을 주일과 같은 것으로 취급하여 기도하는 동안 무릎을 꿇지 않았고 금식을 하지 않았다. 초기 거의 4세기 동안 오순절은 성령의 강림하심을 기념하였을 뿐만 아니라 그리스도의 승천하심(행 1:1-11)을 기념하였다. 그러나 4세기 말에는 이 두 가지 사건이 분리되기 시작하여『사도헌장(Apostolic Constitutions)』은 부활절 이후 사십 일이 주님이 승천하심을 기념하는 적합한 때라고 묘사하였다. 성서적 증언들이 과거의 사건들을 시간적으로 해석하는 방법에 의해 문자적인 역사로 바뀌어, 사도행전 1:3의 부활하신 예수께서 제자들을 가르치신 "사십 일 동안"이라는 언급이 핵심 자료가 되어 4세기 말에 이르러서는 예수승천일(Ascension)과 오순절이라는 두 개의 절기로 나뉘게 되었다. 오순절 다음 주부터는 금식과 참회를 실천하는 것이 다시 복원되는 때였다.

부활절과 오순절은 교회력 중에서 오래되고 가장 중요한 날들로 여기는 '성대한 오십 일(Great Fifty Days)'의 첫 날이며 마지막 날이다. 이 오십 일은 단순한 오십 일의 기간보다 더 깊은 의미가 있다. 이미 3세기에는 잘 구성된 이 기간을 마치 계속되는 오십 일 동안의 주일과 같이 여겼다. 초대 기독교인들은 일 년에 대한 이 기간을 한 주일의 하루인 주일을 빗대어 이해하였다.[27] 즉 일주일의 1/7인 주일이 하나님의 구원의 사건을 나타낸 것과 같이 일년의 1/7인 이 기간은 그리스도를 통해 하나님께서 하신 일을 기념하고 축하하는 것이었다. 어거스틴도 "주님의 부활 이후의 이 날들은 고통의 기간이 아니라 평화와 기쁨의 기간을 형성한다. 그런 이유로 금식을 하지 않으며 부활의 표식으로 서서 기도한다. 이러한 실천은 모든 주일에 성찬대에서 지켜지고 있는 것이고, 우리의 미래의 직무가 하나님을 찬양하는 것 이외에는 아무 것도 아니라는 것을 가리키기 위해 알렐루야가 불리워진다."고 말하였다.

3) 사순절

'성대한 오십 일'은 준비하는 절기가 필요했고, 이 절기는 부활절 새벽에 세례를 받을 사람들을 마지막으로 준비시키고 심사하기 위한 기간이었다. 부활절 전의 일곱 번째 주간의 수요일(성회 수요일 혹은 재의 수요일, Ash Wednesday)에 시작하여 부활절까지 현재 우리가 기도와 회개, 그리고 절제와 훈련의 절기로 여기고 있는 사순절은 세례를 받고 기독교 공동체의 일원이 되려는 사람들이 지켜야만 하는 기간이었다. 세례는 바울이 로마서 6:4에서 "우리가 그의 죽으심과 합하여 세례를 받음으로 그와 함께 장사되었나니 이는 아버지의 영광으로 말미암아 그리스도를 죽은 자 가운데서 살리심과 같이 우리로 또한 새 생명 가운데서 행하게 하려 함이니라."고 언급한 것과 같이 상징적으로 그리스도의 죽음과 부활에 연결되어 있으므로 초대교회에서는 부활절을 세례를 받는 시기로 선호하였다. 세례를 받으면 성찬식에 참여하게 되며 세례받

---

27) Hoyt L. Hickman, Don E. Saliers, Laurence H. Stooky and James F. White, *Handbook of the Christian Year*, 22.

은 사람에게는 떡과 포도주 이외에 꿀이 섞인 우유를 주었는데, 이는 젖과 꿀이 흐르는 약속된 땅을 비유하는 것으로 하늘에서의 향연을 미리 맛보는 것을 의미했다.

『디다케』 7장 4절에 보면, "세례를 거행하기 전에, 세례를 베푸는 자와 세례받을 자가 세례를 위하여 금식하게 하고, 다른 사람들도 할 수 있다면 그렇게 하도록 하라. 세례받을 자에게 세례받기 이전 하루나 이틀은 금식하게 하라."고 지시하고 있다. 세례를 받기 전에 금식하며 준비하는 기간에 대하여 약 190년경에 이레네우스는 사람에 따라 하루와 이틀, 또는 그 이상을 주장하기도 했으며, 어떤 이들은 예수께서 돌아가신 뒤 무덤에 있었던 시간으로 해석할 수 있는 사십 시간을 세례받기 전의 준비시간으로 계산하기도 했다고 하였다. 그러나 4세기에 이르러 금식의 기간을 사십 일로 삼는 것이 보편화되었고 325년의 니케아 회의에서 사순절(Lent)이 '사십 일'이라고 최초로 언급하는 기록을 남겼다. 이 사십 일은 예수께서 사역을 준비하기 위해 광야에서 금식하며 사십 일을 보낸 것에 비유되었다. 그 뿐만 아니라 성서에 나타난 기쁨 이전에 있었던 슬픔과 역경의 사십 일에 관한 사건들, 즉 노아의 홍수에서 비가 사십 주야 쏟아진 일, 모세가 계명을 받기 위해 산 위에 있었던 기간, 엘리야가 하나님의 세미한 음성을 들은 동굴에 도착하기까지 광야를 걸어온 기간 등과 연관을 맺기도 하였다.

사순절 기간의 금식은 음식을 전혀 먹지 않는 것이 아니라 특정한 음식을 피하고 절제하며 주로 맨 빵과 물 그리고 소금을 섭취하는 것이었다. 낮 동안에는 음식을 취하지 않고 해가 진 후 취하는 유대교의 금식하는 관습에 영향을 받아 제 구시, 즉 오후 세 시 기도의 시간 이후에 음식을 먹는 것이 가능했다. 음식 가운데 생명이 있는 것, 즉 고기는 금하였으나 곳에 따라서 생선은 예외로 하기도 하였다. 일반적으로 금하는 식품은 포도주, 신선한 고기, 생선, 달걀, 그리고 우유로 만든 제품인

치즈와 버터 등이었다. 9세기부터는 건강상의 이유로 모든 사람들에게 종종 생선이 허용되기도 하였고 주일에는 신선한 고기가 허용되기도 하였다. 중세 후반에 와서는 정오 미사 이후에는 음식을 섭취할 수 있게 되어 금식하는 시간의 변화가 있기도 하였다. 어거스틴의 시대에 와서는 사순절이 세례를 준비하는 사람들뿐만 아니라 모든 기독교인들을 위해 준비를 하는 기간이 되었다. 그래서 사순절은 모든 이가 참회하는 기간이었다. 기독교인들의 영적 훈련에 필요한 방법인 금식이 사순절의 중요한 부분이 되었다. 사순절의 실제 길이는 주일을 배제하느냐 또는 주일과 토요일을 배제하느냐, 그리고 성금요일과 성토요일 또는 고난주간 전체를 배제하느냐 등의 계산 방법에 따라 차이가 있었다. 아타나시우스는 월요일에 시작하여 고난 주간을 포함하는 여섯 주간의 사순절을 주장한 반면, 에게리아는 예루살렘에서의 사순절이 주일과 토요일이 포함되지 않으므로 여덟 주간 계속됨을 진술하고 있다. 교황 레오(Leo, 440-461) 시대에 이르러서는 주일에 시작해서 세족 목요일(Maundy Thursday)에 이르기까지의 여섯 주간의 사순절이 확실하게 설정되었다. 그러나 후에 사순절 기간이라도 주일은 주님의 부활을 기념하는 날이었으므로 사순절의 사십 일에 포함되지 않게 되었다. 동방교회 전통에서는 고난 주간은 배제하나 주일은 포함시켜, 월요일에 시작해서 종려주일 전의 금요일까지 계속되는 사순절을 지키고 있다.

고난주간(Holy Week, 동방교회에서는 Great Week)은 예수의 마지막 일주일 동안에 발생한 세세한 사건들을 특별한 날에 있었던 사건으로 기념하려고 하는 것으로서, 일반적으로 4세기에 예루살렘에서 시작된 것으로 여기며 종종 예루살렘의 감독이었던 시릴(Cyril)의 업적으로 돌리기도 한다. 딕스(G. Dix)는 시릴이 후대에 서방교회와 동방교회에서 지키게 될 고난주간과 부활절 기간에 대한 기초를 제공했고 기도 일과에 대한 공적 구조의 윤곽을 만들었다고 설명한다.[28] 예루살렘에서 고난주간에 행하던 의식의 모습은 381년에서 384년 사이에 예루살렘을 순례하며 기록한 에게리아(Egeria)의 여행기에 잘 나타나 있다. 고난주간에 대부분의 교회에서 행하게 된 의식들은 그 기원이 거룩한 땅 예루살렘을 순례하기 위해 모인 사람들이 복음서에 나타난 사건들을 바로 그 장소와 바로 그 시각에 기념하고자 하는 바람에서 비롯된 것이다. 그러나 학자 가운데는 고난주간의 의식이 예루살렘에서 다른 지역의 교회로 전달되었을 뿐만 아니라 다른 지역으로부터 예루살렘에 들어와 영향을 주었다고 주장한다. 그 예로 성 나사로 토요일(Nazarus Saturday)과 종려 주일(Palm Sunday)은 예루살렘의 토착적인 의식이 아니고 콘스탄티노플에서 들어온 것이며, 더욱이 고난주간 전체가 하나에서 발전된 것이 아니고 서로 다른 두 전통 - 마태복음에 나타난 예루살렘에서의 예수의 마지막 사건들을 기념하는 전통과 요한복음에 나타난 나사로의 부활과 예수의 예루살렘 입성을 기념하는 전통 - 이 혼합된 결과라는 것이다.29)

5. 성탄절 절기(The Christmas Cycle)

성탄절의 기원은 부활절과는 달리 그렇게 아주 이른 시기부터 나온 것이 아니며 고대 이스라엘의 절기에 근거를 두고 있지도 않다. 그러나 성탄절은 곧 중요한 의미를 띠게 되었고 부활절과 함께 교회력에서 큰 비중을 차지하게 되었다. 건스톤(John Gunstone)은 성탄절의 신성함에는 두 가지 의미가 있다고 하였다. 그것은 예수 그리스도가 그 날에 태어났다고 하는 기념(memoria, commemoration)이며, 다른 하나는 구

---

28) Gregory Dix, *The Shape of the Liturgy*, 350.
29) Paul F. Bradshaw, *The Search for the Origins of Christian Worship*, 201.

원의 신비(sacramentum salutis)로 그날에 믿는 자들의 마음이 거룩한 신비를 찬양하도록 움직여지며, 그래서 교회는 큰 기쁨으로 하나님께서 주시는 은사의 의미를 축하할 수 있다는 것이다.[30]

성탄절에 앞서 주현절(Epiphany, 1월 6일)에 대해 살펴보아야만 한다. 주현절은 성탄절보다 시기적으로 앞서 있으며 초대 교회에서는 부활절, 오순절과 함께 중요한 자리를 차지하고 있었다. 주현절의 기원은 확실하지 않으나 2세기 말부터 이집트에서 시작된 것으로 본다. 알렉산드리아의 클레멘트는 예수의 세례받음을 기념하며 그 전날 밤에는 말씀을 읽으며 보내는데 예수의 세례받은 날이 투비(Tubi)월의 15일이나 11일[1월 10일이나 6일]이라고 기록하고 있다. 현현(epiphany)이란 단어는 '나타남(manifestation)'을 의미하는데 특히 기독교에서는 예수 그리스도 안에서 하나님이 나타나심을 언급할 때 사용한다. 그래서 동방 교회에서는 Theophany(신의 현현)라고 일컫는다. 주현절에는 그리스도의 탄생과 예수의 세례를 축하하고 요한복음 2:11의 "예수께서 이 첫 번 표적을 갈릴리 가나에서 행하셔서 자기의 영광을 드러내셨다(에파네로센)."고 기록된 것과 같이 신적인 특징을 상징하는 첫 번째 기적을 행한 것을 기념하였다. 그러한 사건들의 공통적인 주제는 인간들에게 하나님을 밝히 드러내시는 예수 그리스도였다. 요한복음 1:18의 "아버지 품 속에 계시는 독생자이신 하나님이 그분을 나타내 보이셨다."는 말씀이 이 주제를 명확하게 보여주고 있다. 4세기에 들어와 주현절은 변화를 겪고 분리되기 시작했다. 새로운 축일로서 성탄절이 나타났으며 아프리카에서는 312년경, 로마에서는 336년경부터 지켜 온 것으로 보인다. 점차로 성탄절이 주현절의 한 부분을 담당하는 것으로 나타났다. 386년 크리소스톰은 성탄절에 대해 "오래 전에 발전된 것이 아니고 근

---

30) John Gunstone, *Christmas and Epiphany*, 44.

래에 급격히 발달되어 그와 같은 열매를 맺었다."고 하며 주현절에 대해서는 예수가 태어난 날이 아니고 세례를 받은 날이며 이날이 되기까지는 예수께서 많은 사람들에게 알려지지 않았다고 설명하며, "왜냐하면 이날이 예수께서 세례를 받고 물의 본질을 거룩하게 하셨기 때문이다."라고 하였다. 그 후로 주현절은 동방교회에서는 예수의 세례를 축하하는 것으로 남았고 서방교회에서는 예수 그리스도 안에 나타나신 하나님을 이방인들에게 전한 동방박사들의 방문을 축하하는 것으로 지키고 있다.

    성탄절과 주현절의 분리는 그리스도의 생애에 있어서 특별한 사건을 매년 기념하려는 초대교회의 점차 커지는 바람을 나타낸 것이다. 성경은 예수께서 태어난 날과 세례를 받거나 동방박사들의 방문을 받은 날이 언제인지 정확하게 일러주는 구절이 없다. 1월 6일과 12월 25일이라는 날짜는 고대 이집트 달력과 로마 달력에 의한 동지 의식에서 비롯된 것일 가능성이 많다. 그와 함께 기독교가 로마 제국의 공인된 종교가 됨에 따라 동지에 행해지던 태양을 섬기는 이방인들의 축제를 대치했을 가능성도 있다. 그와 함께 그리스도의 수난으로부터 탄생의 날을 계산하는 주장도 제기되고 있다.

    예수의 탄생이 "때가 차매"(갈 4:4) 있었다는 바울의 설명은 하나님께서 시간의 감각을 가지고 계심을 의미하는 것으로 해석할 수 있다. 그러나 그 시각이 정확히 언제였는가에 대해서는 성경도 말해주는 것이 없고 다른 자료들도 정보를 제공하지 못한다. 쿨만(Oscar Cullmann)은 누가복음의 탄생 이야기가 들판에서 양치는 목동에 대해 언급하고 있으며 이는 예수의 태어난 시각에 대한 암시는 될 수 있으나 그것이 전부라고 하였다.[31] 쿨만이 팔레스타인에서 목동이 들판에 나타나는 기간이 3,

---

31) Oscar Cullmann, *The Early Church*, 21.

4월부터 11월까지라고 추정한 반면, 마이어(Paul L. Maier)는 양떼들이 일년 내내 들판에 나와 있다고 주장하였다.[32] 헤롯왕의 마지막 해에 대한 복음서기자들의 기록(마 2:1, 눅 1:5)과 디베료 황제의 통치와 관련된 구절(눅 3:1, 23)을 분석하면서 마이어는 기원 전 5년 말경에 태어났다고 주장하였다.[33] 한편 브라운(Raymond E. Brown)은 탄생 이야기의 신학에 주의를 기울여야 한다고 강조한다. 그는 모든 복음서 자료들이 1세기 교회들의 신앙과 경험에 의해 채색되었으며, 복음서들에 나타난 가르침이 예수의 사역 기간 동안 예수가 무엇을 말하고 무엇을 행했는가에 대해서만 관심을 기울이기 때문에 예수의 탄생 이야기를 충실히 전달하지 못하고 있다고 하였다.[34]

　　브라운은 구레뇨의 인구조사(눅 2:2)의 묘사와 시기의 모든 면에 관해 역사적으로 해결할 수 없는 어려움이 매우 많다고 문제를 제기했다. 보다 정확한 정보가 없는 가운데, 초대 교회의 공식적인 인정을 받지는 못했지만 초기의 기독교인들은 모든 종류의 생각과 추론을 동원하여 예수가 태어난 날을 계산해 내려고 노력했다. 236년 경에 히폴리투스는 하나님께서 창조 시에 태양을 만든 한 주간의 넷째 날에 태어났음이 틀림없다고 생각했다. 그는 계속하여 세상은 낮과 밤의 길이가 같은 날에 창조되었음이 틀림없고 로마 달력에는 3월 25일이 춘분이었으며 따라서 이 날이 창조의 첫 날이라고 여겼다. 그리고 기독교인들은 말라기 4:2의 말씀에 의해 메시야는 "의로운 해"로 여겨졌으므로 예수의 생일은 3월 28일임이 틀림없다고 하였다. 시프리안의 작품으로 간주되는 243년에 기록된 『De pascha computus(부활절 계산에 대하여)』에서도

---

32) Paul L. Maier, *In the Fullness of Time*, 29.
33) Paul L. Maier, "The Date of the Nativity and the Chronology of Jesus' Life", in Jerry Vardaman and Edwin M. Yamauchi eds., *Chronos, Kairos, Christos*, 114-122.
34) Raymond E. Brown, *An Adult Christ at Christmas*, 3.

춘분 이후 태양이 창조된 3월 28일을 예수의 탄생일로 생각했다.[35]

예수 그리스도가 탄생한 것이 12월 25일이라고 하고 그날을 준수한 것을 보여주는 가장 이른 문헌은 로마에서 작성된 354년의 크로노그래프(Chronograph of 354)로, 이 문서에는 매년 기념하는 두 개의 목록이 들어있는데 그것은 '감독들의 매장(Depositio episcoporum)'과 '순교자들의 매장(Depositio martyrum)'에 대한 기록이다. 라틴어에 '나탈리스 디에스(natalis dies, 출생의 날)'라는 구절이 있는데 이는 황제가 사용하는 것으로 생일을 기념하는 것보다 더 큰 의미가 있어 황제의 즉위나 황제를 신격화한 날과 같이 크게 기념하고 축하하는 날을 의미했다. 초기 기독교인들도 이 용어를 사용하여 순교자들에게 적용하였으며 그 의미는 지상에서 죽음을 당하고 천상에서 태어나는 날을 의미했다.[36] '순교자들의 매장'에 최초로 예수가 12월 25일에 탄생했다는 언급이 있으며 순교자들의 죽은 날자와 매장된 장소와 함께 로마에서 기념되는 순교자들의 명단이 들어있다. 매년 기념되던 순교자들의 명단을 살피면 336년부터 실시되었던 것을 알 수 있으며, 이로써 로마에서는 늦어도 336년부터 12월 25일이 그리스도의 탄생으로 인정되며 교회력의 시작을 표시했음을 알 수 있다.[37]

어떻게 하여 로마에서 12월 25일에 매년 예수의 탄생을 기념하였을까에 대한 답으로 두 가지 주요 주장이 있는데, 하나는 성탄절과 로마에 있었던 태양 숭배 의식과 관계가 있다는 것이다. 그리고 다른 하나는 그리스도의 수난과 죽음을 기초로 하여 성탄절의 날짜를 계산하여 내는 것이다. 그밖에 다른 요인들도 제기되었는데 건스톤은 세상에 선포하기

---

35) Thomas J. Talley, *The Origins of the Liturgical Year*, 90.
36) Thomas K. Carroll and Thomas Halton, *Liturgical Practice in the Fathers*, 149.
37) Thomas J. Talley, *The Origins of the Liturgical Year*, 85.
38) John Gunstone, *Christmas and Epiphany*, 17.

위한 교회의 사명이 작용했다고 주장하였고,[38] 쿨만은 4세기초에 발달된 교리적 기독론에 근거한다고 하며 그리스도의 탄생을 기념하는 동기가 외부로부터 온 것이 아니고 하나님께서 예수 그리스도 안에서 인간이 되셔서 인간을 구원하신다는 사실에 대한 신학적 반영의 결과라고 강하게 주장하였다.[39]

가장 평범한 설명은 줄리안 달력으로 12월 25일에 고정된 로마의 동지 축제로부터 기독교의 성탄절이 비롯되었다는 것이다. 로마의 동지 축제인 *Dies Natalis Solis Invicti*(정복되지 않은 태양이 탄생한 날)는 274년 아우렐리안(Aurelian) 황제에 의해 형성되었다. 아우렐리안 황제가 로마 제국의 신성한 수호자로 태양신을 경배했으며 제의를 위한 성전을 지었고 제의의 주요 의식을 동지인 (맞는 날짜는 아니지만) 12월 25일에 준수하였다. 동지는 낮의 길이가 가장 짧은 날로 이날부터 해의 길이가 점점 길어지므로 태양이 죽지 않고 점점 왕성해짐을 상징하는 날이다. 물론 이 당시에 태양 숭배의 제의가 로마에 처음 소개된 것은 아니었다. 이미 로마에서 기원전 1세기에 태양 숭배 의식은 있었으나 동지와 관련되어 있지는 않았다. 기독교가 이러한 상황 가운데서 말라기 4:2에서 그리스도를 "의로운 해"로 묘사하는 것을 로마의 이방 의식과 연결시켰을 가능성이 많다. 특히 콘스탄틴 황제 이후 로마에서 기독교가 공인되면서부터 기독교인들은 이것을 복음을 전하는 좋은 기회로 생각하였다. 그래서 그들은 이 날을 이방인들의 제의에 대항해 그 위에 예수의 탄생을 기념하는 의식을 형성하는 기회로 삼았다.[40]

따라서 로마 교회는 의도적으로 이방인들의 제의에 반대를 했다. 어거스틴은 이 날에 태양을 경배하지는 말아야 한다고 설교를 했다:

---

39) Oscar Cullmann, *The Early Church*, 34.
40) J. Neil Alexander, *Waiting for the Coming*, 48.

"그러므로 형제들이여, 이 날을 엄숙하게 지킵시다. 그러나 믿음이 없는 사람들과 같이 태양으로 인해서가 아니라 태양을 만든 그 분 때문에 지킵시다."[41]

그러나 성탄절을 12월 25일에 설정한 것이 로마의 태양 숭배 의식과 관계되어 있다는 설명은 로마 교회와 당시의 문화적이고 사회적인 상황 사이의 관계에 대해 많은 의문을 제기하기도 한다. 즉 기독교 의식인 성탄절과 로마의 동지 축제가 어떤 필연적인 인과 관계인 것인가, 아니면 성탄절이 태양 숭배에 대해 기독교가 의도적으로 대응한 것인지, 또는 각각 아무런 연관없이 우연히 같은 시대와 같은 장소에서 나란히 발생한 역사적 현상들인지에 대해 의문이 제기된다. 또는 아우렐리안 황제가 태양 숭배 축제를 제정한 것도 성공적으로 증가하는 기독교 선교에 대응할 수 있는 로마의 공식적인 대안을 준비한 것이라는 가능성도 있을 수 있다.[42]

성탄절의 날짜에 대한 기원의 다른 설명으로는 그리스도의 수난과 죽음으로부터 계산해 나가는 것이다. 두체스네(Louis Duchesne)는 성탄절이 서방교회에서는 12월 25일에, 동방교회에서는 1월 6일에 지켰던 것과 같이 모든 곳에서 똑같은 날짜를 준수하지 않는다는 사실에 주의를 기울여 이러한 문제를 풀기 위하여 가설을 내놓고 "그리스도께서 탄생한 날짜는 그리스도께서 죽은 날로 믿는 출발점을 취하는 것에 의해 고정된다."[43]고 주장하였다. 즉 초기의 기독교인들은 한 인간의 삶이 연 단위로 형성되어 이 땅에서 생명이 시작되는 날과 죽는 날이 같은 날이라고 여겼으며, 생명의 시작은 탄생으로부터가 아니라 수태되는 순간부터라고 생각하였다. 그는 터툴리안과 히폴리투스의 문헌들을 조사하여 그리스도의 죽음이 3월 25일에 있었으므로 성육신은 죽음과 마찬가

---

41) Thomas K. Carroll and Thomas Halton, *Liturgical Practice in the Fathers*, 156.
42) J. Neil Alexander, *Waiting for the Coming*, 50-51.
43) Louis Duchesne, *Christian Worship*, 261.

지로 3월 25일에 일어났으며 성육신은 마리아가 임신하는 순간부터라고 생각하였다. 그러므로 그리스도의 탄생은 임신한 지 9개월 후인 12월 25일이 틀림없다고 주장하였으며, 그리스도의 죽음이 4월 6일에 일어났다고 믿는 사람들에게는 탄생이 1월이 된다고 설명하였다. 그의 생각은 탈리(Thomas J. Talley)에 의해 다른 증거들과 함께 보강되었다.

기독교인들은 성탄절과 현현절에도 부활절에 앞서 있는 사순절과 같은 준비 기간이 필요함을 느꼈다. 380년에 스페인에서 열린 회의에서 12월 17일부터 1월 6일의 주현절까지 누구도 교회에 결석하는 것을 허락하지 않는다고 선포하였다. 이것이 강림절(Advent)의 전례가 되었으며 5세기에 이르러 주현절을 위해 40일간 준비하는 것이 가울(Gaul, 프랑스) 지방에서 실시되었다. 로마 교회는 강림절을 12월 25일 전의 네 번째 주일에 시작하는 것으로 받아들였다.

6. 현대 교회의 교회력

16세기의 종교개혁자들은 교회력에 대해 다양한 접근을 하였다. 루터는 주일과 주님에 관계되는 축일들을 준수하라고 강조하고 그 외의 성자들에 관한 축일들을 폐기하도록 하였다. 영국의 성공회는 성서에 언급된 성자들에 대해서만 기념하는 것을 유지하였으나, 스코틀랜드 교회는 매우 급진적이어서 사도들이나 순교자들과 성모에 대한 축일들과 성탄절, 주현절 등에 대해 비난을 퍼부었다. 그 이유는 성서에서 명령한 것이 아니고 성서에 확실히 드러난 것이 아니기 때문이라고 하였다. 1784년에 존 웨슬리는 미국에 있는 감리교인들을 위하여 예배서와 함께 교회력을 만들어 보냈는데, 당시 가치가 없다고 여겨지는 거룩한 날들(holy-days)의 대부분을 삭제해 버렸다. 웨슬리가 교회력에 포함시킨

것은 강림절의 네 주일, 성탄절, 성탄절 이후 열 다섯 주일, 부활절 이전 주일, 성 금요일, 부활절, 부활절 이후 다섯 주일, 승천일, 승천일 이후 주일, 오순절, 삼위일체 주일, 삼위일체 주일 이후 스물 다섯 주일까지 다. 그의 일기는 웨슬리가 모든 성자들의 날(All Saints)에 대해 개인적으로 좋아하고 있음을 보여준다. 그러나 미국 감리교인들은 웨슬리의 교회력을 사용하지 않고 곧 포기하였다.

    20세기에 들어와 교회력의 모든 절기를 철저히 지키려는 움직임이 활발해졌고 교회는 교회력에 관한 책들을 발간하였다. 개신교회가 교회력의 중요한 부분에 대한 의견 통일을 보고 공동 교회력을 만들었으며 그와 더불어 함께 사용할 성서일과를 만들었다. 성서일과(lectionary)라는 용어는 라틴어의 렉찌오(lectio, lesson이란 뜻)에서 비롯된 것이다. 성서일과는 공동예배에서 하나님의 말씀을 큰 소리로 읽기 위해 성서에서 선별한 체계적인 구조를 의미한다. 선별한 본문(pericope)은 세 가지 방법으로 읽을 수 있는데, 전체 성경을 빠짐없이 계속해서 읽는 것과 몇 구절들은 뛰어넘으면서 부분적으로 계속 읽는 것, 그리고 특별한 경우를 위해 따로 선택한 구절들을 읽는 방법으로, 이것은 교회력과 연관이 깊다. 기독교인들은 시간과 절기들을 지킴으로써 신앙의 중요한 것을 지켜왔으며 교회력을 중심으로 성서의 말씀을 읽고 선포하였다. 성서일과의 개념은 유대 회당에서 특별한 절기와 안식일에 구약성서가 '계속 읽힘(lectio continua)'에서 기인한다. 누가복음 4:16과 사도행전 13:14에 보면 회당에서 성경, 즉 율법과 선지자의 글을 읽은 것이 기록되어 있다. 이런 모습을 어느 정도까지 초대 교회가 회당에서 받아들였는지에 관해서는 논란의 여지가 있지만, 초대 교회는 회당으로부터 구약의 선별된 부분을 사용하는 것을 받아들였고 그 위에 더하여 사도들의 글이나 복음서를 읽는 것을 형성했다. 150년경에 쓰여진 것으로 여겨지는 저스틴(Justin)의 글 『제일 변증론(The First

Apology)』에 "일요일이라고 부르는 날에 모든 사람이 살고 있는 도시나 시골의 한 장소에서 모임을 갖고, 사도들의 기록이나 예언자들이 쓴 글들을 시간이 허락하는 한 오랫동안 읽습니다."라고 묘사되어 있다. 초기 기독교회는 특별한 절기에는 해당하는 성경 본문들을 체계적으로 읽은 반면, 평범한 주일에는 '계속 읽기'의 원칙에 입각해 각 주일에 해당하는 구절없이 계속 읽는 것이 보편적이었다. 초대 교회에서는 성경의 여러 부분을 읽었으나 점차 그 숫자가 셋(구약, 사도들의 글, 복음서)으로 줄어들었고, 동방교회인 콘스탄티노플에서는 5세기부터, 서방교회인 로마에서는 6세기부터 두 부분으로 줄어들어 보통 서신서들과 복음서를 읽었다. 때로는 서신서 대신에 구약 성경을 읽기도 하였다.

    종교개혁 이후 루터교와 영국 성공회는 약간의 변화를 주었지만 기본적으로 전통적인 성서일과를 유지하였다. 성공회의 예배를 만드는 데 기여한 크랜머(Cranmer)는 주일뿐 아니라 날마다 아침 저녁에 드리는 기도의 시간을 위한 성서일과를 제공하기도 하였다. 개혁교회 전통은 때때로 복음서만 읽는 성서일과를 유지하기도 했으나 급진적인 개혁자들은 성서일과를 모두 없앰으로써 설교자가 자유롭게 본문을 선택하도록 하였다.

    로마 가톨릭 교회의 제2차 바티칸 회의에서 채택한 '신성한 예배에 관한 헌법(The Constitution on the Sacred Liturgy, 1963)'은 해마다 주기에 따라 선별되어 읽는 것을 더 넓혀서 성서의 보물들이 더욱 풍성하게 열려야만 한다고 규정하였다. 그 결과 1969년에 새로운 성서일과가 만들어져 출판되었다. 이것은 3년 주기로 첫 해에는 마태복음, 둘째 해에는 마가와 요한 복음 그리고 셋째 해에는 누가복음을 근거로 하여 제공되는 성서일과다. 또한 각 주일의 예배는 구약과 서신서 그리고 복음서의 세 부분을 읽는 것을 포함하고 있으며 시편은 응답의 의미로 낭송하도록 구성되었다. 복음서와 서신서는 부분적으로 계속 읽기

(semi-sequence of reading)로 선별되었고 구약성서는 복음서와 예언적으로나 원형론적으로 연결되는 것으로 선택되었다. 주중의 예배를 위해서 2년 주기로 된 성서일과를 제공하기도 하였다.

로마 가톨릭의 형태를 각 교파가 받아들여 북미에서는 3년 주기의 성서일과가 폭넓게 사용되었다. 보다 큰 통일이 필요하여 초교파 위원회인 '교회력과 성서일과를 위한 북미 위원회(North American Committee for Calendar and Lectionary, NACCL)'가 구성되었다. 이 위원회가 공동으로 성서일과를 만들어 낸 것이 1983년에 완성된 3년 주기의 '공동 성서일과(Common Lectionary)'다. 3년 주기는 해마다 순서대로 'A', 'B', 'C'로 이름이 붙여졌는데 'C'로 붙여지는 해는 2001년과 같이 3으로 나누어지는 해다. 각 교회력은 전년도 달력의 강림절 첫째 주일부터 시작한다. 그러므로 2002년 교회력은 2001년 강림절 첫째 주일부터 시작한다. 그리고 각각의 해는 저마다 독특한 특징을 가지고 있는데, 복음서에 따라 그 특징이 좌우되고 복음서는 교회력의 연속적인 사건에 어울리도록 배열되어 있다. A의 해에 복음서는 거의 대부분 마태복음에서 읽고 구약성서는 모세 오경, 룻기 등을 읽는다. B의 해에는 마가복음을 읽고 구약은 다윗 문헌들, 지혜 문학서 등을 읽고, C의 해에는 누가복음을 읽고 구약은 예언서 등을 읽는다. 요한복음은 A해, B해, C해에 걸쳐서 읽으며 특히 부활절 기간에 많이 읽는다. 세 부분의 성서를 읽는 것과 한 편의 시편을 사용하는 기본적인 형태를 대부분 따르지만 변화가 일어나는 경우가 있다. 주로 개선된 점은 주일 예배에서 구약 성서를 부분적이지만 계속 읽도록 하였다는 것이다. 이 변화는 구약 성서를 기독론적으로 복음서에 종속하여 읽는 것보다는 그 자체로 읽는다는 것을 의미한다. 성서일과를 사용할 때의 장점은 ①성서적 이해(Scriptural Comprehensiveness)를 주며 ②성서가 제일임(Scriptural Primacy)을 알게 하며 ③예배적(Liturgical)으로 말씀과 성찬이 통일되는 것을 보여주고 ④예배에서 읽는 성서의 본문들은 최소 주일 단위로, 회중들이 신약과 구약의 넓은 범위의 본문들을 듣고 정기적인 주기에 따라 말씀을 반복하여 읽기 때문에 교육적(Instructional)이며 ⑤회중을 능동적으로 참여시키고, 또한 성서를 직접 연구하기 위한 자료를 제공하고 헌신과 기도 훈련을 위한 지침으로 사용할 수 있으므로 회중적(Congregational)이고 ⑥교회일치(Ecumenical)에 의미가 있다.

예배에 대한 기본 이해

1. 예배의 일반적인 모습

　의식(儀式)은 어느 사회나 필요한데 의식의 속성 중 가장 두드러진 면은 과거의 연속과 변화 과정을 동시에 내포하고 있는 점이다. 즉 의식은 한 사회나 공동체의 가치를 보존하는 차원을 유지하면서 그것을 새롭게 하는 차원을 간직한다. 의식을 행하는 것은 본질상 상호작용과 사회성이 있기에 그 의식을 실행하는 데 참여한 사람들을 결속하여 연대감을 갖게 하거나 고양시킨다. 그와 함께 의식은 개인적이고 사회적인 변형을 위한 것으로 사회 변화 과정에서 극히 중요한 요소다. 마찬가지로 기독교 예배도 불변성과 다양성이라는 두 가지 요소를 가지고 있다. 두 요소가 반대의 개념으로 보이고 반대 방향으로 작용을 하지만, 기독교 예배에는 이 두 요소가 모두 필요하다. 시간의 흐름에 상관없이 사람들이 한 분이신 하나님을 같은 방법으로 예배할 수 있도록 하기 위해 불변성이 있어야만 한다. 한편 복음을 완전하게 전달하고 담아내기 위해서는 다양성이 필요하다. 기독교 예배는 변하지 않는 것과 변하는 것 사이에 미묘한 균형을 유지하면서 형성된다. 기독교 예배에서 불변성이 없다면 혼돈에 빠질 것이며, 다양성이 없다면 일방적이고 단지 반복적으로 행하는 것으로 치우칠 위험이 있다.

현재의 예배에는 어떤 관습을 받아들이거나 익숙한 구조와 항목을 이용하고 유지하는 등 불변성에 대한 요구가 여러 면에서 명확하게 나타난다. 대부분 기독교 예배의 필수적인 것은 예배 순서다. 개신교회들이 예배자들을 위해 주보를 만들거나 예배서를 사용한다. 예배 순서는 목회자가 매주 회중에게 내어놓는 가장 중요한 신학적 진술이다. 그 순서가 백 퍼센트 적절하고 동등한 신학적 진술이 아니라 하더라도 회중은 고정된 신학을 원하고 있으며 결과적으로 예배 순서가 오랜 시간 동안 유지되었다. 불변성은 예배 가운데 개별적인 항목에서도 발견된다. 예를 들어 주님이 가르치신 기도(Lord's Prayer)는 대부분의 기독교인들이 예배에서 사용하고 있다. 교회의 신앙이 고정되고 안정적으로 되어가려고 하기 때문에 신조(creeds)를 사용하는 것은 눈에 띄게 오래 갈 수밖에 없다. 찬송가 가운데 오랫동안 변치 않고 불리는 것이 있고 기도문 가운데 불변적으로 사용되는 것도 있다.

그러나 다양성 또한 기독교 예배에서는 필수적이다. 예배하는 일은 인간의 역사 과정 가운데 발생한다. 각 예배를 대하는 상황은 독특하다고 할 수 있다. 매주 만나는 회중이 언제나 똑같은 관심을 가지고 만나거나 항상 같은 세상 상황에서 만나는 것은 아니다. 예배의 어떤 구조와 요소들은 계속 남아 있지만 예배의 많은 것이 예배자의 변하고 있는 삶의 정황과 연관되어 있다. 변화가 확실하게 적절하다고 보장하지는 못해도, 때때로 변화는 예배를 적절하게 만드는 데 필수적인 요소가 된다. 다양성이 없다면 예배는 경직되고 단조롭고 지루하기 쉽다. 한편 다양성이 필요하지만, 신빙성이 없다면 다양성은 쓸모가 없다. 교회력의 주기에 따라 예배하는 것은, 한 해를 통해 그리스도의 인격과 하신 일을 접하면서 믿음의 순례의 길을 가는 것이므로 그리스도와 교제하며 살아가는 가치 있는 방법이다. 예배 속의 많은 다양성이 '프라퍼(propers)'라고 이름이 붙여져서 활용되고 있다. 프라퍼는 예배의 요소와 항목 중에 특정한 때를 위해 정해져 있어서 때에 따라 변할 수 있는 것으로 성서봉독, 찬송가, 기도문들, 찬양과 음악이 이에 해당하고, 프라퍼에 반하는 개념으로 'ordinary'를 사용하며 이는 바뀌거나 변하지 않는 예배의 기도와 찬송을 뜻한다.

예배의 일반적인 모습은 세 가지로 묘사할 수 있는데 그것은 예배의 순서, 시각적 요소, 그리고 음악이다. 첫째로, 예배의 순서에 관하여 깊은 고려를 해야한다. 예배의 순서가 중요한 신학적 서술이므로 그 순서를 통해 말하고 있는 신학이 무엇인가를 깨닫고, 성서봉독과 설교 사이에 많은 다른 항목들이 개입하여 성서봉독이 고립되는 것을 주의하며, 예배에서 목회자와 성가대가 모든 찬양과 기도를 다 해버림으로써 회중의 참여가 없고 수동적인 예배 생활을 하지 않도록 주의해야 한다. 예배의 순서는 단지 편리함을 위해 있는 것이 아니라 회중을 형성하는데 중요한 역할을 한다. 목회자의 기능은 예배 순서를 마련하고 준비하는 데서 명백하게 드러난다. 참으로 공동예배의 순서를 정하는 것은 목회신학의 본질이라 할 수 있다. 따라서 그러한 목회신학을 위한 몇 가지 기준이 필요하다. 첫째 기준은 성서를 중심에 두는 것이다. 하나님의 말씀을 선포하는 예배는 성서에 초점을 맞추므로, 이는 놀라운 일이 아니다. 이것은 성서봉독이 예배의 중간에 있어야 함을 의미하는 것이 아니고, 회중의 모임 중심에는 하나님의 말씀이 있고 그 말씀을 들어야만 한다는 점을 모여 있는 모든 사람에게 명백하게 나타내야만 한다. 성서가 읽혀지는 것은 단지 설교를 위한 본문을 제공하는 것이 아니라 하나님의 말씀을 하나님의 백성에게 주신다는 그 자체로서 의미있다. 둘째 기준은 명백하고 따라가기 쉬운 진행의 감각이 있어야 한다. 예배도 움직임이 필요하고 자연스러운 '흐름'을 피할 수 없다. 회중이 모이는 것에서부터 예배를 마치고 세상을 향해 나가는 것까지 예배자들이 예배 전체 움직임에 함께 하고 있다는 것을 느낄 수 있도록 진행해야만 한다.

셋째 기준은 기능의 명확성이다. 예배에서 하는 어떤 행위가 무엇을 의미하는지 예배자들에게 명확하게 해야 한다. 시편교독이 구약성서를 읽고 난 후의 그 말씀에 대한 응답이라는 것을 알고 있는 사람들은 별로 없는 것 같다. 예배의 요소와 항목들이 예배 순서 중 놓인 위치에 따라 그 의미와 기능이 나타난다. 일반적으로 비슷한 기능을 가진 요소들이 서로 어울리게 될 때 기능을 가장 잘 발휘할 수 있다. 예를 들어 성서봉독과 설교는 모두 말씀의 선포 행위로 같은 성격을 가진 것으로 보아야 한다. 예배에서 하는 행위들이 유사한 것들과 명확하게 연결될 때, 예배자들이 예배에 참여하는 데 어려움이 덜하며 방향의 혼란이 적다.

둘째로, 예배의 시각적인 요소들이다. 한국 개신교회는 이에 대한 관심이 거의 없지만 시각적인 환경으로 예배자들이 예배에서 인식하고 기대하는 것들을 의미있게 형성하게 할 수 있다. 시각적인 환경이 만들어내는 효과는 지속성이 있고 영속적이다. 한 해 동안 주일에 따라 시각적인 환경을 달리하는 것이 바람직하며, 예배 의복과 성단 장식, 배너 등의 변화는 절기와 주일이 바뀌고 있다는 것을 알려준다. 강림절 화관, 사순절 베일, 그리고 부활절 초 등은 예배자들이 어떤 절기인가를 완전히 깨닫는 데 확실한 도움을 준다. 예배를 위한 시각적인 것들의 선택과 구상은 그 주에 읽혀지는 성서봉독에 근거한다. 때로는 그 주에 읽혀지는 복음서 안의 단순한 물건 – 예를 들어 마태복음 25:1-13을 읽을 때 다섯 개의 등은 켜놓고 다섯 개의 등은 꺼진 채로 보여주는 것 – 을 중심 단어로 선택할 수도 있다. 종종 설교에 대해 기억하지 못해도 시각적인 것이 사람들의 마음속에 오랫동안 남아있게 된다. 가장 단순하면서도 종종 가장 효과적인 시각 디자인은 혼합되지 않은 순수한 색들을 사용하는 것이다. 어떠한 경우에도 색깔은 일반적인 기대감을 조성하는 데 도움을 준다. 보라, 회색, 파랑은 전통적으로 강림절이나 사순절과 같이 준비하거나 회개하는 성격이 깃든 절기에 사용되었다. 흰색과 황금색은 성탄절이나 주님의 세례(Baptism of the Lord) 주간과 같이 특별한 기독론의 분위기와 함께 기쁨이 넘치는 절기나 사건에 사용되었다. 밝은 빨간색은 오순절이나 목사안수식과 같이 성령과 관계된 경우에 사용되었고, 짙은 빨간색은 가끔 고난주간이나 순교자를 기념하는 때에 사용되었다. 빨간색은 또한 선교예배, 창립기념주일, 감사절과 같은 경우에도 적합하다. 성장을 암시하는 녹색은 주현절 이후나 오순절 이후와 같이 두드러지는 특징이 덜한 때에 사용되었다. 일반적으로 보라색은 준비하는 절기, 흰색은 축제의 절기, 그리고 녹색은 평상적인 때에 적합하다는 원칙에 비추어 다음과 같은 체계를 갖추고 있다.

절 기	색 상
강림절	보라색
성탄절	흰색
주현절 이후 절기	녹색, 단 첫 번째 주일(Baptism of the Lord)과 마지막 주일(Transfiguration Sunday)은 흰색
사순절	보라색, 단 고난주간 중 성 목요일은 흰색, 그리고 성 금요일과 성 토요일은 아무 색깔도 사용하지 않을 수 있음
부활절기	흰색, 단 오순절 날에는 빨간색
오순절 이후 절기	녹색, 단 첫 번째 주일(Trinity Sunday)과 마지막 주일은 흰색

시각적인 요소들은 단순한 장식이 아니다. 그 요소들은 복음을 시각적으로 선포하는 데 사용되고 예배에 또 다른 차원을 첨가한다. 조심스럽게 사용될 때 그 요소들은 그저 장식에 그치는 것이 아니라 예배의 완전한 한 부분이 될 수 있다.

셋째로, 시각적 환경만큼 음악적이고 음향적인 환경이 중요하다.

음이 어느 공간에 머무르냐에 따라 예배자들이 사건을 경험하는 것이 달라질 수 있다. 예배당 안에서 소리가 회중석을 덮은 방석, 주름잡아 늘어뜨린 휘장, 카페트 등으로 흡수될 때, 사람들은 곧 혼자서 노래부르고 있다고 느끼기 때문에 찬송부르기를 덜 좋아하게 될 것이다. 그러나 소리의 울림을 크게 하여 음악적인 아름다움을 극대화할 수 있으나 지나친 소리의 반향으로 설교하기가 힘들게 되기도 한다. 예배에서 음악은 예배의 주요 구성 요소이고 항상 예배를 위해 쓰여야 한다. 음악의 목적이 예배를 돕는 것이지 음악 자체에 관심을 끌어내는 것이 아니다. 예배에서 예술이 예술 자체를 위해서만 있을 수 있는 자리는 없다. 단지 악기에 관심을 갖게 하고 혹은 연주자에게 관심을 기울이게 하는 음악은 예배 음악으로서는 실패다. 참으로 가장 훌륭한 교회 건축과 같이, 가장 훌륭한 예배 음악은 가능하면 눈에 적게 띄는 것이다. 이러한 것은 종종 완벽한 기술과 절제가 필요하다. 어떤 예배 음악은 순전히 악기로만 연주된다. 그러나 대부분 예배 음악은 보통 악기 반주로 노래하게 구성되어 있다. 기독교 예배는 목회자와 예배 인도자, 회중을 참여시키면서 근본적으로 '부르심과 응답(call and response)'이라는 형태를 따르고 있다. 회중의 응답으로 드리는 기도와 찬양은 보통 찬송과 노래, 그리고 후렴을 부르는 형태를 취한다. 때로는 하나님께서 은혜를 주시기 위한 부르심(call), 혹은 말씀 선포가 독창자에 의해 노래로 불려지기도 하며 그 역할을 하는 사람을 '켄토(cantor)'라고 한다. 성가대는 말씀의 선포자로서 혹은 전체 회중을 대표하여 응답하는 자의 기능을 할 수 있다. 노래 부르는 것은 우리의 예배 행위들을 측량할 수 없게 강화해 준다. 찬송과 노래 그리고 응답송들은 사람들이 예배에 참여하는 가장 효과적인 방법이다. 성가대는 예배 중 노래하는 행위로서 매우 가치 있는 기능을 수행하나, 회중이 노래를 불러 응답하는 행위를 모두 빼앗아 가면 안 된다. 성가대를 회중처럼 취급하기 보다는 회중을 성가대처럼 취급해야만 한다.

음악이 예배에 도움이 될 뿐 아니라 부적합하거나 해가 될 수도 있다. 문제는 음악이 좋고 나쁘다거나 연주가가 훌륭하거나 그렇지 않다고 하는 식으로 간단한 것이 아니다. 음악이 아름답고 훌륭한 기교로 연주되어도 가사가 분명하지 않거나 왜곡될 수 있고 가사가 경우에 맞지 않을 수도 있다. 심지어 가사 없이 악기로만 연주되는 음악도 상황에 맞지 않을 수 있다. 교회 음악가들은 음악이 예배의 완전한 한 부분이 될 수 있도록 예배에 대해 조심스럽게 연구할 필요가 있다. 우리는 예배 음악을 단지 경건한 배경 음악이나 장식으로 여길 수 없다. 따라서 음악을 선정하는 것이 예배를 준비하는 데 필요한 일 중의 하나다. 영광찬양(doxology)이나 영광송(Gloria Patri)과 같은 찬송은 매주일 똑같으나 대부분의 찬송이 매주 바뀌게 된다. 음악이 교회력과, 특별히 성서일과(lectionary)와 연관있는지 살펴야 한다. 찬송가와 성가대의 찬양이 그 날의 말씀 내용과 관계를 맺을 때 음악은 평범한 말의 능력을 넘어서 말씀 선포에 참여할 수 있다. 그러므로 교회 음악가들에게도 성서일과는 기본적인 도구가 되어야 한다. 교회 음악가들은 성서일과를 사용함으로써 음악에 대한 계획을 세울 수 있고, 순서를 정할 수 있으며 몇 주 앞서서 미리 연습할 수 있다. 이것이 음악이 예배의 완전한 한 부분이 될 수 있는 확실하고 가장 좋은 방법이며, 단지 경건한 즐거움을 주는 것으로 전락하지 않는 방법이다. 예배의 일반적인 모습과 함께 고려해야만 하는 것이 또 있는데, 그것은 예배 공간, 달리 말해 교회 건축과 관계된 것들이다. 교회 건축은 예배와 밀접한 연관이 있으며, 특히 예배 공간의 구성은 예배의 기능과 불가분한 관계에 있다. 기독교 예배는 간단히 말해 하나님을 믿는 사람들이 모여 말씀과 성례를 통해 하나님의 은혜를 받으며 하나님께 찬양을 드리는 행위다. 그러므로 예배 공간도 이에 따라 회중이 모이는 공간, 회중이 활동하는 공간, 회중 자신들의 공간, 성가대의 공간, 세례의 공간, 성찬의 공간 등으로 구분할 수 있다. 이러한 공간 구분과 함께 예배에 필요한 가구들이 있다. 그것들은 설교대, 성찬대, 세례대(혹은 세례반 또는 세례조, font or pool)로 세 가지다(가톨릭에서는 예배 집례자의 의자까지 포함하여 네 가지로 본다.). 이 가구들은 회중의 시선이 잘 닿는 곳에 있으며 일반적으로 한 곳에 모여 있으나 교회 구조나 전통에 따라 서로 떨어져 있기도 하다. 부대적인 가구들로 성서 낭독대(lectern), 기도대(prayer desk), 성찬 난간(communion rails), 목회자 의자(clergy seating), 촛대(candlestand) 등이 있을 수 있다.

설교대(pulpit, ambo)는 예배의 중심인 하나님의 말씀을 읽고 선포하는 장소이다. 초대 교회에서는 보통 감독이 성찬대 뒤에 있는 자신의 자리에서 설교를 했는데, 'ambo'는 초대 교회에서 성찬식 때 복음서를 읽을 때 사용하였고 'pulpit'은 중세에 나타난 것으로 사제가 회중에게 설교할 때 사용하였다. 설교대와 더불어 현재 교회에서 사용하는 사회대라고 일컫는 성서 낭독대(lectern)라는 가구가 있다. 초대교회에서 단상에 올라 말씀을 읽었던 것이 중세에 이르러 현재 개신교회들에서 나타나는 모습과 같은 형태를 취하게 되었다. 사회대나 성서낭독대가 성단소(chancel)에서 하나의 독립된 단위로서 다른 한편의 설교대와 균형을 이루는 기능을 한다고 볼 수 있으나 설교대와 분리되는 것은 역사적 감각에도 맞지 않으며 신학적으로도 설득력이 없다. 하나님의 말씀을 읽고 선포하는 것이 분리되지 않고 하나라는 것을 보여주는 것이 좋다. 한 곳(낭독대, 사회대)에서 말씀을 읽고 나서 다른 곳에서 그 말씀을 선포하는 것은 바람직하지 않다. 예배 집례(인도하는)도 차라리 성찬대 뒤에 서서 회중을 바라보고 하는 것이 더 힘이 있다(한국 교회의 대부분이 아직 성찬대를 바로 활용하지 못하는 현실적인 문제가 있지만…). 성단소의 시각적인 균형을 위해서라면 세례반을 적절한 크기로 하여 설교대와 대칭이 되도록 설치하거나 설교대의 위치를 중앙으로 옮기거나(이 경우 성찬대의 위치와 높낮이도 함께 고려해야 한다.) 할 수 있을 것이다. 설교대의 모습과 크기는 다양하나 현대의 흐름은 설교자가 사용하는 성서와 원고 등을 올려놓을 정도의 적절한 크기다. 몇몇 설교자는 이동할 수 있는 설교대를 선호하나 그럴 경우 임시적이고 즉흥적이며 조심성이 없는 것같이 보이는 위험이 있으므로 설교대는 고정해 놓는 것이 상징적인 의미에서도 중요하다. 설교대의 높이를 한 때 3.5미터 이상으로 높게 올린 서구의 개신교회들도 있었으나, 적절한 높이는 교회 뒷좌석에서 설교자가 보일 정도라면 충분하다. 설교대가 하나님의 말씀을 섬기는 곳으로 보여야지 다스리는 곳으로 보여서는 안된다. 그와 함께 한국교회에서 보통 제단이라고 부르며 벽에 붙여 놓은 작은 대 위에 성경책을 펴놓고 촛대를 올려놓은 것이 있는데, 그것은 원래 성찬대(altar)의 한 형태로 성경책이나 촛대를 올려놓는 것은 바람직하지 않다. 그런 형태보다는 성경을 따로 안치하는 것이 좋다. 그것에 이름을 붙이면 'lectern'이 되며 한국말로 낭독대보다는 성서대로 하는 것이 좋다. 이 성서대는 성가대 지휘자의 보면대 모양과 크기로, 성경을 비스듬히 세워 펼쳐놓을 수 있으면 된다. 위치는 벽 쪽의 십자가 밑이나 설교대 가까이로 교회의 상황에 따라 정할 수 있다.

성례(Sacrament)는 기독교 공동체가 부활하신 그리스도께서 현재 역사하시고 계심을 경험하는 행위다. 성찬식의 행위도 준비하는 것에서 시작한다. 그것은 떡과 포도주를 성찬대에 갖다 바치는 것이나, 성찬대에 이미 올려져 있다면 덮개를 벗기는 것에서 시작한다. 초대 교회에서는 성찬식에 참여하는 사람들이 각자 경제 능력에 맞게 떡과 포도주를 가져왔으며 그 외에 다른 물질들, 예를 들어 기름, 치즈, 올리브 등을 바쳤다. 사제는 바쳐진 것 중에서 성찬식에서 사용하는 분량만큼 선택하여 봉헌(offering)했으며 나머지는 가난한 자들에게 주었다. 현대 교회에서도 거의 같은 모습으로 거행한다. 회중석 입구에 있는 작은 테이블에 올려져 있는 떡과 포도주를 회중 대표가 봉헌 순서에 따라 성찬대에 들고 나온다. 이때 헌금도 봉헌하므로 헌금접시나 헌금바구니가 놓일 작은 테이블이 필요하며 그 테이블은 성찬대 가까이에 위치하면 된다. 떡과 포도주를 성찬대에 봉헌한 후 집례자가 손을 씻는 순서를 할 수 있으며(개신교회에게는 익숙하지 않은 것이지만), 이 경우에는 성찬대 한 쪽 끝에 집례자가 서서 대야에 담긴 물에 손을 씻고 수건으로 닦는다. 떡과 포도주를 봉헌한 후 성찬대 위에는 떡과 포도주, 적합한 용기 그리고 예배서 이외에 다른 것을 올려놓아서는 안 된다. 평소에도 성찬대 위에는 성경이나 촛대, 꽃병 등을 올려놓아서는 안 되며, 주전자와 컵, 접시 등 성찬에 사용되는 용기를 상징적으로 놓고 덮개는 씌우지 않는 것이 좋다. 헌금과 빈 용기들은 성찬대 가까이에 있는 작은 탁자에 올려놓는다. 성찬대가 놓여 있는 공간을 'sanctuary'라고 부르며,[44] 이 공간에 촛대(candlestand)들을 비롯하여 꽃이나 화분, 또는 특별 절기에 맞는 장식을 놓을 수 있다. 그러나 중요한 것은 그 공간이 복잡하게 보여서는 결코 안 된다. 개인 견해로는 특별절기의 장식 – 예를 들면 고난주간에 십자가를 가시나무로 장식하는 것 – 을 제외하고 매주 꽃꽂이나 큰 화분으로 성단소를 채우는 것이 바람직하지 않다고 생각한다. 단순한 것이 힘이 있고 회중이 집중하기에 좋기 때문이다. 꽃이나 화분은 회중석 옆이나 회중석 입구에 놓는 것이 오히려 낫다. 성찬 집례자가 성찬대 뒤에서 회중을 향하여 서서 성찬 집례를 할 때 뒷배경이 스테인드글라스나 많은 꽃 장식으로 복잡하여 집례자의 행동을 희미하게 하여서는 안 된다. 또 뒤에 큰 창이 있어서 빛이 눈부시게 비친다면 회중이 고통을 느낄 것이다. 성찬대가 예배 행위의 중심이지만 그 자체를 상징화하고 존

---

44) Sanctuary는 원래 사제들에게 제한되어 있는 교회의 부분으로 기안되어 종종 난간으로 구별된 공간을 의미했다. 이는 또한 성찬 난간으로 분리하는 성찬대 주변의 제한된 공간을 나타내는 데 사용한다. 때때로 교회 건물 전체를 지칭할 때 사용하기도 한다.

경의 대상으로 삼아서는 안 되고, 예배를 위해 실제로 사용해야 한다. 일반적으로 성찬대의 크기는 길이가 1.5미터 내지 1.8미터, 폭은 그 반 정도면 충분하고 높이는 39인치(99센티미터) 혹은 40인치(102센티미터) 가 적당하다. 너무 낮을 경우에는 예배서를 성찬대에 놓고 읽기에 너무 멀다. 과거에는 단단한 상자 모양의 형태를 썼으나 현재는 테이블 형태를 선호하며, 재질도 다양하게 나무, 금속, 돌을 사용한다. 과거에는 성찬대를 건축의 역작으로 여겨 거대한 크기와 지나친 장식으로 회중을 지배했으나 그러한 것은 성찬대의 본래 목적에 맞지 않다. 성찬대는 웅대함으로 시각적인 충격을 주기보다는 실제적인 사용으로 목회와 섬김을 위해 쓰일 때 그 목적에 부합한다.

성찬대의 위치도 매우 중요하다. 성찬대가 벽에 붙어있지 않고 그 자체가 따로 떨어져 있는(free-standing) 위치에 있어야 한다. 그래서 집례자가 성찬대 뒤에 서서 회중을 바라보고 성찬식을 거행할 수 있어야 한다. 집례자가 이 위치에 서는 것은 하나님의 가족들이 성찬대에 함께 모여있다는 강한 이미지를 나타내는 것으로 다른 어느 위치에 서는 것보다 강렬하다. 성찬대 뒤의 1, 2미터 안에는 아무것도 없는 것이 좋다. 예복을 입은 목회자가 움직일 수 있는 최소의 공간은 확보해 놓아야 한다. 성찬대가 교회 중심축에서 보았을 때 반드시 균형을 이루어야 할 필요는 없다. 중심에서 벗어났지만 설교대와 세례반, 다른 가구들, 그리고 회중의 공간과 역동적인 관계성을 형성하는 것이라면 오히려 훌륭할 수도 있다. 경우에 따라서는 전체 회중에게 성찬의 행위가 잘 보이도록 성찬대가 있는 곳을 한 계단 정도 높이는 것도 좋은 방법이다. 보통 바닥에 세우는 긴 촛대(floor candlestand)를 두 개(혹은 세 개) 성찬대 양 끝에 세우는 것이 바람직하다. 성찬대 위에 촛대, 십자가, 헌금접시, 꽃, 성경, 등 다른 모든 것을 놓지 않도록 권장한다. 성찬대에 올릴 것은 오직 성찬 용기와 예배서 뿐이다. 촛대의 길이는 성찬대의 높이보다 약간 큰 것으로 하고 큰 초를 하나씩 꽂는 것이 좋다. 성찬대는 절기에 따라서 색과 재질과 디자인을 달리해 천을 늘어뜨려 덮을 수 있다. 그러나 반드시 필요한 것은 아니고 단순한 하얀 천을 덮어 바닥에 닿을 정도로 덮개를 씌우는 것이면 충분하다. 성찬대에 관련된 부대적인 가구들로 작은 탁자들이 필요하다. 교회 예배당 입구에 놓을 작은 탁자에는 떡과 포도주를 놓았다가 봉헌 순서에 바치고, 성찬대 옆에 놓을 작은 탁자에는 헌금접시나 헌금바구니, 빈 성찬 용기들을 올려놓는다. 성찬 난간(Communion rails)은 원래 성찬대를 보호하기 위해 만들었으나, 현재는 성찬받는 사람들이 나와 난간 앞에 무릎을 꿇고 성찬을 받거나 성찬 받은 사람이(개인적으로 잠깐) 무릎을 꿇고 기도하는 기능으로 바뀌었다. 이를 위해 무릎 꿇을 수 있는 계단과 쿠션을 설치하기도 하였다. 교회에 따라서는 성찬 난간을 성찬식 이외에도 사용하는데, 사람들을 앞으로 나와 기도하도록 초청하는 것을 'altar call'이라고 하며 안수나 치유 예배에 이용하기도 한다.

　성찬대의 공간은 예배를 인도하는 데, 즉 회중에게 인사하고 중보기도를 드리고 광고하며 봉헌한 것을 받고 기도하기에 적절한 장소다(대부분 가톨릭 교회에서는 이러한 인사, 기도, 광고 등을 집례자의 의자에서 행한다.). 몇몇 교회에서는 기도대(prayer desk)가 있어서 목회자가 회중의 기도를 인도할 때 이곳에서 무릎을 꿇고 기도하며 중보기도를 할 때 사용하기도 한다. 성찬의 공간은 회중의 공간과 직접 닿아 있어 회중이 접근하는 데 용이하여야 하며, 계단을 만들어도 측면에서 올라가게 하는 것보다는 회중석에서 정면으로 단에 올라가도록 만드는 것이 시각적인 면에서나 실제적인 면에서 호의적이고 회중이 예배에 참여한다고 하는 중요한 표식이 된다.

　가톨릭 교회는 집례자의 의자를 예배 중심으로 중요하게 여기나 개신교회는 의자가 지나치게 크고 장식이 많으며 추한 모습을 보이는 것을 꺼려하여 개선을 거듭해, 서구 교회에서는 회중을 향해 앉지 않고 성가대 석에 같이 앉거나 심지어는 회중석에 앉기도 한다. 예배에는 많은 사람의 역할이 필요하고, 그에 따라 그들이 앉을 자리도 필요하다. 그러나 그 자리는 등받이가 높고 장식이 많은 보좌가 아니라 의자여야 한다. 설교대와 성찬대, 세례반은 사용하지 않을 때에도 상징적인 의미가 있다. 그러나 빈 의자는 아무 의미도 없다. 실제로 필요한 의자들이 지나치게 너무 과장되어 필요한 공간을 잠식하지 않도록 하는 것도 중요한 일이다.

2. 예배에 대한 기능 분석

예배의 개별 요소들은 그것들의 기능을 살펴봄으로써 가장 잘 이해할 수 있다. 이 기능의 분석은 예배적인 순환을 이용하지만 이 순환은 단지 똑같은 궤도를 반복하여 도는 것이 아니라 나선형으로 앞으로 나가면서 발전하는 과정을 거친다. 그 과정은 몇 단계로 나눌 수 있는데, ① 공동체의 예배 실행을 관찰 ② 서술적이고 신학적인 분석 ③ 규범에 따른 신학적 반성 ④ 공동체의 예배 실행을 개혁하는 것이다. 예배에서 행하고 실천하는 것이 이론을 통하여 다시 실천으로 돌아온다.

① **공동체의 예배 실행을 관찰** – 관찰하기 위해서는 예배에서 분리되어 제3자가 되어야 한다. 예배를 인도하는 목회자는 무엇이 진행되고 있는지 비판적으로 보는 것이 쉽지 않다. 목회자들은 자신들이 무엇을 말하고, 무엇을 행하고 있는지 알고 있어야만 할 뿐아니라, 성가대 안내자 그리고 예배의 책임을 맡은 사람들이 제대로 잘 움직이고 있는지 관심을 기울여야만 한다. 예배에 정규적으로 참석하는 회중도 좋은 관찰자가 되기는 힘들다. 왜냐하면 그들 자신이 이미 예배 행위 속에 들

어와 있고 오랫동안 익숙해져 있기 때문이다. 사실, 가장 통찰력 있는 관찰은 주일에 한 번 교회에 와서 기독교인들이 하는 것 중 이상한 점을 발견하는 이방인에 의해서 가능하다. 예배를 잘 인도하기 위해서 목회자들은 관찰하는 것, 즉 공동체가 모일 때마다 신앙을 표현하면서 무엇을 하는지 보고 듣는 것을 배울 필요가 있다. 예를 들어 목회자가 예배 중에 얼마나 오래 앉아있는지를 관찰해 목회자가 예배를 인도하는 것인지 아니면 지배하는 것인지를 알 수 있는 중요한 실마리가 될 수 있다. 만약 목회자가 예배 전체의 대부분을 서 있다면 이는 예배 지도력이 다른 사람에게 거의 부여되지 않는다는 뜻이다. 훌륭한 인도자는 모든 참석자들의 참여를 끌어내어 참석자들이 공동체의 중요한 부분으로서 가치 있다고 느낄 수 있도록 하는 사람이다. 관찰은 복합적인 일이다. 목회자들은 회중 가운데 많은 사람들의 다양한 역할에 대해 민감해야 한다. 예배는 수없이 많은 면이 있는 사건이다.

② **서술적이고 신학적인 분석** – 관찰은 다음 단계로 연결되는데, 그것은 회중의 말과 행위로 증거되는 신앙을 이해하려고 하는 것이다. 관찰한 다양한 말과 행위들이 실제 무엇을 하는 것을 의미하는지 발견해야만 한다. 공동체가 의도하는 것이 무엇이며 공동체가 표현하기를 원하는 것이 무엇인지를 서술해야 한다. 명백하게도 예배의 많은 부분이 습관적인 반복으로 행해지는데, 참석자들에게 어떤 의미가 있는지, 그리고 그들이 믿는 것을 어떻게 반영하고 있으며 얼마나 소중한지 발견해야 한다. 간단히 말해 공동체를 하나로 만드는 것이 무엇인지, 그리고 그 통일성의 근거가 무엇인지를 발견하도록 노력해야 한다. 이러한 점에서 예배 중 무엇이 일어나고 있는가를 해석하려고 노력하는 서술이 있어야만 한다.

③ **규범에 따른 신학적 반성** – 목회자는 회중이 예배에서 표현하는 신앙에 대해서 규정적인 판단을 내려야만 한다. 목회자는 목회 신학

자로서 신학 훈련을 받았고 책임이 있다. 이 기능이 예배 지도력과 관련해서 가장 필요하다. 목회자로서 신학적인 판단을 내려야만 하며, 그 판단은 회중에게 큰 도움이 되도록 조직적이고 역사적이며 목회적이어야만 한다. 회중의 공식적인 신학과 그들의 실제 신앙은 공통점이 거의 없다. 회중은 종종 자기모순적인 진술을 하게 되며 그에 대한 판단이 필요하기도 하다. 예를 들어 공식적인 신학이 공동체의 신앙과 생활에서 성서가 중심이 된다는 것을 고백하지만 예배의 순서가 성서를 주변적인 역할로 제쳐 놓는다면 그에 대한 판단이 필요하다. 성서를 통해 하나님의 말씀을 듣는 것이 예배에서 주요한 위치를 차지하는가 아니면 하찮은 위치를 차지하는가에 대해 질문을 제기해야 한다. 혹은 공식적인 신학이 기도의 중요성을 크게 가르치지만 예배의 순서가 회중이 기도할 기회를 주지 않거나 조금밖에 주지 않는다면 이 또한 이에 대한 판단을 내려야 한다. 공동체가 모여 하나님께 기도하는 것이 주된 것인지 사소한 것인지 판단해야만 한다. 또한 신학적 진술은 역사적이어야만 한다. 각각의 지역 교회에서 관찰하고 묘사한 신앙이 보편적인 역사적 신앙의 빛에 비추어 적절한 것인지 살펴야 한다. 역사적인 지식이 교회력을 이해하는 데에 결정적임을 이미 살펴보았다. 각각의 개체 교회를 보편적인 교회 모습에 연관시켜 판단을 내리는 것 역시 매우 중요하다. 마지막으로 신학적 판단은 목회적이어서 세속적인 것으로 둘러싸여 있는 회중의 상황을 충분히 고려해야만 한다. 예배가 얼마나 잘 지역적이고 문화적이며 개인적인 역사를 풍부하게 반영하는가, 그리고 예배가 공동체 안에 나타나는 여성과 남성, 다양한 연령층, 다양한 신앙 발달 단계, 다양한 장애의 조건들을 고려하는가에 대해 판단을 해야한다.

④ 공동체의 예배 실행의 개혁 – 그러한 비판적인 판단을 하고 마지막 단계, 즉 실제 실행을 개혁하는 단계로 옮겨갈 수 있다. 그 과정은 자기모순과 불일치를 해결하고 예배에서 회중이 보편적인 교회의 신앙

과 조화를 이루는 신앙을 표현하도록 도와주며, 예배에서 회중이 자신들의 실제 생활 환경을 표현하도록 도와준다. 목회 신학자로서 목회자는 개체교회와 보편적인 교회에 다리를 놓아주는 사람이다. 모든 예배 개혁이 섬김을 추구하는 사람과 대화하여 나와야만 한다. 사람들을 있는 그대로 알고 받아들이고 사랑하지 않고서는 결코 사람들의 예배를 바꾸려고 시도해서는 안 된다. 그러나 사람들의 신뢰를 받아들인 후 어떻게 변화가 그들이 믿는 것을 잘 표현하도록 도울 수 있는가를 해석함으로써 사람들의 예배를 변화시킬 수 있다.

3. 예배의 구조

주일 예배의 일반적인 구조는 예배의 시작(Entering into Worship), 말씀의 선포(Proclaiming the Word), 말씀에 응답(Responding to the Word)과 같이 크게 셋으로 나눌 수 있다.

1) 예배의 시작

■ **예배에 모임(Gathering)** – 예배를 위해 회중이 함께 모이는 것은 예배의 중요한 부분인데도 종종 그렇게 인식하지를 않는다. 회중이 함께 모였을 때 장식이나 예배 복식 등을 보고 어떤 절기인지 더욱 깊게 느끼고 예배에 참여할 수 있다. 또한 함께 모여 이웃과 인사를 나눔으로 공동체 안에서 무슨 일이 일어났는지 듣게 되며 기쁜 소식이든 슬픈 소식이든 공동체 주위에서 발생하는 일에 대해 알게 된다. 이를 통해 공동체를 위해 더욱 많은 기도와 찬양을 드리는 마음 자세를 갖게 한다. 모이는 동안 오르간이나 다른 악기로 음악이 연주될 때에는 그 음악이 그

주일이나 절기에 관련되어야 하는 것이 중요하다. 광고나 공지사항들이 모이는 동안 있을 수도 있고 혹은 예배 뒷부분에 있을 수 있다.

■ **인사(Greeting)** - 이 부분은 인사, 예배로 부름, 입례 등 다양한 이름으로 불려지고 시작 찬송 전이나 후에 오기도 하는데, 이 부분은 모인 회중에게 목회자가 처음으로 말을 하거나 성가대가 노래 부르는 부분으로 어떠한 이름이든 처음과 나중이 어떻든 중요한 것은 주님의 이름으로 인사를 한다. 인사는 교회력의 절기를 반영할 수도 있다. 그와 함께 인사는 그 날의 성서봉독이나 시편에서 인용하여 사용할 수 있다. 한편 주일에 따라 변하지 않는 인사를 사용할 수도 있다. 인사가 회중이 응답을 하는 구조를 갖고 있다면 쉽게 암기할 수 있고 변하지 않는 응답구절을 사용하여 회중의 입에서 자연스럽게 나오도록 해야 하며, 회중의 응답이 매 주일 다른 내용이라면 순서지에 인쇄하여 모두 잘 읽을 수 있도록 해야 한다.

■ **시작 찬송(Opening Hymn)** - 관례적으로 경배찬송이라고 불리는 데 우리가 경배해야 할 이름으로 하나님을 찬양하고 예배 전체에 반향이 되는 찬양의 선율을 내는 것이다. 몇몇 경배 찬송은 특별한 주일이나 절기에 명확하게 잘 어울린다. 한편 많은 찬송들이 일년 내내 사용할 수 있기에 적절하고 많은 주일에 이러한 일반적인 찬송이 가장 적합하기도 하다. 매주 시작 찬송을 성서일과와 연관시키려고 노력할 필요는 없다. 만약 성서 본문과 아주 밀접하게 일치하는 찬송이 있다면 성서봉독이나 설교의 앞뒤에 사용하는 것이 더욱 좋다.

■ **시작 기도(Opening Prayer)** - 시작 기도는 여러 가지 기능이 있으며 그 기능에 따라 다른 형태를 취하기도 한다. 이 기도는 그날의 기도(Collect)와 같이 회중의 공동적인 의지를 모음으로써 예배 시작 부분의 마지막을 표시할 수 있다. 또 경배와 찬양의 기도가 될 수 있으며 참회 기도가 될 수 있다. 그 뒤에 용서의 확신이 따른다. 이 참회 기도는

설교 뒤의 순서에 놓기도 한다. 어떤 교회는 참회 기도를 사순절과 같이 회개의 절기에만 사용하는 곳도 있으며 이럴 경우에는 보다 강하고 집중적으로 회개와 화해를 경험하게 하는 데 초점을 맞추기도 한다. 다른 가능성은 시작 기도에서 그날의 성서 본문의 주요 주제를 알려주어 말씀 선포를 시작하는 것으로 삼을 수 있다.

■ 기도(Prayer for Illumination) – 마지막 가능성인 설교전 기도는 성서봉독이 있기 전에 할 수 있다. 이 기도는 하나님의 말씀이 읽혀지며 선포되고 설교를 들을 때 성령께서 모든 이들의 마음과 정신을 밝게 해달라고 드리는 기도이다. 많은 교회들이 둘이나 그 이상의 기도를 연속적으로 사용하며, 이럴 경우에는 이 시작 기도들이 하나 이상의 기능을 보여준다.

■ 찬양(Acts of Praise) – 종종 찬양의 행위들이 시작 기도 뒤에나 또는 기도들 사이에 있으며, 그 방법에는 많은 가능성들이 있다. 전통적인 방법으로는 이 자리에 자비송(*Kyrie Eleison*, 주여 자비를 베푸소서)과 영광송(*Gloria in Excelsis*, 높은 곳에 계신 주님께 영광)이 온다. 회중은 찬송이나 시편을 부르거나 성가대가 찬양을 할 수도 있다. 이 위치이든지 혹은 예배 순서의 다른 곳이든지 대부분 개신교 예배는 최소한 하나 이상의 성가대 찬양이 있다.

2) 말씀의 선포

성서는 예배에서 하나님의 백성에게 주는 하나님의 말씀으로 읽힌다. 기독교 예배에서는 그 자체로서 그 주요한 역할이 반드시 보장되어야 한다. 성서봉독은 그리스도의 현존을 드러내는 하나의 형식이다. 기독교인들은 살아계신 하나님의 말씀을 부활하신 예수 그리스도를 통해 성령의 능력 안에서 듣기 위해 성서를 읽는다. 성서를 읽기 전에 설교전 기도(Prayer for Illumination)를 하는 것은 성령께서 임재하시어 성서를 봉독하는 자와 설교자에게 능력 주심을 간구하고 또한 회중의 마음을 열어주셔서 성서를 읽는 것을 들을 때 하나님의 살아있는 말씀으로 듣기를 간구하는 것이다. 성서봉독은 예수 그리스도께서 말씀하시고 행하셨던 복음서뿐 아니라 모든 성서의 말씀에 적용된다. 성서 읽는 것을 들음으로써 기독교 공동체는 공동의 기억을 상기하며 예배 가운데 회중 모두가 공동체에 속해 있음을 재발견한다. 따라서 이 성서 봉독은 '아남네시스(anamnesis, 기념, 기억) 형식', 즉 하나님께서 전능하신 능력을 행하신 것을 기억하고 상기하며 새롭게 재경험하는 것이다. 역사 속에서 하나님께서 행하신 사건은 독특하고 유일회적이지만 그 구원의 사건을 기념하고 경험함으로써 우리가 구원의 사건에 참여하여 살아가는 데 도움이 된다. 성서봉독은 이러한 사건들이 구원하는 능력으로 다시 나타나게 한다. 이것이 경전인 성서를 읽는 독특한 기능이다. 기독교 설교가 많은 자료를 적절하게 인용하여도 성서에 기초를 두고있지 않다면 그것은 하나님께서 스스로 자신을 주시며 계시하신다는 기초를 잃어버리게 된다. 말씀과 성례를 통해서 매주 이러한 기억을 되새기는 것은 기독교 공동체를 세우고 유지하는 주요한 수단이다. 그와 함께 중요한 것은 성서봉독을 그 자체의 목적으로서, 즉 하나님의 말씀을 읽고 들어야 한다. 성서봉독이 있고 설교가 뒤따르는데, 심각하게 잘못 이해하고 있는 것은 (불행하게도 종종 일어나는 일이지만) 성서봉독이 단지 설교를 위한 본문이나 배경을 제공하고 있다고 생각하는 것이다. 그리스도께서는 성서봉독을 통해 우리들에게 자신을 주시기 위해 인간의 능력과 행위를 사용하신다. 평신도든 목회자든 성서봉독을 하는 사람은 매우 중요한 역할을 담당한 것이므로 주의깊게 준비해야만 한다. 잘 읽기 위해서는 읽을 본문을 이해해야 한다. 그리고 큰 소리로 또박또박 몇 차례 읽고 실수하기 쉬운 곳이라든지 낯설고 발음하기 어려운 이름, 그리고 어느 곳에서 끊어 읽어야 하는지 등을 미리 생각하며 준비해야 한다. 예배에서 성서를 읽을 때 성서 낭독대에 펼쳐져 있는 큰 성서를 사용하는 것이 시각적으로 중요한 메시지를 주며 공동체 안에 하나님의 말씀이 현존하고 있다는 것을 보여준다. 성서를 펴고 덮는 것도 표현력이 강한 행위다.

성서봉독에서 공동 성서일과(Common Lectionary)가 어떻게 작용하는지 이해하는 것이 중요하다. 3년 주기로 매 주일마다 성서의 세 부분을 읽는 것이 공동 성서일과이다. 첫 번째 봉독(first lesson)은 보통 구약성서에서 읽고, 두 번째 봉독(second lesson)은 보통 서신서 중 하나에서 읽고, 세 번째는 항상 네 복음서 중에서 읽게 되어 있다. 거기에는 삼 년 주기로 시편이 구성되어 있는데 그 기능은 성서봉독의 기능과는 다르다. 3년 주기는 해마다 순서대로 'A', 'B', 'C'라는 이름이 붙여졌는데, 'C'로 붙여지는 해는 2001년과 같이 3으로 나누어지는 해다. 각 교회력은 전년도 달력의 강림절 첫째 주일부터 시작을 한다. 그러므로 'A 해'인 2002년 교회력은 2001년 강림절 첫째 주일부터 시작한다. 그리고 각각의 해는 저마다 독특한 특징을 가지고 있는데 복음서에 따라 그 특징이 좌우되며, 복음서는 교회력의 연속적인 사건에 어울리도록 배열되어 있다. A 해에는 거의 대부분 복음서에서 마태복음을 읽고 구약성서는 모세 오경, 룻기 등을 읽는다. B 해에는 마가복음을 읽고 구약은 다윗 문헌들, 지혜 문학서 등을 읽고, C 해에는 누가복음을 읽고 구약은 예언서 등을 읽는다. 요한복음은 3년에 걸쳐서 읽으며 특히 부활절 기간에 많이 읽는다. 세 부분의 성서를 읽는 것과 한 편의 시편을 사용하는 기본적인 형태를 대부분 따르지만 변화가 일어나는 경우가 있다. ①고난/종려 주일과 성 금요일에는 복음서가 보통의 경우보다 매우 긴데 전체 고난 이야기가 지정되어 있기 때문이다. ②고난/종려 주일에 예수의 예루살렘 입성과 연관된 다른 봉독들은 종려나무 가지를 들고 하는 의식 혹은 행진 때 사용하도록 제공되었다. ③부활절 철야에는 시편, 서신서 그리고 복음서에 앞서 구약성서를 열 군데 읽으며 그 사이 사이에 여덟 편의 시편과 두 개의 찬가(canticle)를 사용한다.

기독교 예배에서 성서일과를 사용하여 성서의 세 부분을 조직적으로 읽는 것은 근래의 개혁 가운데 가장 중요하고 대중적인 성공이라고 평가한다. 성서일과는 기독교 공동체에게 공동의 기억을 조직적으로 상기하게 할 수 있는 가장 좋은 방법을 제공한다. 성서의 책들을 계속 읽어 가는 것(lectio continua, 계속해서 읽기)을 조직적으로 정한 정책은 가장 가치있고, 그런 원칙이 성서일과를 통해 많이 드러나게 되었다. 성서일과가 없으면 목회자가 선호하는 성서 본문에 회중이 따라가게 되며, 따라서 복음에 대해 한 개인이 파악하고 있는 좁은 방법으로 제한되기가 쉽다. 성서일과는 이러한 제한에서 자유롭게 하며 더욱더 전체적이며 균형잡힌 성서의 이야기와 가르침을 제공하게 된다.

말씀 선포의 모범적인 순서는 첫 번째 봉독(first lesson), 시편(교독), 두 번째 봉독(second lesson), 찬송, 복음서, 그리고 설교다. 첫 번째 봉독 때에는 구약 성서를 읽으나 부활절부터 오순절까지의 부활절기에는 사도행전을 읽는다. 그 후 시편을 읽거나 부르는 것은 첫 번째 봉독에 대한 응답이다. 첫 번째 봉독 때에는 주로 구약성서에서 읽으므로 지정된 시편의 많은 수가 구약 사건에 대한 응답으로서 인간 경험을 표현하면서 구약에 나타난 역사를 드러낸다. 때로는 시편이 첫 번째 봉독에 나타난 인간의 본성이나 사건과 이미지에 대한 주석이 되기도 한다. 다른 시편들은 복음서에 나타난 주제와 이미지와 연결되면서 첫 번째 봉독의 말씀을 주신 하나님의 영광을 찬양하는 가운데 감탄하며 외치는 것이기도 하다. 시편의 구절을 근거로 설교를 할 수도 있으나 시편의 응답 기능이 선포를 위한 봉독과 혼동을 일으켜서는 안 된다. 그 기능은 회중이 시편으로 기도하는 것이며, 이는 종종 하나님과 함께 나누는 가깝고 정직한 대화로 여겨진다. 시편을 노래하거나 읽는 방법에는 여러 가지가 있으나 시편이 하나님의 백성들의 가장 오래된 찬송가책이므로 시편이 본래 노래로 불리게 의도되었다는 것을 염두에 둘 필요가 있다. 시편이 운율을 따라서 찬송가와 같은 형태로 불릴 수 있다. 이러한 형태는 부르기 쉽지만 실제 가사와 표현 구조, 그리고 한 편의 시편에서도 어느 범위까지 사용할 것인가에 대해 조정할 수 있다. 실제 예배에서 후렴구를 응답하는 노래로 하거나 서로 교창으로 하는 등의 여러 가지 음악 구조를 띨 수 있다. 후렴구를 응답으로 노래하는 경우에는 인도자나 선창자(cantor) 또는 성가대가 시편의 구절을 노래하고 각각의 단락 뒤에 회중이 단순한 응답을 노래한다. 교창으로 하는 형태는 회중이 둘로 나뉘어 교대로 구절이나 단락을 단순한 음색으로 노래한다. 어떤 구조는 오르간이나 악기, 성가대 그리고 회중을 위해서 설정할 수 있다. 시편이 노래로 불리지 않을 때는 목회자와 회중 사이, 혹은 보다 좋은 것은 회중과 회중 사이의 대화 형태로 읽을 수 있다. 꼭 시편을 영광송(Gloria Patri)으로 끝맺을 필요는 없다.

두 번째 봉독은 모든 서신서를 읽되 요한 2서, 요한 3서, 유다서는 제외하고 사도행전과 요한계시록을 읽기도 한다. 두 번째 봉독은 첫 번째 봉독과 복음서와 직접 연관이 없을 수도 있다. 두 번째 봉독의 두드러지는 특징은 성서의 다른 부분을 읽는 것과 대비되는 특별한 도덕적 가르침을 강조한다는 점이다. 이것은 성서봉독에 중요한 균형을 주고 설교의 균형을 잡아주기도 한다. 그 뒤를 이어 부르는 찬송은 때때로 층계송(gradual hymn)이라고 일컫기도 하는데, 두 번째 봉독에 대한 응답이면서 복음서에 대한 전주로서 연결하는 다리의 역할을 한다. 층계송은 꼭 찬송가이어야만 하는 것은 아니고 간단한 노래, 영가 한 소절, 간단한 응답 혹은 후렴구 등도 될 수 있다. 어떤 경우든 이 찬송은 읽는 말씀과 그 주일이나 절기의 정신에 어울리도록 조심스럽게 선택해야 한다. 회개하는 절기를 제외하고는 보통 기쁜 찬송을 선택한다. 사순절 기간에는 '알렐루야(alleluia)'라는 가사가 있는 찬송이나 찬양의 행위를 피한다. 부활절 기간에는 알렐루야 찬송이나 찬양을 계속 사용하는 것이 오래된 관습이었다.

복음서는 예수 그리스도의 말씀과 행위를 직접 다루고 있어서 기독교인들이 성서봉독 가운데 가장 명예롭게 여겼다. 복음서는 예수 그리스도께서 완성하신 구원 사건의 정점을 증거하고 있다. 교회에 따라서는 복음서를 읽을 때에 회중이 일어선다. 만약 회중이 이미 복음서 이전의 찬송을 부를 때 일어섰다면 계속 서 있게 된다. 복음서는 교회력에 기초하여 배열되었으므로 복음서를 읽는 것이 각 예배의 특징을 결정짓는다. 예수 그리스도의 삶과 행함 속에 있는 사건들이 성탄절과 부활절 절기의 중심이 된다. 주현절 이후 복음서 봉독은 기적과 비유에 기울고 오순절 이후 반년 동안은 예수 그리스도의 가르침에 더욱 집중한다. 그러므로 복음서는 예수 그리스도 안에서 하나님께서 이루신 것을 일 년을 통하여 상기하는 기능을 한다.

설교는 하나님의 말씀이 현재화되고 사회와 회중과 개인들을 위해 현재 삶의 정황에 말씀을 적용시키는 방법이다. 이것은 읽은 복음서와 본문을 해석하는 것이기도 하다. 첫 번째 봉독과 두 번째 봉독, 그리고 복음서의 세 부분의 본문을 모두 함께 설교하는 것은 아니다. 셋 중 하나만 택해도 충분하다. 본문들이 서로 밀접한 관계를 맺고 있다면 설교에서 둘 혹은 셋 모두를 함께 다루어도 무방하다. 좋은 설교에 대한 필수적인 차원들이 있는데, 그것은 설교에 드러나는 하나님의 능력, 성서 본문에 대한 설교의 관계, 설교 속에 있는 교회 신앙의 권위, 그리고 상황과 설교에 대한 회중의 반응 등이다. 하나님의 주도적인 능력이 없으면 말씀을 선포하거나 들을 수 없으며, 설교가 성서와 관계가 없다면 그것은 강의와 다름이 없다. 설교가 전체 교회의 신앙에 근거를 두고 있지 않고 순전히 개인적인 신앙에 기초하고 있다면 주님의 몸된 교회를 세워나가기 보다는 나누어 버리거나 무너져 내리게 하는 위험을 초래할 것이다. 그리고 회중은 오늘날 이 상황을 위해 하나님께서 어떤 말씀을 하시는지 주의깊게 듣는 능동적인 역할을 해야만 한다. 간단히 말해 설교자는 하나님의 능력으로 성서에 근거하여 교회의 권위를 따라 회중에게 신앙으로 하나님의 말씀을 듣도록 설교하는 자다.

3) 말씀에 응답

설교 후에 예배는 매우 융통성있게 전개되어 다양한 형식으로 나타난다. 하나님의 말씀 선포에 예배의 초점을 맞추는 개신교회에 있어서는 설교에서 정점에 이르고, 그후에는 세상을 향해 나가는 것만 남는다고 여기기 쉽다. 말씀의 선포에 대한 응답으로 세상에 나가 선포된 말씀에 순종하고 살아가는 것만 필요하다고 생각한다. 그러나 진정한 응답은 '지금 여기(here and now)'에 있으며, 그것은 또한 예배에서 전통적인 모습으로 나타났다. 물론 긴 기간으로 보면 기독교인들이 이 세상에 흩어져 살면서 삶 속에서 자신의 신앙을 증거하며 하나님의 말씀에 합당하게 사는 것이 응답이기도 하지만, 예배의 현장에서 즉각 응답해야할 필요도 있다. 이 응답은 교회력과 성서본문과 선포된 말씀에 따라 다양하게 변할 수 있다. 정해진 패턴에 따라서만 하는 것보다는 들은 하나님의 말씀에 대해 자연스럽고 필연적으로 반응하도록 응답을 이끄는 것이 중요하다. 종종 헌신과 결단을 요구하는 응답으로 부르기도 한다. 다양한 형식을 취할 수 있는데 어떤 특별한 헌신을 요구하고 그것에 따르기를 원하는 사람들을 앞으로 나오게 하여 무릎꿇고 기도할 수도 있다. 또한 설교 후에 찬송이 뒤따르기도 한다. 이 찬송도 선포된 말씀과 요청을 받은 특별한 헌신과 관계가 있는 것으로 주의깊게 선택해야 한다. 찬송을 부를 때 회중을 일어서게 하는 것이 중요하며, 일어서는 행위는 그 자체가 진정한 응답이며 헌신을 나타내는 징표가 될 것이다. 말씀 선포에 대한 고전적인 응답은 기독교 세례였다. 그래서 세례식을 거행할 경우에는 설교 후에 하는 것이 좋으며, 세례식 이후에 성찬식을 거행하는 것이 관례다. 이러한 개념이 계속되어 설교 후의 헌신의 행위가 세례의 언약과 관계되어 나타나 세례 언약을 다시 새롭게 하기도 한다. 말씀의 선포에 대한 응답으로 간구와 중보기도 감사기도가 포함된 기도 시간을 갖기도 한다. 보다 적절하고 자주 사용되는 것으로는 신경(creed)으로서 말씀의 선포에 대해 응답을 한다. 한국 개신교회는 주로 사도신경을 사용하나 다양한 신경들이 있고 한국감리교신경도 있다. 참회기도와 그에 뒤따르는 용서의 확신이 여기에 올 수도 있다. 근래에는 평화의 인사를 나누는 것(passing of peace)이 보편적이다. 이것은 신약성서와 『디다케』에 언급되어 있는데, 악수를 하거나 포옹을 하는 육체적인 행위로 인사말을 주고받을 수도 있다. 평화의 인사를 나누는 기능은 마태복음 5:23-24의 "예물을 제단에 드리려다가 거기서 네 형제에게 원망들을 만한 일이 있는 것이 생각나거든 예물을 제단 앞에 두고 먼저 가서 형제와 화목하고 그 후에 와서 예물을 드리라."는 가르침에 따라 하나님께 우리 자신을 드리려고 준비할 때 다른 사람들과 화해하는 것을 의미한다. 이러한 이유로 평화의 인사는 참회 기도와 용서의 확신 이후에 올 수 있으며 봉헌 이전에 올 수 있다.

봉헌(offering)은 중보 기도처럼 다른 사람들을 위한 것을 의미한다. 이것은 우리의 재물을 내어놓는 것으로 하나님의 말씀에 대한 구체적인 응답이다. 하나님께 봉헌하는 음악으로 성가대가 찬양하거나 악기를 연주할 수 있으며 회중이 봉헌 찬송을 부를 수 있다. 회중이 영광 찬양(doxology)을 부를 때 헌금을 제단에 바칠 수 있다. 개신교회에서는 이후의 순서에 선택의 가능성이 있다. 성찬식을 거행할 경우와 그렇지 않을 경우다. 어느 경우든지 감사를 드리는 것이 중심에 온다. 성찬식이 없는 경우 말씀에 대한 응답은 감사로 계속 이어지게 된다. 복음에 대한 명백한 응답은 감사다. 복음의 선포는 필연적으로 감사를 이끌어내야 한다. 감사의 표현은 목회자가 대표 기도로 할 수 있고 다같이 기도드릴 수도 있으며 탄원기도(litany) 형식으로 드릴 수도 있다. 모든 기도의 모범으로서 주님이 가르치신 기도(Lord's Prayer)는 예배의 어느 부분에서도 사용할 수 있지만 감사 기도 뒤에 위치하는 것이 적절하다. 또한 모든 기도의 요약으로서 주님이 가르치신 기도는 예배에서 마지막 절정의 기도가 될 수 있다. 이 기도는 모든 회중이 함께 기도드려야 하며 노래할 수 있으면 더욱 좋다. 주님이 가르치신 기도 이후 잠시 동안 거룩한 침묵을 하는 것도 어울린다. 그 후에 있는 마침 찬송은 찬양이나 단순한 영광 찬양의 한 소절 또는 세상으로 보냄을 받는 찬송 등을 부른다. 마지막 축도는 두 가지를 내포하고 있다. 사람들을 이 세상의 삶과 일 속으로 보내면서, 동시에 사람들이 세상으로 흩어질 때 삼위일체 하나님께서 함께 하신다는 선언(기도가 아니다!)의 성격이다. 축도에 사용하는 말은 주일이나 계절에 따라 변할 수 있으나 대부분의 주일에 거의 동일한 형식과 용어를 사용한다.

성찬식이 거행될 경우에는 관례적으로 봉헌 후에 시작하며 성찬식에 이어 마침 찬송과 축도를 하고 예배를 마친다. 성찬식은 예수 그리스도의 행위를 재현한다. 예수께서 떡과 잔을 취하고 감사를 드리며 떡을 떼고 떡과 잔을 나누어주신 것을 따라서 실천하는 것이다. 떡과 잔을 취하는 것은 감사를 드린다는 주된 행위를 준비하는 것이고 떡을 떼는 것도 나누어 준다는 주된 행위의 준비이므로 성찬식은 감사(blessing)와 분급(communion)이라는 두 개의 주요한 부분으로 이루어져 있다고 할 수 있다. 성찬기도(영어로 Great Thanksgiving, Anaphora, Canon 등으로 불림.)는 교회 신앙의 주요한 진술로서 하나님께 영광을 돌리고 찬양을 하는 것이다.

역사적으로 초대 기독교인들은 유대인의 찬양과 감사 기도의 형식과 내용에서 많은 것을 빌어왔다. 내용은 예수 그리스도를 통한 하나님의 일에 절정을 이루는 것으로 확대되어 나갔지만 하나님의 전능하신 행위를 암송하며 하나님을 찬양하는 것으로 하나님께 감사를 드린다는 유대적 개념은 남아 있었다. 기독교인들은 교회력에 따라 이 성찬기도의 부분들을 바꾸어 사용하였다. 떡을 떼는 것은 떡을 나누어주기 위한 중요한 준비 행위이며, 이는 고린도전서 10:17의 "떡이 하나요 많은 우리가 한 몸이니 이는 우리가 다 한 떡에 참예함이라."는 말씀과 같이 공동체의 통일성을 강력하게 상징하는 행위이다. 떡과 잔을 나누어주는 것을 종종 '커뮤니온(communion)'이라고 일컫는데, 이는 신약성서의 그리스어인 '코이노니아(koinonia)'를 번역한 것으로 그 뜻은 '참여', '나눔' 또는 '친교'다. 분급하는 방법은 교회마다 차이가 있지만 성찬대 앞에 나와 떡과 포도주를 받는 것이 성찬에 능동적으로 참여한다는 의미에서 보다 강한 상징을 띤다. 그와 함께 사순절 기간에는 나와서 무릎을 꿇고 성찬을 받는 것도 교회력과 연관된 분급 방법이다. 성찬식은 사실 일 년 동안 계속 모든 절기에 행해야 할 하늘의 향연이며 성찬식에 계속 참여함으로써 성찬식에 깃든 측량할 수 없는 풍성함을 더욱 크게 깨닫게 된다.

교회력에 따른 III 예배자료들

1. 강림절(Advent), 성탄절(Christmas), 주현절(Epiphany)

1) 신학과 목회의 관점에서 본 특성

기독교인들은 "말씀이 육신이 되어 우리 가운데 거하시매"(요 1:14)라는 진리를 고백하고 선포한다. 이것은 예수 그리스도께서 세상의 구원을 위해 인간의 역사 속에 태어나셨다고 하는 성육신에 대한 위대한 메시지다. 바로 이 점 때문에 이 은총의 특별한 절기에 우리는 축하하고 선포하며 모든 사람들에게 알린다. 강림절과 성탄절 그리고 주현절의 신학은 매우 강력하다. 왜냐하면 우리가 예수 그리스도가 구세주이시며 주님이시라는 것을 먼저 이해하지 않고서는 예수의 탄생을 완전히 이해할 수 없기 때문이다. 이것은 강림절과 성탄절을 위한 어떤 진정한 예배도 예수 그리스도의 삶과 고난과 죽음 그리고 부활이라는 보다 큰 이야기의 한 부분으로 경험해야만 한다는 것을 의미한다. 달리 말해서 성육신은 부활 신비(Paschal Mystery)에 있어서 하나의 중심적인 면이다. 예배 형태도 예수 그리스도의 탄생과 구속적인 고난, 죽음, 부활 사이의 내적인 연결을 더욱 고취시키는 것이어야 한다.

성탄절은 서방 교회 기독교인들에게는 여러 면에 있어서 교회의 다른 절기보다 많이 대중적이다. 그러나 동방 교회들은 초기부터 주현절에 초점을 맞추어 왔다. 서방교회의 성탄절에 대한 근본적인 이미지와 주제들은 아마 인간의 마음 가운데 있는 다정함과 가장 가까운 것같다. 요셉과 마리아의 이미지, 그들이 처한 상황의 어려움, 말구유 장면에서 사랑이 넘치는 소박함, 그리고 들판에서 별빛처럼 쏟아져 내리는 영광 찬양 등 이 모든 것이 얽혀서 하늘과 땅이 만나고 하나님과 인간이 화해하는 소식을 기다리는 인간 마음 속에 있는 감수성에 깊은 자리를 형성한다.

　　강림절에서 주현절에 이르는 주기는 역사적이면서 동시에 신학적인 의미를 담고 있다. 또한 이야기로 서술되는 동시에 주제를 포함하고 있다. 예언자들이 강하게 표현한 오시는 메시야에 대한 소망과 기대가 예수 그리스도의 탄생 이야기를 통해서 잘 드러나 있으며, 성탄절의 탄생 이야기는 계속 연장되어 주현절에 예수 그리스도의 신분이 드러나 신성한 존재로서 요단강에서 요한에게 세례를 받으시고 갈릴리 가나에서 첫 번째 기적을 행하시는 것으로 이어진다. 이러한 순서의 사건들에 기독교인들이 참여할 뿐만 아니라 그 사건들을 축하하며 선포한다. 전체 주기는 하나님께서 우리와 함께 하신다는 임마누엘을 매우 확실하게 보여준다. 따라서 우리는 강림절에서 주현절에 이르는 주기의 광범위한 주제와 정서를 받아들여야만 한다. 즉 소망에서 기쁨으로 이르고, 어둠에서 빛으로, 인도하심을 열망하는 것에서 인간을 심판하시고 생명을 주시는 하나님께서 오심을 선언하는 것으로 향해 가야만 한다. 거기에는 구원받은 공동체와 하나님의 평화와 의와 화해를 긴박하게 기대하는 것에 대한 비전이 있다.

　　역사적으로 이 절기들 가운데 원래 특별한 날은 주현절이었다. 신이 현현(theophany)하는 날 또는 그리스도 안에서 하나님의 빛과 능력이 명확하게 드러난 날인 주현절은 초대 교회의 교회력에서 부활절, 오순절 다음으로 주된 날이었다. 이른 시기의 성서일과와 설교에 있어서 주현절에 사용되는 성경말씀은 요한복음 1:1-2:11에 초점을 맞추었다. 성경말씀에 나타난 주제들은 빛이 되신 그리스도, 그리스도께서 세상에 오심, 요단강에서 세례를 받으심, 물로 포도주를 만드시는 첫 번째 기적이다. 이러한 주제의 공통점은 하나님께서 그리스도를 통해서 세상 마지막까지도 인간에게 나타나신다는 신학적 주장이다. 그러나 서방 교회에서는 성탄절을 주현절의 의미보다는 오직 탄생 이야기에 더욱 집중하고 그것을 매우 두드러지게 만들었다. 그래서 우리는 성탄절을 예수 그리스도 안에서 나타난 말씀이 완전히 성취된 것이라기보다는 좁은 의미의 성육신을 강조하는 것으로 여기는 경향이 있다. 주현절이 다른 두 절기보다 오래 되었고, 성육신의 온전한 목적과 그 능력은 예수 그리스도께서 일하시는 처음에 잘 드러나 있다고 하는 풍성한 신학적 의미를 담고 있기 때문에 성탄절에만 치우치지 말고 주현절이 내포하는 주제들을 깊게 살펴보며 균형을 이룰 필요가 있다.

강림절은 엄청난 긴장이 있는 절기다. 그것의 주된 관심은 종말론이지 요즘 우리가 일반적으로 생각하듯이 성탄절을 성원하기 위해 준비하는 절기가 아니다. 강림절은 그리스도께서 첫 번째 오신 것과 다시 오시는 것에 대한 소망과 기대를 표현하는 절기다. 여기에 역설적인 것이 있다. 강림절의 첫 주일을 교회력의 시작으로 일컫는다. 그러나 이것은 우리를 곧바로 육신을 입고 '이미' 오신 그리스도와 이 세상 마지막 때에 만물 가운데 성취될 '아직' 오시지 않은 그리스도 사이의 긴장 속으로 몰입시킨다. 강림절은 우리가 현재 살고 있는 시대에서 그리스도의 시대를 드러내는 말씀과 성례의 상징적 행위들을 다시 생각하고 마주치라고 일깨운다. 따라서 우리는 모든 역사의 종말에 대해 숙고하고 동시에 기도하면서 한 해를 시작한다. 강림절은 과거에 그리스도께서 오심에 대해 감사하고 그리스도께서 다시 오실 것에 대한 기대가 담겨있는 때다. 그러므로 강림절 주일 예배를 계획할 때 강림절에 읽을 성경말씀이 이미 일어난 그리스도의 탄생에 대해 기대하는 것뿐 아니라 통치하시고 심판하시며 구원하시기 위해 오시는 그리스도에 대해 표현하는 내용이어야만 한다. 교회가 참여하는 소망과 모든 사람들이 나누는 기대는 하나님의 나라가 임하는 것이다. 이런 점에서 "나라이 임하옵시며, 뜻이 하늘에서 이룬 것같이 땅에서도 이루어지이다."라는 주님이 가르치신 기도의 종말론적 간구는 강림절의 특징과 어울린다. 특별히 이 기간에 설교는 말씀의 빛 가운데 활기차고, 예언적인 요소가 강하게 드러나야 한다. 우리는 하나님의 공의를 위해서 그리고 모든 민족 위에 임하는 하나님의 평화를 위해서 악한 세력이 멸망하기를 바란다. 따라서 이 기간에 설교와 기도, 찬양, 복음을 증거하는 행위가 풍성하고 힘에 넘치는 종말론적 성격을 박탈하지 않도록 해야만 한다. 이러한 긴장과 기대를 경험함으로써 그리스도의 죽음과 부활에 동참하려는 우리의 행위가 실제적인 것이 될 수 있다.

강림절에 대해 이와 같이 폭넓은 이해를 할 때 성탄절에 새로운 빛을 비추게 된다. 성탄절은 예수 그리스도의 탄생과 어린 시절을 감성적으로 기억하는 것보다 더욱 풍성하고 깊은 면이 있다. 그리스도께서 성육신하신 첫 순간, 즉 탄생의 감격과 감동을 무시해서는 안 되지만 성탄절은 그 이상의 의미가 있다. "기쁘다 구주 오셨네"라고 찬송하는 의미는 오시는 그 한 분이 참으로 우리의 구세주이며 그의 죽으심과 부활하심에 참여함으로 우리가 세례를 받았다는 것이다. 우리가 성탄절을 이와 같이 이해한다면 우리가 드리는 예배는 인간에게 필요한 가장 깊은 곳에 호소하여 인간의 가장 심오한 경험을 건드릴 수 있을 것이다. 초대교회에서는 성탄절과 주현절 절기가 부활절과 오순절 다음으로 세례 베풀기에 중요한 시기라고 인식하였다. 따라서 이 기간에 세례와 세례의 언약을 갱신하는 것에 특별한 강조를 둘 수가 있다. 신년 전야에 철야예배로 사용된 역사 기록이 있는 요한 웨슬리의 언약예배를 주현절 후 첫째 주일인 '주님의 세례(Baptism of the Lord)' 주일에 드리는 것도 적절하며, 주님의 세례 주일을 특별히 지키지 않을 경우에는 새해 첫 주일에 언약예배를 드리며 모든 회중이 세례를 받을 때 주님 앞에서 했던 서약을 새롭게 하는 의식도 좋다. 주현절 이후 주일에 그리스도께서 세례를 받으시고 공생애 동안 행하셨던 징표와 가르침과 이적들을 상기한다. 우리는 그리스도께서 말씀하시고 행하셨던 사건 속에서 주님의 영광을 보고, 현재의 시간과 장소에서 그리스도께서 말씀하시고 행하시고 있다는 것을 믿는다. 주현절 이후 마지막 주일이며 사순절이 시작하는 전 주일은 변형주일(Transfiguration)로서 아직 오지 않은 부활의 영광을 기다리면서 주님의 영광으로 채워 나가는 때다.

2) 절기에 대한 준비

교회력 가운데 강림절, 성탄절, 주현절로 이어지는 기간은 특별히 풍성한 면이 깃든 시기다. 이 기간은 기독교인들이 가정과 교회의 관습으로 놀랍게 치장하고 그리스도 안에서 다같이 더욱 깊은 영적인 생활로 부름을 받는 때이다. 동시에 우리는 이 기간에 기도하고 찬양하며 성서를 읽고 친교를 나누며 성례를 행하는 환경을 만들어 간다. 이 기간에 대한 예배를 계획할 때에는 재발견하고 실행하여야 할 신학적인 확신이 필요하다. 이 절기들을 함께 지키려면 특별한 사건과 활동, 특별한 예배라는 점을 표현해야만 한다는 것을 결정하고, 공동체로서 전체 교회가 어떻게 강림절, 성탄절, 주현절의 리듬과 주제에 들어갈 수 있도록 준비해야만 하는 지를 결정해야 한다. 서구에서 강림절 기간에 교회와 가정 모두 가장 넓게 퍼져 있고 대중적인 관습 중의 하나는 강림절 화관(Advent wreath)의 사용이다. 이것은 많은 교회에서 가장 시각 효과가 있는 표식으로 쓰인다. 전통적으로 천장이나 아치에 매달린 강림절 화관은 네 개의 초가 원을 이루고, 그 가운데 그리스도를 상징하는 보다 큰 초가 있는 구조로 되어 있다. 네 개의 초 색깔에 대해 정해진 것은 없으나 이 기간의 장식 색인 보라색이나 짙은 청색을 사용하는 것이 좋으며 같은 크기여야 한다. 그리스도 초는 보다 큰 것으로 하얀색을 사용하는 것이 좋다. 강림절 첫째 주일에는 예배의 시작 부분에서 네 개의 초 가운데 하나만 켠다. 둘째 주일에는 두 개의 초를 켜고 셋째 주일에는 세 개, 넷째 주일에는 네 개의 초를 켜고 마지막으로 성탄절 이브나 성탄절에는 가운데 있는 그리스도의 초까지 모든 초에 불을 붙인다. 초를 켜는 의식에는 여러 방법이 있으나 보통 성단소에 화관을 놓고 교인 중 찬송 104장 "곧 오소서 임마누엘"을 부르거나 각 주마다 다음과 같은 기도를 할 때 불을 붙이기도 한다. 기도 전에 성서 구절을 읽을 수도 있다.

주일 / 말씀	기 도
첫째 주 : 사 60:2-3	이 촛불을 기대의 상징으로 밝힙니다. 하나님께서 주신 이 빛이 어둠 속에서 저희에게 구원의 길을 보여 주도록 하옵소서. 곧 오소서 임마누엘!
둘째 주 : 막 1:4-5	이 촛불을 선포의 상징으로 밝힙니다. 하나님께서 예언자들을 통해 주신 이 말씀이 저희를 구원의 길로 인도하게 하옵소서. 곧 오소서 임마누엘!
셋째 주 : 사 35:10	이 촛불을 기쁨의 상징으로 밝힙니다. 오 하나님, 저희가 주께서 임하신다는 기쁜 약속으로 구원의 소망 가운데에서 기뻐하게 하시옵소서. 곧 오소서 임마누엘!
넷째 주 : 사 9:6-7	이 촛불을 순결의 상징으로 밝힙니다. 오 하나님, 주의 성령께서 찾아오시어 저희를 깨끗하게 하사 저희 소망이고 기쁨이 되시는 예수 그리스도께서 오심을 준비할 수 있게 하시옵소서. 곧 오소서 임마누엘!

거의 대부분의 교회와 가정에서 크리스마스 트리를 설치한다. 성탄목의 근원은 11세기부터 교회에서 공연되었던 신비극(mystery plays)에 두고 있다. 소위 낙원 연극(Paradise Play)이라는 것에서 낙원의 나무에 대한 관습을 발견할 수 있다. 이 나무는 에덴 동산과 생명의 나무를 나타내며 그와 관련하여 우리의 구원을 위해 그리스도께서 십자가에 달리셨던 그 나무를 상징했다. 그런 까닭에 낙원의 나무에는 사과, 오렌지, 작은 빵, 사탕 등 여러 가지 물건들을 매달았다. 현재 성탄목의 관습은 널리 알려져 있는데, 나무에 그리스도의 탄생과 삶과 죽음 그리고 부활과 관계되는 여러 가지 상징들을 장식한다. 성탄목은 강림절 시작과 더불어 장식하여 세우는 것이 좋다.

다른 선택으로 예수의 가계도를 나타내는 이새의 나무를 언급할 수 있다. "이새의 줄기에서 한 싹이 나며 그 뿌리에서 한 가지가 나서 결실할 것이요."(사 11:1)라는 예언자 이사야의 말은 이 나무에 대한 이미지를 제공하고 있다. 성탄목과 마찬가지로 그리스도께서 인간의 역사 속에 나타나셨다는 것을 일깨워주는 상징들을 나무에 매달 수 있다. 구약성서에서 그리스도를 상징하는 다윗의 열쇠, 이스라엘의 지팡이 등과 예언자들과 다른 인물들에 관계된 것들, 즉 노아의 방주, 모세에게 주어진 십계명판, 아브라함의 칼, 야곱의 사다리, 세례 요한이 세례를 베풀 때 사용한 조개껍질과 신발 등을 사용할 수 있다. 이러한 나무 장식을 주중에 비공식적으로 행할 수도 있으나 기도와 찬양을 하는 간략한 예배를 드리고 장식을 마친 후에는 다과를 나누며 작은 축제를 벌이는 것이 한결 좋을 것이다. 혹은 강림절이 시작되기 전 수요일 예배에 모든 회중이 참여한 가운데 특별한 의식을 행하는 것도 가능하며, 이럴 경우에는 여러 상징을 달면서 그와 관계되는 성서 구절을 읽는 것도 적절한 방법이다. 강림절 화관을 성단소에 놓는 것은 강림절 첫째 주일 예배에서 입례 행진과 함께 들어와 세워놓고 예배 초에 불을 붙이는 것도 회중들에게 시각 효과를 주고 의미를 깊게 새기도록 할 수 있는 좋은 방법이 될 것이다. 주현절을 위한 장식 또한 동방 박사들과 그들의 예물인 황금과 유향과 몰약 등 시각적으로 큰 이미지를 주는 것이어야 한다. 그와 함께 요단강에서의 세례를 형상화한 것과 갈릴리 가나의 혼인 잔치에서 물이 포도주로 바뀐 것을 나타내는 항아리들을 사용할 수 있다.

3) 강림절의 주일들

네 번의 주일로 이루어진 강림절은 그리스도께서 오심을 선포하고 그의 태어나심을 다시 한번 축하하기 위해 준비하는 기간이며, 지금도 말씀과 성령으로 계속해서 오고 계시고 우리가 바라는 마지막 승리로 다시 오시는 예수 그리스도를 드러내는 기간이다. 예배 장식을 위한 색깔로 보라색, 청색을 주로 사용하고 네 개의 작은 초와 하나의 큰 초로 된 강림절 화관을 사용한다. 어둠 속을 비추는 빛을 상징하는 강림절 화관을 사용하는 관습은 19세기 독일에서 유래되었다. 중앙에 있는 강림절 별(Advent Star)은 1850년경 동부 독일에서 모라비안들이 만들었는데 "광명한 새벽별"(계 22:16)과 동방 박사들을 인도한 별을 상기시킨다. 이 기간 중에 특별하고 인상적인 것은 저녁 기도 시간에 강림절 교창 기도(Great Advent Antiphons)를 노래하거나 읽는 것으로 '오 교창 기도(O Antiphons)' 또는 '일곱 오(Seven O's)' 라고 불리기도 한다. 이와 같은 이름이 붙여진 것은 기도 구절마다 '오' 라는 감탄사로 시작하며 그리스도의 다른 일곱 개의 신성한 이름 – 지혜, 주님, 이새의 뿌리, 다윗의 열쇠, 동틀녘(새벽), 열방의 왕, 임마누엘 – 을 사용하며 부르고 있기 때문이다. 이 기도의 저자는 알 수 없으나 9세기 이전에 작성되어 최소한 9백 년이나 그 이상의 기간 동안 교회에서 성탄절을 준비하는 마지막 칠 일 동안 저녁 기도 시간에 사용되었다. 이 기도는 현재의 예배에서 오후나 저녁에 사용하거나, 강림절 주일 예배에서 강림절 화관의 초에 불을 밝힐 때 함께 사용한다. 혹은 설교에 대한 응답으로 쓰이거나 두 번째 성서봉독과 복음서 봉독 사이에 순서를 넣어 사용할 수 있다. 그 기도는 다음과 같다.

강림절 교창기도 (O Antiphons)

(굵은 글씨 부분은 회중이 담당한다.)

오 지혜의 그리스도시여, 지극히 높으신 분의 입에서 나와 영원에서 영원으로 이르며 만물을 강하고 아름답게 배열하신 분이시여,
오소서, 저희에게 지혜의 길을 가르치소서.
오 주님이시고 이스라엘의 인도자이신 그리스도시여, 불타는 떨기나무의 불꽃으로 모세에게 나타나 시내산에서 율법을 주신 분이시여,
오소서, 팔을 펼치셔서 저희를 구원하소서.
오 이새의 뿌리가 되시는 그리스도시여, 백성들의 깃발로 서 계시며 그 앞에서는 만왕이 침묵을 지키고 만국 백성이 기도를 드리시는 분이시여,
오소서, 지체하지 마시고 저희를 인도하소서.
오 다윗의 열쇠이며 이스라엘의 지팡이이신 그리스도시여, 주께서 여신 것은 아무도 닫지 못하고 주께서 닫으신 것은 아무도 열지 못하는 분이시여,
오소서, 어둠 속에 앉아 있고 사망의 그림자에 묻혀 있는 갇힌 자들을 해방시키소서.
오 새벽의 동터오르는 여명이신 그리스도시여, 영원한 빛으로 빛나시며 의로운 태양이신 분이시여,
오소서, 어둠 속에 앉아 있고 사망의 그림자에 묻혀 있는 자들에게 빛을 비추소서.
오 열방의 왕이신 그리스도시여, 열방이 간절히 바라는 분이시며 열방을 하나로 묶으시는 주춧돌이 되시는 분이시여,
오소서, 주께서 흙으로 빚으신 자들을 구원하소서.
오 임마누엘이신 그리스도시여, 우리의 왕이시고 율법을 주신 분이시며 모든 나라가 바라는 구세주이시여,
오소서, 저희를 구원하소서, 오 우리의 하나님 주님이시여.

강림절 화관, 성탄목과 함께 강림절 교창기도에 나타난 상징들이 그려진 배너를 사용하거나 성서봉독과 관계하여 암시되는 다른 시각적 상징들과 종말론적인 용어인 마라나타(Maranatha, 주 예수여 오시옵소서)를 사용하는 것도 좋은 방법이다.

† 강림절 예배 †

(굵은 글씨 부분은 회중이 담당한다.)

입례

(예배 시작을 알리고 교회에 따라서는 입례 행진을 할 수 있다. 이어서 예배 시작인사를 집례자가 회중에게 하는데, 성서 구절을 사용하거나 주보에 인쇄된 인사말을 회중과 함께 할 수 있다.)

[예배로 부름]
문들아 너희 머리를 들지어다.
영원한 문들아 들릴지어다. 영광의 왕이 들어가시리로다.(시편 24:7)

(또는)
외치는 자의 소리여 이르되 너희는 광야에서 여호와의 길을 예비하라.
사막에서 우리 하나님의 대로를 평탄하게 하라.(이사야 40:3)

(또는)
시온의 딸아 노래하고 기뻐하라.
이는 내가 와서 네 가운데 머물 것임이라.
그 날에 많은 나라가 여호와께 속하여

내 백성이 될 것이요 나는 네 가운데 머물리라.(스가랴 2:10-11)
(또한 사용할 수 있는 성서 구절들: 로마서 13:11-12, 시편 131:3, 이사야 35:3-4, 이사야 40:1-2, 이사야 40:9, 에스겔 30:1-3, 요엘 2:1, 스바냐 2:1-3, 마태복음 25:31-34, 마가복음 1:15, 누가복음 3:4-6, 누가복음 12:35-38, 고린도후서 6:2, 빌립보서 4:4-5.)

(또는)
주여, 저희에게 주님의 자비를 보여 주소서.
저희에게 주님의 구원을 베푸소서.
진리가 땅에서 솟아 나오며
공의가 하늘로부터 내려올 것입니다.

(또는)
주 하나님께서 말씀하시는 것을 듣겠사오니
그 말씀은 평화를 전하는 목소리입니다.
그것은 모든 사람들과 하나님의 자녀들을 위한 평화입니다.
또한 그것은 진정으로 하나님께 돌아오는 사람들에게 주어지는 평화입니다.
주의 이름으로 오시는 분은 복되십니다.
높은 곳에서는 하나님께 영광이요 땅에서는 하나님의 백성들에게 평화입니다.

찬송
(찬송을 입례 행진을 할 때 불렀으면 생략하고 시작 기도가 계속해서 예배로 부름의 뒤를 따르게 된다.)

시작 기도

주님께서 여러분과 함께 하시기를 빕니다.
목사님과도 함께 하시기를 빕니다.
우리 모두 함께 기도합니다.
(잠시 침묵을 유지한 후)

이스라엘의 하나님, 주님의 백성인 저희들이
기대하는 마음으로 그리스도의 오심을 기다립니다.
그리스도께서 스스로를 낮추시어 오셨던 것과 같이
이제 영광 중에 오시어서 하나님의 영원한 나라에서
만물을 온전하게 하시옵소서.
그리스도는 영원토록 우리의 주님이십니다.
우리 주 예수 그리스도의 이름으로 기도합니다. **아멘.**

(또는)
영원하신 하나님, 주님의 섭리 가운데 주님께서는 모든 시대가
독생 성자의 나라를 준비하도록 하셨습니다.
찬란하게 빛나는 주님의 영광을 찬양하고
주님이 주시는 축복의 충만함을 받을 수 있는 마음을 준비하게 하시옵소서.
우리 주 예수 그리스도의 이름으로 기도합니다. **아멘.**

강림절 화관에 점화

(성단소(sanctuary)에 놓인 화관에 꽂힌 초에 불을 붙일 때 적합한 성서 구절이나 기도문을 읽거나 찬송 104장 "곧 오소서 임마누엘"을 부를 수 있다.)

첫 번째 성서봉독

첫째 주일	이사야 2:1-5	(A 해: 2001, 2004, 2007, 2010)
	이사야 63:16-64:8	(B 해: 2002, 2005, 2008, 2011)
	예레미야 33:14-16	(C 해: 2003, 2006, 2009, 2012)
둘째 주일	이사야 11:1-10	(A 해)
	이사야 40: 1-11	(B 해)
	말라기 3:1-4	(C 해)
셋째 주일	이사야 35:1-10	(A 해)
	이사야 61:1-4, 8-11	(B 해)
	스바냐 3:14-20	(C 해)
넷째 주일	이사야 7:10-16	(A 해)
	사무엘하 7:1-16	(B 해)
	미가 5:2-5a	(C 해)

시편 교독

첫째 주일	시편 122편	(A 해)
	시편 80:1-7, 17-19	(B 해)
	시편 25:1-10	(C 해)
둘째 주일	시편 72:1-7, 18-19	(A 해)
	시편 85:1-2, 8-13	(B 해)
	누가복음 1:68-79	(C 해)
셋째 주일	시편 146:5-10	(A 해)
	누가복음 1:46b-55	(B 해)
	이사야 12:2-6	(C 해)
넷째 주일	시편 24편	(A 해)

시편 89:1-4, 19-24 (B 해)
시편 80:1-7 (C 해)

두 번째 성서봉독

첫째 주일　로마서 13:11-14　(A 해)
　　　　　　고린도전서 1:3-9　(B 해)
　　　　　　데살로니가전서 3:9-13 (C 해)
둘째 주일　로마서 15:4-13　(A 해)
　　　　　　베드로후서 3:8-15a　(B 해)
　　　　　　빌립보서 1:3-11　(C 해)
셋째 주일　야고보서 5:7-10　(A 해)
　　　　　　데살로니가전서 5:16-24 (B 해)
　　　　　　빌립보서 4:4-9　(C 해)
넷째 주일　로마서 1:1-7　(A 해)
　　　　　　로마서 16:25-27　(B 해)
　　　　　　히브리서 10:5-10　(C 해)

찬송 (찬양)

복음서 봉독

첫째 주일　마태복음 24:36-44　(A 해)
　　　　　　마가복음 13:24-37　(B 해)
　　　　　　누가복음 21:25-36　(C 해)
둘째 주일　마태복음 3:1-12　(A 해)
　　　　　　마가복음 1:1-8　(B 해)
　　　　　　누가복음 3:1-6　(C 해)

셋째 주일	마태복음 11:2-11	(A 해)
	요한복음 1:6-8, 19-28	(B 해)
	누가복음 3:1-6	(C 해)
넷째 주일	마태복음 1:18-25	(A 해)
	누가복음 1:26-38	(B 해)
	누가복음 1:39-55	(C 해)

설교
사도신경
목회 기도(회중 기도)

(참회 기도를 하고 목회자가 용서의 확신을 줄 수 있다. 목회자가 교회와 회중에 관한 목회기도를 할 수 있으며 그 형식은 연도 형식으로 하여 한두 문장으로 된 기도를 목회자가 하고 회중이 **"주님, 저희의 기도를 들으소서."** 라고 응답하며 기도를 계속할 수도 있다.)

평화의 인사
봉헌
성찬 기도

[수르숨 코르다(Sursum Corda)]

('마음을 높이 들다.' 라는 뜻의 라틴어로 성찬기도의 중요한 요소)

주님께서 여러분과 함께 하시기를 빕니다.
목사님과도 함께 하시기를 빕니다.
여러분의 마음을 높이 드십시오.

주님을 향해 우리의 마음을 높이 듭니다.
주님께 감사를 드립시다.
이는 주의 백성들이 마땅히 해야 할 바입니다.

[감사 기도(Preface)]
전능하신 하나님, 하늘과 땅의 창조주 하나님, 언제나 어디서나 주님께 감사드림이 마땅하고 옳으며 기쁜 일입니다.
주님께서는 주의 형상대로 저희를 지으시고 생명의 숨을 불어넣으셨습니다. 저희가 주님과 멀리 떨어져 사랑을 잃어버렸어도, 주님의 사랑은 변함없이 굳건히 남아있습니다. 주님께서는 종살이에서 저희를 해방시켰으며 저희의 주권자가 되심을 언약을 통해 밝히셨고 예언자들을 통해 말씀하셨습니다.
공법을 물 같이, 정의를 하수같이 흘리게 될 그 날, 나라가 나라에 거슬려 칼을 들지 않고 더 이상 전쟁을 배우지 않게 될 그 날을 기다립니다.
그러기에 땅 위에 있는 주님의 백성들과 하늘에 있는 모든 천사들과 함께, 그들의 영원한 찬송에 합하여 주님의 이름을 찬양합니다. 영광과 찬양을 영원히 받으시기를 바라며 우리 주 예수 그리스도의 이름으로 기도합니다. 아멘.

[상투스(Sanctus)] (다같이)
거룩하시다, 거룩하시다, 거룩하시다. 만군의 주님, 하늘과 땅에 그의 영광이 가득하시다. 지극히 높은 곳에서 호산나. 찬양받으소서, 주의 이름으로 오시는 분이시여. 지극히 높은 곳에서 하나님을 찬양하도다.

[상투스 후 기도]

거룩하신 하나님, 독생 성자 예수 그리스도를 찬양합니다.

때가 차매 만국의 빛이 되도록 독생자를 보내셨습니다. 주님께서는 교만한 자들을 흩으시고 주님을 두려워하는 자들에게는 대대로 자비를 베푸십니다. 주님께서는 권세자들을 그 권좌에서 끌어내시며 비천한 자를 높이셨고 주리는 자를 좋은 것으로 배부르게 하셨으며 부자를 공수로 보내셨습니다.

주님의 독생 성자께서 종으로 우리에게 오시어, 주님께서 우리와 함께 하심을 보이시며 임마누엘의 하나님을 증거하셨습니다. 예수 그리스도께서 하나님의 뜻에 복종하기까지 스스로를 낮추시어 십자가의 죽음을 감당하셨습니다. 그리스도의 고난과 죽음과 부활의 세례로써, 주님께서는 주님의 교회에 생명을 주셨고 우리를 죄와 죽음의 노예로부터 구원하셨고, 물과 성령으로써 우리에게 새 언약을 주셨습니다.

[성찬 제정사]

전능하신 하나님, 저희를 구원하시려고 독생 성자 예수 그리스도를 십자가에서 고난당하게 하셨습니다. 자비하신 주님, 그리스도께서 온 세상의 죄를 위하여 완전한 속죄 제물이 되시고, 성례를 정하시어 저희에게 명하사, 주님께서 강림하실 때까지 주님의 귀하신 죽음을 기념하라 하셨습니다.

(집례자는 빵을 들어 올리며)

예수께서 잡히시던 밤에 떡을 가지사 축사하시고 떼어 가라사대 이것은 너희를 위하는 내 몸이니 이것을 행하여 나를 기념하라 하셨습니다.

(빵을 내려놓는다. 그리고 잔을 들어 올리며)

식후에 또한 이와 같이 잔을 가지시고 가라사대 이 잔은 내 피로 세운 새 언약이니 이것을 행하여 마실 때마다 나를 기념하라 하셨습니다. (잔을 내려놓는다.)

[기념사]

거룩하신 하나님, 예수 그리스도를 통해 행하신 전능하신 일들을 기억하면서, 그리스도와 연합하여 저희 자신을 거룩하고 산 제물로 찬양과 감사 가운데 드립니다. 저희가 모두 성찬에 참여하여 그리스도께서 저희를 위해 죽으셨고 부활하셨으며, 저희를 감사와 믿음으로 성장하도록 양육하고 계심을 기억하게 하시옵소서.

그리스도께서 죽으셨으며, 그리스도께서는 부활하셨으며, 그리스도께서는 다시 오실 것입니다.

[성령 임재의 기도]

전능하신 하나님, 성령께서 이 자리에 모인 저희들 위에 임하시고, 주님의 거룩한 식탁 위에 놓인 떡과 포도주 위에 임하시기를 기도합니다. 이 성찬에 함께 하셔서, 하늘의 떡과 구원의 잔을 먹고 마시는 저희가 그리스도의 새로운 몸을 입어 세상을 변화시키는 힘이 되게 하시옵소서. 예수 그리스도께서 최후 승리를 거두며 다시 오실 때까지, 저희가 모두 하나님 나라의 잔치에 참여할 때까지, 성령께서 저희에게 임하셔서, 저희가 그리스도와 하나가 되게 하시며, 저희들 서로 하나되게 하시고, 온 교회가 하나되게 하시옵소서. 전능하신 하나님 아버지께 모든 존귀와 영광이 영원토록 있기를 간구하며 우리 주 예수 그리스도의 이름으로 기도합니다. 아멘

[영광 찬양(Doxology)]

(찬송가 3장, "이 천지간 만물들아"를 부른다.)

주님이 가르치신 기도
분급
(집례자는 빵을 들고 둘로 쪼개면서 다음과 같이 말한다.)
이 떡이 하나이듯이 우리는 한 몸이고, 우리 모두 하나의 떡에 참여하는 것입니다.
이렇게 떡이 잘라지는 것은 우리에게 나누어 주시기 위해 그리스도의 몸이 부숴지는 것입니다.
(떡을 내려놓은 후, 잔을 들고)
우리가 감사를 드린 이 잔은 그리스도의 피가 우리에게 나누어지는 것입니다.
(성찬 분급은 먼저 집례자와 도움을 주는 이들이 먹고 마신 후, 회중이 성찬대 앞에 나와 받아먹는다. 성찬 분급이 진행되는 동안 회중은 모두 함께 찬송을 부른다.)

성찬 후 기도 (다같이)
영원하신 하나님, 주님 스스로 저희에게 주신 이 거룩한 신비의 성례에 대하여 감사를 드립니다. 이제는 저희가 세상으로 나아가, 성령의 능력으로 저희 자신들을 다른 사람들에게 줄 수 있도록 하옵소서. 이 성찬을 받은 저희들이 능히 주님의 은총과 복을 충만히 받게 하옵소서. 우리 주 예수 그리스도의 이름으로 기도합니다. 아멘.

찬송
축도

4) 성탄절과 그 후의 주일들

성탄절은 예수 그리스도 안에서 하나님께서 성육신하심에 대해 찬양하고 감사를 드리는 절기로 성탄절 이브에 시작하여 주현절까지 계속된다. 성탄절 전야(이브) 예배는 가장 대중적인 즐거움이 있는 예배다. 시각적인 장식을 하고 성탄절 전야와 성탄절에 다양한 예배를 드릴 수 있다. 그 가운데 영국에서 강림절과 성탄절에 행하는 가장 사랑받는 전통 중 하나로 '말씀과 성탄찬송의 잔치(festival of lessons and carols)'로 알려진 예배가 있는데 성탄절 전야에는 아홉 군데의 말씀을 읽으며 성탄찬송을 불렀다. 이 예배는 하나님의 말씀을 선포하고 기도와 성탄찬송을 부르면서 그 말씀을 새기는 것이다. '아홉 말씀과 성탄찬송의 잔치'는 1880년에 영국 트루로(Truro)의 성공회 대주교인 벤슨(E.W. Benson)이 옛 자료들을 근거로 하여 구성한 것이다. 그것을 1918년 캠브리지에 있는 킹스 대학(King's College)의 채플에서 에릭 밀너 화이트(Eric Milner-White) 학장이 채택하여 사용하기 시작하였다. 원래 이것은 방학 때문에 성탄절 예배를 드릴 수 없었던 학교나 대학들의 채플에서 드렸던 예배에서 비롯하였다. 약간씩 다른 수많은 예배 형태가 나타났다. 이것은 다양한 변화를 주는 것이 가능하나 구조는 매우 단순한데 성탄에 관한 말씀을 근거로 음악적인 대화를 나누는 강한 감동을 준다. 이 예배는 성탄절 전야에 드리지만 강림절 중간에 사용할 수도 있는데 그럴 경우에는 읽는 말씀과 부르는 찬송에 변화를 주어야 한다. 말씀을 읽는 것은 회중이 담당하여 많은 사람이 참여하는 것이 좋다. 성탄찬송은 개체 교회의 형편에 따라 바꿀 수 있으며, 성가대와 교회음악을 담당하는 사람들이 충분하고 꼼꼼하게 준비하는 것이 좋다.

성탄절 전야 예배는 모든 가족들이 함께 참여하게 되므로 어린이들도 포함할 수 있는 찬송과 설교를 채택해야 한다. 성탄절 전야 예배에 성찬식을 거행해도 좋다. 교회의 상황에 따라서는 성탄절 낮 예배보다는 성탄절 전야 예배에 더 초점을 맞출 수도 있다.

†아홉 말씀과 성탄 찬송의 잔치†
(Festival of Nine Lessons and Carols)

오르간 전주

입례 찬송   119 장, "옛날 임금 다윗 성에"

인사

그리스도의 사랑을 받은 우리들은 천사들이 전하여 준 메시지를 다시 듣고 온 마음과 정성을 베들레헴으로 향하게 하며, 우리 하나님의 사랑과 자비를 보고 구유에 누이신 어린 아기를 경배하기 위하여 이 예배에 참여합니다.

성서를 펴서 하나님의 거룩한 뜻에 불복종한 이야기를 읽고, 우리의 죄에서 우리를 구원하시고 깨끗하고 기쁘게 하기 위하여 오신 우리의 주님 예수 그리스도의 탄생 이야기를 듣고, 성탄찬송으로 찬양드림으로써 예수 그리스도께 감사를 드립시다.

그러나 먼저 우리는 이 세상을 위해 기도해야 하며, 특별히 모든 사람에게 평화와 사랑이 있기를 기도하여 오직 한 분이신 하나님 아버지의 자녀들로서 서로 사랑하는 것을 배워야 합니다.

예수 그리스도의 마음을 가장 기쁘게 하는 일은, 예수 그리스도 앞에서 가난한 사람들, 의지할 데 없는 사람들, 춥고 배고픈 사람들, 억눌린 사람들을 기억하는 것입니다. 또한 병들고 슬퍼하는 사람들, 외롭고 사랑받지 못하는 사람들, 버림받은 늙은 사람들과 어린아이

들, 그리고 주님이신 예수님을 알지 못하거나 예수님을 사랑하지 않거나 죄에 시달리는 사람들을 기억하는 것입니다.

마지막으로 우리와 함께 기쁨을 나누는 모든 사람을 하나님 앞에서 기억해야 합니다. 말씀 가운데 그들의 희망을 구체화시키며 예수 그리스도 안에서 언제나 하나가 되는 수많은 사람들을 기억해야 합니다.

모든 간구와 찬양을 하늘 보좌에 겸허하게 바치면서 그리스도께서 가르치신 기도를 드리겠습니다.

주님이 가르치신 기도

기도

전능하신 하나님께서 신령한 은총으로 우리에게 복을 주시고, 그리스도께서 우리에게 영생의 기쁨을 주시며 성령께서 우리가 모두 하늘 나라 백성으로 친교를 나누게 하시옵소서. 우리 주 예수 그리스도의 이름으로 기도합니다. 아멘.

찬송   103장, "참 목자 우리 주"

첫 번째 말씀   창세기 3:8-15, 17-19 (하나님께서 에덴 동산에서 아담과 하와를 벌하심.)

(각각의 말씀은 각기 다른 사람들이 읽는 것이 좋다. 말씀을 다 읽은 후에 성서 낭독자와 회중은 다음과 같이 말을 주고받는 것이 좋다.)

낭독자: 이는 하나님의 말씀입니다.
회중: 말씀을 주신 하나님께 감사를 드립니다. 아멘.

(또는)

낭독자: 이는 하나님의 말씀입니다. 말씀을 주신 하나님께 감사를

드립니다.
회중: **아멘.**

찬송	105장, "오랫동안 기다리던"
두 번째 말씀	창세기 22:15-18 (하나님께서 아브라함에게 약속하심.)
찬송	104장, "곧 오소서 임마누엘"
세 번째 말씀	이사야 9:2, 6-7 (이사야에게 예언된 그리스도의 탄생.)
찬송	106장, "이새의 뿌리에서"
네 번째 말씀	이사야 11:1-9 혹은 미가서 5:2-4 (모든 피조물을 평화와 정의로 다스릴 왕이 오심.)
찬송	120장, "오 베들레헴 작은 골"
다섯 번째 말씀	누가복음 1:26-35, 38 (가브리엘 천사의 수태고지.)
찬송	107장, "영원한 문아 열려라"
여섯 번째 말씀	마태복음 1:18-21 혹은 누가복음 2:1-7 (예수께서 태어나심.)
찬송	123장, "저 들밖에 한밤중에"
일곱 번째 말씀	누가복음 2:8-20 (목자들이 말구유에 찾아옴.)
찬송	124장, "한 밤에 양을 치는 자"
여덟 번째 말씀	마태복음 2:1-11 (별의 인도를 받고 예수께 경배하러온 동방박사들.)

찬송	116장, "동방박사 세 사람"
아홉 번째 말씀	요한복음 1:1-14 (성육신의 위대한 신비.)
찬송	109장, "고요한 밤 거룩한 밤" |="
기도	

(자유롭게 기도를 드리거나 적절한 기도를 드릴 수 있다.)

전능하신 하나님, 이 험난한 세상의 어둠 속으로 독생 성자의 빛을 보내주소서. 주님의 희망의 별이 모든 사람들의 마음 속에서 자비와 진리의 밝은 빛으로 빛나게 하시고, 베들레헴의 목자들이 기쁨으로 아기 예수께서 누우신 구유로 걸어간 것과 같이 우리의 발걸음을 인도하시사 우리에게 밝히 계시하신 그 길을 영원히 걸어갈 수 있게 하소서. 지금부터 영원까지 우리의 영혼을 다스리시는 우리 주 예수 그리스도의 이름으로 기도합니다. 아멘.

찬송	122장, "참 반가운 신도여"
축도	

성육신 하심으로 땅과 하늘에 있는 만물을 하나로 모으신 그리스도께서 주시는 내적인 평화와 사랑이 가득하며 전능하신 하나님의 은총이 넘치기를 바랍니다. 성부와 성자와 성령께서 여러분 위에 임하시고 여러분과 항상 함께 하시기를 바랍니다.

아멘.

평화와 기쁨을 가지고 세상으로 나가십시오.

하나님께 감사를 드립니다. 할렐루야.

(축도 후에, 또는 축도 바로 전에 회중은 초에 불을 붙이는 의식을 가질 수 있다. 초는 예배가 시작하기 전에 모든 회중에게 나누어 주어야 한다. 목회

자나 예배 인도자는 화관에 있는 예수 그리스도를 상징하는 큰 초에서 불을 붙여 다른 사람들에게 불을 전달하여 붙여준다. 회중은 초에 불을 켠 채로 천천히 예배실을 나간다. 어린이들도 참여할 수 있으나 어른들이 감독을 하여야 한다.)

† 성탄 전야 예배 †

예배로 부름

무서워하지 말라. 보라 내가 온 백성에게 미칠 큰 기쁨의 좋은 소식을 너희에게 전하노라.
오늘 다윗의 동네에 너희를 위하여 구주가 나셨으니 곧 그리스도 주 시니라. (누가복음 2:10-11)

(또는)
태초에 말씀이 계시니라. 이 말씀이 하나님과 함께 계셨으니 이 말씀은 곧 하나님이시니라.
말씀이 육신이 되어 우리 가운데 거하시매 우리가 그의 영광을 보니 아버지의 독생자의 영광이요 은혜와 진리가 충만하더라.
(요한복음 1:1, 14)

(또는)
그리스도께서 태어나셨으니 그분께 영광을 돌립시다.
그리스도께서 하늘에서 내려오셨으니 그분을 영접하고, 그리스도께서 이제 땅 위에 계시니 그분을 높이 찬양합니다.
온 땅이여 주님께 찬송할지어다.

모든 나라가 기쁨으로 주님을 찬양하며 영광을 돌립니다.

(또는)
주님 안에서 환희의 춤을 추며 우리의 마음을 기쁨으로 채웁시다.
영원한 구원이 이 땅 위에 나타났으니 하나님을 찬양합니다. 할렐루야.

찬송

적합한 찬송은 126장 "천사 찬송하기를", 112장 "그 맑고 환한 밤중에", 115장 "기쁘다 구주 오셨네", 122장 "참 반가운 신도여" 등이다.

시작 기도

모든 생명의 창조주이신 하나님, 하나님의 형상을 따라 저희들을 만드셨고 독생 성자를 보내사 저희와 같은 육신을 입게 하셨습니다. 지금 그리스도께서 태어나신 기쁜 이 시간에 그리스도의 은혜로 거듭난 저희들이 그리스도 안에서 새로워질 수 있도록 하시옵소서. 성부와 성령과 함께 예수 그리스도께서 살아 역사하시며 영원히 다스리십니다. 우리 주 예수 그리스도의 이름으로 기도합니다. 아멘.

강림절 초에 점화
그리스도 초에 점화 후 응답

예수 그리스도는 이 세상의 빛이십니다.
어떤 어두움도 이 빛을 가릴 수 없습니다.

말씀 선포를 위한 기도

주님, 성령의 능력으로 저희 마음과 영혼을 열어주시사, 이 밤에 선포하는 말씀과 찬양을 통해 들리는 우리 구세주의 탄생의 복음을 읽고 들으며 기뻐하게 하시옵소서. 이 세상의 빛이신 우리 주 예수 그리스도의 이름으로 기도합니다. 아멘.

첫 번째 성서봉독　　이사야 9:2-7　　　　（모든 해 공통）

시편 교독　　　　　시편 96편　　　　　（모든 해 공통）

두 번째 성서봉독　　디도서 2:11-14　　　（모든 해 공통）

할렐루야 찬송

복음서 봉독　　　　누가복음 2:1-10　　　（모든 해 공통）

설교

성탄절 기도와 봉헌

찬송

성찬 기도

  [수르숨 코르다(Sursum Corda)]

('마음을 높이 들다.' 라는 뜻의 라틴어로 성찬기도의 중요한 요소)
　　주님께서 여러분과 함께 하시기를 빕니다.
　목사님과도 함께 하시기를 빕니다.
　　여러분의 마음을 높이 드십시오.
　주님을 향해 우리의 마음을 높이 듭니다.
　　주님께 감사를 드립시다.
　이는 주의 백성들이 마땅히 해야 할 바입니다.

  [감사 기도(Preface)]

전능하신 하나님, 하늘과 땅의 창조주 하나님, 언제나 어디서나 주님께 감사드림이 마땅하고 옳으며 기쁜 일입니다.
주님께서는 어둠 속에서 빛을 창조하시고 이 땅 위에 생명을 만드셨습니다. 주님께서는 주의 형상대로 저희를 지으시고 생명의 숨을 불어넣으셨습니다. 저희가 주님을 거역하고 주님과 멀리 떨어져 사랑을 잃어버렸어도, 주님의 사랑은 변함없이 굳건히 남아있습니다. 주님께서는 종살이에서 저희를 해방시켰으며 저희의 주권자가 되심을 언약을 통해 밝히셨고 예언자들을 통해 말씀하셨습니다. 주님께서는 세상을 이처럼 사랑하사 독생 성자 예수 그리스도를 우리의 구세주로 보내셨습니다.
그러기에 땅 위에 있는 주님의 백성들과 하늘에 있는 모든 천사들과 함께, 그들의 영원한 찬송에 합하여 주님의 이름을 찬양합니다. 영광과 찬양을 영원히 받으시기를 바라며 우리 주 예수 그리스도의 이름으로 기도합니다. **아멘.**

[상투스(Sanctus)] (다같이)

거룩하시다, 거룩하시다, 거룩하시다. 만군의 주님, 하늘과 땅에 그의 영광이 가득하시다. 지극히 높은 곳에서 호산나. 찬양받으소서, 주의 이름으로 오시는 분이시여. 지극히 높은 곳에서 하나님을 찬양하도다.

[상투스 후 기도]

거룩하신 하나님, 독생 성자 예수 그리스도를 찬양합니다.
마리아와 요셉이 갈릴리에서 베들레헴에 와서 머무를 방을 찾지 못한 것처럼, 예수께서는 갈릴리에서 예루살렘에 오셔서 멸시를 당하시고 거절당하셨습니다. 예수께서 가난한 마굿간에서 태어나신 것과 같이 예수 그리스도의 고난과 죽음과 부활의 세례로 주님께서는 교회를 태어나게 하셨고 저희를 죄와 죽음에서 구원하셨으며 물과 성령으로 저희에게 새 언약을 주셨습니다.

[성찬 제정사]

하나님의 말씀이 그 날 밤에 육신을 입으신 것과 마찬가지로 예수께서 돌아가시기 전 밤에 자신을 우리에게 주셨습니다.

(집례자는 빵을 들어 올리며)

예수께서 잡히시던 밤에 떡을 가지사 축사하시고 떼어 가라사대 이것은 너희를 위하는 내 몸이니 이것을 행하여 나를 기념하라 하셨습니다.

(빵을 내려놓는다. 그리고 잔을 들어 올리며)

식후에 또한 이와 같이 잔을 가지시고 가라사대 이 잔은 내 피로 세운 새 언약이니 이것을 행하여 마실 때마다 나를 기념하라 하셨습니다. (잔을 내려놓는다.)

[기념사]

거룩하신 하나님, 예수 그리스도를 통해 행하신 전능하신 일들을 기억하면서, 그리스도와 연합하여 저희 자신을 거룩하고 산 제물로 찬양과 감사 가운데 드립니다. 저희 모두가 성찬에 참여하여 그리스도께서 저희를 위해 죽으셨고 부활하셨으며, 저희를 감사와 믿음으로 성장하도록 양육하고 계심을 기억하게 하시옵소서.

그리스도께서 죽으셨으며, 그리스도께서는 부활하셨으며, 그리스도께서는 다시 오실 것입니다.

[성령 임재의 기도]

전능하신 하나님, 성령께서 이 자리에 모인 저희들 위에 임하시고,

주님의 거룩한 식탁 위에 놓인 떡과 포도주 위에 임하시기를 기도합니다. 이 성찬에 함께 하셔서, 하늘의 떡과 구원의 잔을 먹고 마시는 저희가 그리스도의 새로운 몸을 입어 세상을 변화시키는 힘이 되게 하시옵소서. 예수 그리스도께서 최후 승리를 거두며 다시 오실 때까지, 저희가 모두 하나님 나라의 잔치에 참여할 때까지, 성령께서 저희에게 임하셔서, 저희가 그리스도와 하나가 되게 하시며, 저희들이 서로 하나되게 하시고, 온 교회가 하나되게 하시옵소서. 전능하신 하나님 아버지께 모든 존귀와 영광이 영원토록 있기를 간구하며 우리 주 예수 그리스도의 이름으로 기도합니다. **아멘**

[영광 찬양(Doxology)]

(찬송가 3장, "이 천지간 만물들아"를 부른다.)

주님이 가르치신 기도

분급

성찬 후 기도

가장 영화로우신 하나님, 주님의 백성들이 이 귀한 식탁을 나눌 수 있게 허락하시고 하늘의 떡으로 저희를 먹여 주시니 감사를 드립니다. 저희가 모두 사랑 가운데 성장할 수 있도록 은혜를 주시옵소서. 세상 만물이 주님을 찬양합니다. 우리 주 예수 그리스도의 이름으로 기도합니다. 아멘.

찬송

축도

평화와 기쁨으로 주님을 사랑하고 섬기기 위해 가십시오.

우리는 그리스도의 이름으로 보냄을 받았습니다.
우리 모두 주님을 찬양합시다.
하나님께 감사를 드립니다. 할렐루야.

† 성탄절 예배 †

예배로 부름
예수 그리스도께서 태어나셨습니다.
모두 모여 예수 그리스도를 경배합시다.

(또는)
우리의 하나님께서 우리를 위하여 크고 놀라운 일을 행하셨습니다.
어둠에서 행하던 모든 사람들이 큰 빛을 보게 되었습니다.

찬송

고백 기도와 사죄의 확인
(다함께) 사랑하는 하나님, 주님께서는 저희 모든 것을 살피시고 저희의 눈멈과 연약함과 두려움을 다 알고 계십니다. 주님께 저희가 죄를 지었고 사랑하라고 하신 주님의 명령에 복종하지 않았음을 슬픔 가운데 고백합니다. 저희를 용서하여 주시옵소서. 우리 주 예수 그리스도의 이름으로 기도합니다. 아멘.

모든 사람에게 빛을 주시는 참된 빛이 이 세상에 오셔서 그 분을 받아들이는 모든 사람들에게 하나님의 자녀가 되는 권세를 주셨습니다. 이제 그리스도께서 인자하신 말씀을 주십니다. "너희의 죄가 사하여졌느니라."
아멘. 하나님께 감사를 드립니다.

기도

말씀이 육신이 되어 영광을 나타내신 영원하신 하나님, 독생 성자께서 빛나는 모습으로 오신 것을 본 저희가 주님께서 이 세상에 사랑을 주셨음을 알리는 참된 증거자가 되게 하시옵소서. 한 분이신 하나님 그리고 성령과 함께 지금부터 영원토록 다스리시는 우리 주 예수 그리스도의 이름으로 기도합니다. 아멘.

(또는)
그리스도시여, 저희가 거듭나지 않으면 놀라운 주님의 탄생이 의미가 없습니다. 저희가 죄를 이기지 못하면 주님의 죽음 또한 의미가 없습니다. 주님만 홀로 부활하시고 우리는 부활하지 않았다면 주님의 부활은 의미가 없습니다. 주님에 대한 사랑으로 저희를 인도하시사 영원히 기뻐하게 하시옵소서. 하늘과 땅의 모든 만물들이 영원토록 주님의 것입니다. 우리 주 예수 그리스도의 이름으로 기도합니다. 아멘.

(또는)
이 거룩한 날을 참된 빛으로 환히 밝히신 하나님, 이 땅 위를 비추는 이 빛의 신비를 깨달은 저희가 온전히 주님과 함께 기뻐하게 하소서. 하나님과 성령과 함께 영원한 영광 가운데 다스리시고 살아 역사하시는 우리 주 예수 그리스도의 이름으로 기도합니다. 아멘.

찬송

말씀 선포를 위한 기도

주님, 성령의 능력으로 저희 마음과 영혼을 열어주시사, 이 밤에 선포하는 말씀과 찬양을 통해 들리는 우리 구세주의 탄생의 복음을 읽고 들으며 기뻐하게 하시옵소서. 이 세상의 빛이신 우리 주 예수 그리스도의 이름으로 기도합니다. 아멘.

첫 번째 성서봉독   이사야 52:7-10   (모든 해 공통)
시편교독   시편 98편   (모든 해 공통)
두 번째 성서봉독   히브리서 1:1-12   (모든 해 공통)
찬송(할렐루야)
복음서 봉독   요한복음 1:1-14   (모든 해 공통)
설교
사도신경
찬송
중보기도

그리스도께서 오셨습니다. 길고 어두운 밤에 양을 지키던 목자에게 천사들의 영광스러운 노래와 함께 나타나셔서 구유에 그 몸을 낮추셨습니다. 사랑하는 하나님, 저희의 공동체를 위해서 기도합니다. 저희들이 날마다 생활 가운데에서 영화롭고 겸허한 주님의 사랑으로 저희를 감동시켜 주시옵소서. 주님, 주의 백성들에게 임하시옵소서.
주님의 자비로 저희를 구원하소서.
그리스도께서 오셨습니다. 왕을 찾아 별의 인도함을 받아 베들레헴에 이른 박사들에게 모든 귀한 선물을 받으시며 온유함으로 관을 쓰시고 오셨습니다. 사랑하는 하나님, 이 세상의 지도자들을 위하여 기도합니다. 그들에게 정의와 평화와 자유의 참된 진리의 빛을 주시고 모든 사람들의 삶을 존중하도록 하시옵소서. 주님, 주의 백성들에게 임하시옵소서.

주님의 자비로 저희를 구원하소서.

그리스도께서 오셨습니다. 큰 소망을 가지고 성실하게 살아온 안나와 시므온에게 새 생명을 주시기 위해 희망의 산 예언자로 오셨습니다. 사랑하는 하나님, 이 세상에 있는 교회를 위해 기도합니다. 성령으로 하나가 되어 소망에 대한 충성스러운 증거자가 되게 하시옵소서. 주님, 주의 백성들에게 임하시옵소서.

주님의 자비로 저희를 구원하소서.

그리스도께서 오셨습니다. 어둠 속에서 고통과 외로움으로 울고 있는 남자와 여자들, 소년 소녀들에게 우리의 구세주께서 치유자와 친구로 오셨습니다. 사랑하는 하나님, 어렵고 힘들거나 슬프고 아프거나 공허한 사람들을 위하여 기도합니다. 그들이 위로를 받고 힘을 얻으며 회복되면서 주님의 치유하시는 손길을 느끼게 하시옵소서. 주님, 주의 백성들에게 임하시옵소서.

주님의 자비로 저희를 구원하소서.

저희들이 찾고 기다리며 기도했던 사랑하는 하나님, 이제 저희에게 오셨습니다. 모든 사람들이 그리스도의 빛을 반사하며 비추며 살게 하시고 영원한 생명으로 인도하시옵소서. 우리 주님 예수 그리스도의 이름으로 기도합니다. 아멘.

성찬 기도

주님께서 여러분과 함께 하시기를 빕니다.

목사님과도 함께 하시기를 빕니다.

여러분의 마음을 높이 드십시오.
주님을 향해 우리의 마음을 높이 듭니다.
주님께 감사를 드립시다.
이는 주의 백성들이 마땅히 해야 할 바입니다.

[감사 기도(Preface)]

하나님 아버지, 주님께 감사와 찬양을 드림이 기쁘고 즐거운 일이며 저희가 존재하는 이유입니다.

주님께서 행하신 모든 일이 지혜와 사랑을 보여주고 있습니다. 말씀으로 만물을 창조하셨고 주님의 형상대로 저희를 지으셨습니다. 저희가 주님께 복종하지 않고 멀리 떨어져 나갈 때에도 주께서는 저희를 어둠 가운데 내버려 두지 않으시고 말씀이 육신을 입으신 독생 성자를 보내시어 이 세상의 빛이 되게 하셨습니다. 주님께서는 스스로를 비워 마리아에게서 태어나시고 인간의 몸을 입으시며 십자가에 달려 돌아가셨습니다. 죽음에서 부활하시어 영원한 생명으로 들어가셨으며 거룩하고 생명을 주는 성령을 보내시어 저희가 하나님의 백성들, 빛의 백성들이 되게 하셨고 온 땅에서 주님의 영광을 드러나게 하셨습니다.

그러기에 땅 위에 있는 주님의 백성들과 하늘에 있는 모든 천사들과 함께, 그들의 영원한 찬송에 합하여 주님의 이름을 찬양합니다. 영광과 찬양을 영원히 받으시기를 바라며 우리 주 예수 그리스도의 이름으로 기도합니다. 아멘.

[상투스(Sanctus)] (다같이)

거룩하시다, 거룩하시다, 거룩하시다. 만군의 주님, 하늘과 땅에 그의 영광이 가득하시다. 지극히 높은 곳에서 호산나. 찬양받으소서,

주의 이름으로 오시는 분이시여. 지극히 높은 곳에서 하나님을 찬양하도다.

[상투스 후 기도]

거룩하신 하나님, 독생 성자 예수 그리스도를 찬양합니다.
마리아와 요셉이 갈릴리에서 베들레헴에 와서 머무를 방을 찾지 못한 것처럼, 예수께서는 갈릴리에서 예루살렘에 오셔서 멸시를 당하시고 거절당하셨습니다. 예수께서 가난한 마굿간에서 태어나신 것과 같이 예수 그리스도의 고난과 죽음과 부활의 세례로 주님께서는 교회를 태어나게 하셨고 저희를 죄와 죽음에서 구원하셨으며 물과 성령으로 저희에게 새 언약을 주셨습니다.

[성찬 제정사]

하나님의 말씀이 그 날 밤에 육신을 입으신 것과 마찬가지로 예수께서 돌아가시기 전 밤에 그 분께서 자신을 우리에게 주셨습니다.
(집례자는 빵을 들어 올리며)
예수께서 잡히시던 밤에 떡을 가지사 축사하시고 떼어 가라사대 이것은 너희를 위하는 내 몸이니 이것을 행하여 나를 기념하라 하셨습니다.
(빵을 내려놓는다. 그리고 잔을 들어 올리며)
식후에 또한 이와 같이 잔을 가지시고 가라사대 이 잔은 내 피로 세운 새 언약이니 이것을 행하여 마실 때마다 나를 기념하라 하셨습니다. (잔을 내려놓는다.)

[기념사]

거룩하신 하나님, 예수 그리스도를 통해 행하신 전능하신 일들을 기억하면서, 그리스도와 연합하여 저희 자신을 거룩하고 산 제물로 찬양과 감사 가운데 드립니다. 저희가 모두 성찬에 참여하여 그리스도께서 저희를 위해 죽으셨고 부활하셨으며, 저희를 감사와 믿음으로 성장하도록 양육하고 계심을 기억하게 하시옵소서.
그리스도께서 죽으셨으며, 그리스도께서는 부활하셨으며, 그리스도께서는 다시 오실 것입니다.

[성령 임재의 기도]

전능하신 하나님, 성령께서 이 자리에 모인 저희들 위에 임하시고, 주님의 거룩한 식탁 위에 놓인 떡과 포도주 위에 임하시기를 기도합니다. 이 성찬에 함께 하셔서, 하늘의 떡과 구원의 잔을 먹고 마시는 저희가 그리스도의 새로운 몸을 입어 세상을 변화시키는 힘이 되게 하시옵소서. 예수 그리스도께서 최후 승리를 거두며 다시 오실 때까지, 저희가 모두 하나님 나라의 잔치에 참여할 때까지, 성령께서 저희에게 임하셔서, 저희가 그리스도와 하나가 되게 하시며, 저희들이 서로 하나되게 하시고, 온 교회가 하나되게 하시옵소서. 전능하신 하나님 아버지께 모든 존귀와 영광이 영원토록 있기를 간구하며 우리 주 예수 그리스도의 이름으로 기도합니다. **아멘.**

[영광 찬양(Doxology)]

(찬송가 3장, "이 천지간 만물들아"를 부른다.)

주님이 가르치신 기도
분급
성찬 후 기도

만백성의 하나님 아버지, 저희가 길을 잃고 방황할 때 독생 성자를 보내시사 거할 집으로 인도하시고 주님의 사랑과 은혜를 주시고 영생의 문을 열어주심을 감사하며 찬양을 드립니다. 그리스도의 몸을 나눈 저희들이 부활의 삶을 살게 하시고 그리스도의 잔을 마신 저희들이 다른 사람을 위해 살아가며 이 세상의 빛이 되게 하시옵소서. 저희를 소망 가운데 굳게 지키시며 모든 주의 자녀들이 참 자유를 누리게 하소서. 온 땅이 주님의 이름을 찬양합니다. 우리 주 예수 그리스도의 이름으로 기도합니다. 아멘.

찬송

축도

성육신하신 예수 그리스도께서 하늘과 땅의 만물을 모으시고 우리의 삶을 빛과 기쁨과 평화로 채우시니, 하나님께서 주시는 복이 넘치기를 바랍니다. 성부와 성자와 성령께서 여러분과 항상 함께 계실 것입니다.

아멘.

평화와 기쁨으로 주님을 사랑하고 섬기기 위해 가십시오.

우리는 그리스도의 이름으로 보냄을 받았습니다.

우리 모두 주님을 찬양합시다.

하나님께 감사를 드립니다. 할렐루야.

†성탄절 이후의 주일들†

성탄절 이후에서 주현절 이전까지는 한 번이나 두 번의 주일이 있다. 첫 번째 주일은 12월 26일부터 1월 1일까지에 해당하고 두 번째 주일은 1월 2일부터 5일 사이에 있다. 성탄절 기간에는 시각적인 장식들을 그 자리에 남겨두는 것이 좋다. 성탄절 이후의 주일 예배 순서에서는 성서봉독에만 변화가 있다. 그 내용은 다음과 같다.

첫 번째 성서봉독

첫째 주일

이사야 63:7-9 (A 해: 2001, 2004, 2007, 2010)

이사야 61:10-62:3(B 해: 2002, 2005, 2008, 2011)

사무엘상 2:18-20, 26 또는 전도서 3:3-7, 14-17(C 해: 2003, 2006, 2009, 2012)

둘째 주일

예레미야 31:7-14 또는 전도서 24:1-4, 12-16 (모든 해 공통)

시편교독

첫째 주일

시편 11편 또는 148편 (모든 해 공통)

둘째 주일

시편 147:12-20 (모든 해 공통)

두 번째 성서봉독

첫째 주일

히브리서 2:10-18   (A 해)

갈라디아서 4:4-7   (B 해)

골로새서 3:12-17   (C 해)

둘째 주일

에베소서 1:3-6, 15-18 (모든 해 공통)

복음서 봉독
첫째 주일
마태복음 2:13-23   (A 해)
누가복음 2:22-40   (B 해)
누가복음 2:41-52   (C 해)
둘째 주일
요한복음 1:1-18 (모든 해 공통)

1월 1일이나 1월 첫째 주일은 "존 웨슬리의 언약예배"를 사용하기도 한다. 또한 1월 첫째 주일은 주현절의 예배 순서를 이용하여 주현절 주일로 지키기도 한다. 누가복음 2:21에 "할례할 팔 일이 되매 그 이름을 예수라 하니 곧 잉태하기 전에 천사가 일컬은 바러라."라고 기록되어 팔 일째 되는 날(1월 1일)에 예수께서 할례를 받고 이름을 얻은 것을 보여주고 있으므로, 이 날을 예수가 이름을 받은 것을 기념하여 예배를 드리기도 한다. 이 경우에 첫 번째 성서봉독은 민수기 6:22-27, 시편 교독은 67편, 두 번째 성서봉독은 갈라디아서 4:4-7이나 빌립보서 2:9-13, 그리고 복음서 봉독은 누가복음 2:15-21을 읽으며 다음과 같은 시작 기도를 드린다.

시작기도
영원하신 하나님, 주께서는 독생 성자에게 예수라는 이름을 주시고 우리를 구원하는 징표가 되게 하셨습니다. 이 세상의 구세주이신 우리 주님 예수 그리스도의 사랑을 모든 사람들의 마음에 심어 주소서. 예수 그리스도께서는 하나님과 성령과 함께 살아 역사하시며 다스리시니 지금부터 영원까지 영광 받으시옵소서. 우리 주 예수 그리스도의 이름으로 기도합니다. 아멘.

5) 존 웨슬리의 언약 예배

존 웨슬리는 초창기 감리교 생활의 중요한 부분으로서 언약 예배를 만들었다. 그의 일기는 웨슬리가 언약 맺음에 많은 관심이 있었다는 것을 보여준다. 예를 들어 1747년 성탄절에 "우리들 자신을 하나님에게 전적으로 드리고 매 순간 우리의 언약을 새롭게 하여 주님이 우리의 하나님이 되시도록 해야만 한다고 주장한다."라고 쓰고 있다. 첫 번 감리교 언약 예배는 1755년 8월 11일에 시행되었다. 그의 일기에 따르면 언약 예배는 때를 정하지 않고 다양한 경우에 드렸다. 그러나 그의 말년에 이르러 언약 예배는 새해 첫날이나 새해 첫 주일에 거행되었다. 웨슬리가 언약 예배를 구상할 때 장로교 목사인 조셉 알레인(Joseph Alleine)의 작품들(An Alarm to the Unconverted와 Directions for Believers Covenanting with God)을 주로 참조하였다. 그러나 웨슬리는 무엇보다도 성경 말씀이 언약 예배 형성의 기초가 된다고 하였다. 그는 신명기 26:17-18과 예레미야 31:31-34 등의 구절로 언약 예배를 정당화하였다.

웨슬리는 언약 예배의 의미와 목적을 깨우쳐주기 위해 많은 노력을 하였다. 처음으로 이 예배를 드릴 때 웨슬리는 참여하는 사람들을 가르치기 위해 여러 날을 소비하였다. 웨슬리는 오직 특별한 표를 가진 사람들만 참여하는 것을 허락했는데, 이 예배는 언제나 성찬식으로 결론을 맺었기 때문이었다. 웨슬리 시절에는 사람들이 전적으로 하나님께 헌신하며 살도록 권면하는 조셉 알레인의 작품 가운데 긴 부분을 읽는 것이 예배의 한 부분이었다. 그 뒤를 이어 오늘날 우리들이 사용하는 것과 유사한 언약 기도가 있었다.

오늘날 드리는 예배 형태는 그 당시 영국 감리교회에서 사용되던 것을 다소 수정한 것이다. 웨슬리가 죽고 난 후, 언약 예배는 많은 부분이 개정되었다. 그러나 언약 기도 자체는 시간이 흘렀지만 거의 변하지 않았다. 이곳에 소개하는 언약 예배 순서는 영국 감리교회의 언약 예배를 대부분 인용하였다. 이 예배는 새해 첫 주일 예배에 사용하도록 설계하였다. 그러나 새해 첫 날, 첫 시간에 드려도 무방하다. 예배 순서 앞에 있는 설명을 위한 머리말은 예배 시작 전에 전체 회중에게 말로 전해주어도 좋으며 주보 앞부분에 실어도 좋다.

사랑하는 성도 여러분, 부르심을 받은 우리 기독교인들의 삶은 그리스도 안에서 사는 삶으로, 죄로부터 구원을 받고 그리스도를 통해 하나님께 성별된 삶입니다. 우리의 주님이신 예수 그리스도가 중재자가 되셔서 주님께서 자신의 피로 봉하신 새로운 언약으로 들어갈 수 있도록 허락을 받았기에 우리는 기독교인의 삶을 사는 것이며 그 삶은 영원히 계속될 것입니다.

한편으로, 언약은 하나님의 약속으로, 우리 신앙의 완성자이시며 조물주이신 예수 그리스도 안에서 하나님께서 선포하신 모든 것을, 우리들 안에서 그리고 우리들을 통하여 하나님께서 성취하시겠다고 하는 약속입니다. 우리는 하나님의 선하심을 알고 날마다 우리의 삶 속에서 하나님의 은혜가 있음을 증거하고 있기 때문에, 하나님의 약속이 아직도 계속되고 있음을 확신합니다.

다른 한편으로는, 우리는 더 이상 우리 자신을 위해 살지 않는다고 맹세를 합니다. 그 대신 우리를 사랑하시고, 우리를 위해 자신을 주셨으며, 이 땅에 오신 목적을 이룰 수 있도록 주님을 섬기라고 우리를 부르신 주님을 향해 살겠다고 맹세합니다.

때때로, 우리는 성별의 서약을 새롭게 합니다. 그러나 오늘 우리는 우리의 조상들이 그랬던 것처럼 우리를 하나님께 묶어 놓은 언약을 기쁘고 엄숙한 가운데 새롭게 할 수 있다는 것을 분명히 합니다.

이제, 하나님의 자비와 하나님께서 주시는 소망을 기억하면서 우리 자신을 성령의 빛에 비추어 반성합시다. 그래서 우리가 어디에서 실패했으며 신앙과 실천의 부족한 점이 무엇인가를 깨달을 수 있을 것이고, 이 언약이 의미하는 모든 것을 고려하면서 우리 자신을 하나님께 새롭게 드릴 수 있을 것입니다.

†언약 예배 순서†

(굵은 글씨 부분은 회중이 담당한다.)

입례
예배로 부름

우리의 아버지 하나님과 주님이신 예수 그리스도께서 주시는 은총과 평화가 임하기를 기원합니다.
아멘.
독생 성자 예수 그리스도를 통해 새 언약을 세우시는 하나님을 경배합시다.
신령과 진정으로 우리가 주님 앞에 나옵니다.

찬송
23장, "만 입이 내게 있으면"

경배의 기도

창조주이시며 사랑이 많으신 하나님께 경배를 드립니다. 하나님께서는 끊임없이 우리를 지키시고 보살펴 주십니다. 예수 그리스도를 통해 한없는 사랑으로 우리를 사랑하십니다. 우리 모두 하나님께 영광을 드립니다.
주님은 하나님이십니다. 우리가 주님을 찬양합니다. 오직 주님만이

우리의 주님이십니다.
우리 주 예수 그리스도의 은총에 감사하며 영광을 드립니다. 예수께서는 부유하시나 우리를 위해 가난하게 되셨고, 아무 죄도 없으시나 우리 인간들처럼 모든 질고를 지셨습니다. 주님께서는 선한 일을 행하셨고 하늘 나라의 복음을 선포하셨습니다. 예수께서는 십자가의 죽음을 받아들여 죽으셨고 또 영원히 살아 계십니다. 주님께서는 믿는 모든 사람들에게 하나님 나라를 열어주셨습니다. 예수께서는 하나님 우편에 영광스러운 모습으로 앉아 계시며 우리를 심판하시기 위해 다시 오실 것입니다.
주님은 그리스도이시며 영광의 왕이십니다.
우리 모두에게 생명을 주시는 성령과 교통함으로써 기쁨으로 영광을 드립니다. 성령을 통해 우리 모두 하나님의 자녀로 태어났으며 그리스도의 몸인 교회의 일원이 되었습니다. 성령의 증거가 우리를 굳게 하며, 성령의 지혜가 우리를 가르치시고, 성령의 능력이 우리들을 가능하게 합니다. 성령께서는 우리가 생각하거나 바라는 것 이상으로 우리를 위해 역사하십니다.
우리가 모두 성령을 찬양합니다.

조용한 기도
주님이 가르치신 기도
첫 번째 성서봉독

    신명기 8:1-10   (A 해: 2002, 2005, 2008, 2011)
    전도서 3:1-13   (B 해: 2003, 2006, 2009, 2012)
    이사야 49:1-10   (C 해: 2004, 2007, 2010, 2013)

시편 교독

시편 117편 (A 해)
시편 8편 (B 해)
시편90:1-12 (C 해)

두 번째 성서봉독

요한계시록 21:1-7 (A 해)
골로새서 2:1-7 (B 해)
에베소서 3:1-11 (C 해)

복음서 봉독

마태복음 25:31-46 (A 해)
마태복음 9:14-17 (B 해)
누가복음 14:16-24 (C 해)

설교

찬송   415장, "주 없이 살 수 없네"

말씀에 대한 응답

죄의 고백

우리들의 죄를 겸손히 하나님께 고백합시다.

거룩하신 하나님, 주님께서는 예수 그리스도를 통해서 저희에게 생명의 길을 보여주셨습니다. 그러나 저희는 예수 그리스도를 배우는데 너무 느렸으며, 예수 그리스도를 따라가기에 실패했고, 십자가를 지는 것도 마지못해 했음을 부끄러워하며 고백합니다.

주님, 저희에게 자비를 베푸시고 저희를 용서하여 주시옵소서.

저희가 드리는 예배가 빈약했음을 고백합니다. 저희는 은총의 수단과 성도의 교제를 무시했고, 그리스도에 대해 증거하기를 주저했으며, 봉사의 책임을 회피하고, 하나님께서 은사로 주신 청지기 직분을 제대로 완수하지 못했음을 고백합니다.
주님, 저희에게 자비를 베푸시고 저희를 용서하여 주시옵소서.
우리 모두 하나님께 고백할 것들을 조용한 기도 가운데 내놓으시기 바랍니다.
(모두 잠시 조용한 기도를 드린다. 조용한 기도를 마친 후)
주님, 저희에게 모든 자비를 베푸시고 저희의 죄를 용서하여 주시옵소서.
거룩하신 하나님, 주님의 굳건한 사랑으로 우리를 품어주시사 우리에게 자비를 내려 주시옵소서. 주님의 풍성한 자비로 우리의 죄를 씻어주시고, 올바르지 못한 것을 철저하게 제거하여 주시며, 모든 죄로부터 우리를 깨끗하게 하여 주시옵소서. 사랑의 하나님, 우리 속에 깨끗한 마음을 창조하시어 새롭고 바른 영혼을 간직하게 하시옵소서.
이제 우리를 위한 말씀은 이것입니다.
"너희에게 전하는 소식은 이것이니 곧 하나님은 빛이시라. 그에게는 어둠이 조금도 없으시다는 것이니라. 만일 우리가 하나님과 사귐이 있다 하고 어둠에 행하면 거짓말을 하고 진리를 행하지 아니함이거니와 그가 빛 가운데 계신 것 같이 우리도 빛 가운데 행하면 우리가 서로 사귐이 있고 그 아들 예수의 피가 우리를 모든 죄에서 깨끗하게 하실 것이요. 만일 우리가 죄가 없다고 말하면 스스로 속이고 또 진리가 우리 속에 있지 아니할 것이요. 만일 우리가 우리 죄를 자백하면 그는 미쁘시고 의로우사 우리 죄를 사하시며 우리를 모든 불의에서 깨끗하게 하실 것이요." (요한일서 1:5-9)

아멘. 하나님께 감사를 드립니다.

오늘의 기도 (다같이)

하나님 아버지, 주님께서 예수 그리스도를 새로운 언약을 위한 중재자로 세워주심을 감사드립니다. 충만한 믿음으로 더 가까이 갈 수 있도록 은총을 베풀어 주시고, 영원한 언약을 맺어나가도록 인도하시옵소서. 우리 주 예수 그리스도의 이름으로 기도합니다. 아멘.

언약

구약 시대에 하나님께서는 이스라엘을 특별히 택하셔서 언약을 맺고 율법을 지키게 하셨습니다. 우리 주 예수 그리스도께서는 그의 죽음과 부활을 통해 그를 믿는 모든 사람들에게 새 언약을 주셨습니다. 우리는 이 언약 가운데 있으며 그 이름을 지키고 있습니다. 이 언약을 통해, 하나님께서는 그리스도 안에서 새 생명을 우리에게 주시겠다고 약속하십니다. 또한 우리는 우리 자신을 위해서가 아니라 하나님을 위해서 살겠다고 맹세합니다.

그러므로 오늘 우리는 이 자리에서 하나님과 우리를 묶는 이 언약을 새롭게 하려고 합니다.

(회중은 모두 **일어선다**.)

사랑하는 성도 여러분, 하나님께서 그의 백성들과 언약을 맺으심을 기억하며 그리스도의 멍에를 멥시다. 그리스도의 멍에를 메는 것은 그리스도가 인도하는 대로 따라가며 그리스도만이 오직 우리의 보답이 되심을 믿고 사는 것을 의미합니다. 그리스도께서는 많은 봉사를 원하십니다. 봉사 중에는 쉬운 것도 있고 어려운 것도 있으며 어떤 것은 우리로 하여금 칭찬을 받게 하는 것이기도 하고, 또 어떤 것은 비난과 책망을 받게 하는 것이기도 합니다. 어떤 것은 우리에게 이

익이 되는 것 같아 하기를 원하는 것도 있고, 또 어떤 것은 마지못해 하는 것도 있습니다. 때로는 그리스도를 기쁘시게 하면서 우리의 바람을 충족할 수도 있지만, 우리 자신을 부정하지 않고서는 그리스도를 기쁘시게 해 드릴 수가 없을 때도 있습니다. 그러나 그리스도께서는 우리를 강하게 하시고 이 모든 일들을 감당할 수 있는 힘을 주십니다. 이제 이 언약을 우리 자신의 것으로 만듭시다. 하나님의 은총에 의지하고 하나님의 약속을 믿으면서 우리 자신을 온전히 하나님께 드립시다.

저희들 자신을 완전히 하나님께 드립니다. 하나님의 창조와 섭리 가운데 저희의 자리를 일러 지시하시옵소서. 하나님을 위해 고난받게 하시고, 저희가 해야할 일들을 주시옵소서. 저희에게 많은 사명을 주실 때는 기쁘게 받게 하시고, 하나님께서 다른 사람을 쓰실 때는 순종하며 양보하게 하소서. 저희를 앞장세워 주시든지 비천하게 하시든지, 또는 부유하게 하시든지 가난하게 하시든지, 항상 주님의 뜻을 따라가게 하옵소서. 저희 자신과 저희가 가진 모든 것을 자유롭게 주님께 드립니다. 이제 거룩하신 성부 하나님과 성자 예수 그리스도, 그리고 성령께서 저희의 주인이십니다. 하나님께서 항상 저희와 함께 하시며, 저희는 하나님의 것입니다. 확실히 그렇습니다. 이 언약이 이 땅에서 영원히 계속되기를 바랍니다. 아멘.

(회중은 자리에 앉는다.)

목회 기도
평화의 인사
봉헌성찬 기도 (성찬식을 생략할 경우는 찬송과 축도로 예배를 마친다.)

[수르숨 코르다(Sursum Corda)]

('마음을 높이 들다.' 라는 뜻의 라틴어로 성찬기도의 중요한 요소)
주님께서 여러분과 함께 하시기를 빕니다.
목사님과도 함께 하시기를 빕니다.
여러분의 마음을 높이 드십시오.
주님을 향해 우리의 마음을 높이 듭니다.
주님께 감사를 드립시다.
이는 주의 백성들이 마땅히 해야 할 바입니다.

[감사 기도(Preface)]

전능하신 하나님, 하늘과 땅의 창조주 하나님, 언제나 어디서나 주님께 감사드림이 마땅하고 옳으며 기쁜 일입니다.
산들이 만들어지기 이전부터, 주님께서 이 세상을 조성하시기 이전부터, 영원부터 영원까지 하나님께서는 홀로 계셨습니다. 주님께서는 어둠 속에서 빛을 창조하시고 이 땅 위에 생명을 만드셨습니다. 주님께서는 주의 형상대로 저희를 지으시고 생명의 숨을 불어넣으셨습니다. 저희가 주님께로부터 멀리 떨어져 사랑을 잃어버렸어도, 주님의 사랑은 변함없이 굳건히 남아있습니다. 주님께서는 종살이에서 저희를 해방시켰으며 저희의 주권자가 되심을 언약을 통해 밝히셨고 예언자들을 통해 말씀하셨습니다.
그러기에 땅 위에 있는 주님의 백성들과 하늘에 있는 모든 천사들과 함께, 그들의 영원한 찬송에 합하여 주님의 이름을 찬양합니다. 영광과 찬양을 영원히 받으시기를 바라며 우리 주 예수 그리스도의 이름으로 기도합니다. 아멘.

[상투스(Sanctus)] (다같이)

거룩하시다, 거룩하시다, 거룩하시다. 만군의 주님, 하늘과 땅에 그의 영광이 가득하시다. 지극히 높은 곳에서 호산나. 찬양받으소서, 주의 이름으로 오시는 분이시여. 지극히 높은 곳에서 하나님을 찬양하도다.

[상투스 후 기도]

거룩하신 하나님, 독생 성자 예수 그리스도를 찬양합니다.
그리스도는 우리의 빛이시며 구원이시며, 하나님께서는 그리스도를 통해 스스로를 나타내셨습니다. 주님께서는 그리스도가 태어난 곳으로 동방박사들을 인도하시기 위해 별을 보내셨고, 모든 시대와 이 세상을 통해서 나타난 주님의 징표와 증거는 주의 백성들을 먼 곳에서부터 빛으로 인도해 왔습니다. 그리스도께서는 세례를 받으시고 식탁에서 친교를 나누실 때 죄인들과 함께 하셨습니다. 주의 성령께서 그에게 기름을 부으시어 가난한 자에게 복음을 전하고 포로된 자에게 자유를 선포하고 눈먼 자를 다시 보게 하며 눌린 자를 자유하게 하고 주의 백성을 구원하실 때가 왔음을 알리게 하셨습니다. 그리스도의 고난과 죽음과 부활의 세례로써, 주님께서는 주님의 교회에 생명을 주셨고 우리를 죄와 죽음의 노예에서 구원하셨고, 물과 성령으로 우리에게 새 언약을 주셨습니다.

[성찬 제정사]

전능하신 하나님, 저희를 구원하시려고 독생 성자 예수 그리스도를 십자가에서 고난 당하게 하셨습니다. 자비하신 주님, 그리스도께서 온 세상의 죄를 위하여 완전한 속죄 제물이 되시고, 성례를 정하시어 저희에게 명하사, 주님께서 강림하실 때까지 주님의 귀하신 죽음을 기념하라 하셨습니다.

(집례자는 빵을 들어 올리며)
예수께서 잡히시던 밤에 떡을 가지사 축사하시고 떼어 가라사대 이것은 너희를 위하는 내 몸이니 이것을 행하여 나를 기념하라 하셨습니다.
(빵을 내려놓는다. 그리고 잔을 들어 올리며)
식후에 또한 이와 같이 잔을 가지시고 가라사대 이 잔은 내 피로 세운 새 언약이니 이것을 행하여 마실 때마다 나를 기념하라 하셨습니다. (잔을 내려놓는다.)

[기념사]

거룩하신 하나님, 예수 그리스도를 통해 행하신 전능하신 일들을 기억하면서, 그리스도와 연합하여 저희 자신을 거룩하고 산 제물로 찬양과 감사 가운데 드립니다. 저희가 모두 성찬에 참여하여 그리스도께서 저희를 위해 죽으셨고 부활하셨으며, 저희를 감사와 믿음으로 성장하도록 양육하고 계심을 기억하게 하시옵소서.
그리스도께서는 죽으셨으며, 그리스도께서는 부활하셨으며, 그리스도께서는 다시 오실 것입니다.

[성령 임재의 기도]

전능하신 하나님, 성령께서 이 자리에 모인 저희들 위에 임하시고, 주님의 거룩한 식탁 위에 놓인 떡과 포도주 위에 임하시기를 기도합니다. 이 성찬에 함께 하셔서, 하늘의 떡과 구원의 잔을 먹고 마시는 저희가 그리스도의 새로운 몸을 입어 세상을 변화시키는 힘이 되게 하시옵소서. 예수 그리스도께서 최후 승리를 거두며 다시 오실 때까지, 저희가 모두 하나님 나라의 잔치에 참여할 때까지, 성령께서 저희에게 임하셔서, 저희가 그리스도와 하나가 되게 하시며, 저희들이 서로 하나되게 하시고, 온 교회가 하나되게 하시옵소서. 전능하신 하나님 아버지께 모든 존귀와 영광이 영원토록 있기를 간구하며 우리 주 예수 그리스도의 이름으로 기도합니다. 아멘.

[영광 찬양(Doxology)]
(찬송가 3장, "이 천지간 만물들아"를 부른다.)

분급

(집례자는 빵을 들고 둘로 쪼개면서 다음과 같이 말한다.)
이 떡이 하나이듯이 우리는 한 몸이고, 우리 모두 하나의 떡에 참여하는 것입니다.
이렇게 떡이 잘라지는 것은 우리에게 나누어 주시기 위해 그리스도의 몸이 부숴지는 것입니다.
(떡을 내려놓은 후, 잔을 들고)
우리가 감사를 드린 이 잔은 그리스도의 피가 우리에게 나누어지는 것입니다.
(성찬 분급은 먼저 집례자와 도움을 주는 이들이 먹고 마신 후, 회중이 성찬대 앞에 나와 받아먹는다. 성찬 분급이 진행되는 동안 회중은 모두 함께 찬송을 부른다.)

성찬 후 기도 (다같이)

주님, 이 거룩한 식탁을 저희에게 허락하시니 감사드립니다. 독생성자를 보내시고, 그를 통해 하나님과 온전히 화해할 수 있게 하심을 찬양 드립니다. 그리스도께서 저희를 위해 스스로 희생하셨으니, 저희들 자신과 저희가 모두 하는 일이 그리스도에 대한 응답이 되게 하시옵소서. 강한 능력이신 우리 주 예수 그리스도의 이름으로 기도합니다. 아멘.

찬송   372장, "나 맡은 본분은"

축도

하나님 나라에 들어가기를 원하는 사람들과 언약을 세우신 하나님께서 우리들과 항상 함께 하소서.

아멘.

십자가 위에서 희생하심으로 새 언약을 확실하게 하신 예수 그리스도께서 우리에게 평화를 주소서.

아멘.

성령께서 우리의 모든 삶을 지금부터 영원까지 인도하소서.

아멘.

하나님과 이웃을 섬기기 위해 평화를 누리며 세상으로 나가십시오.

아멘. 하나님께 감사를 드립니다.

후주

참고로, 이 예배는 신년에 드리는 것이 이상적이지만, 교회창립기념주일에도 사용할 수 있다. 이 경우에는 성경말씀을 예레미야 31:31-35, 히브리서 12:22-29와 요한복음 15:1-8 혹은 마태복음 27-30을 사용하는 것이 좋다. 이 언약 예배를 드리기 전에 웨슬리가 했던 것처럼 오랜 기간 교육하는 것이 불가능하지만, 강림절기와 성탄절기에 회중들이 세례받을 때 드렸던 언약을 새롭게 하도록 준비시키는 것은 매우 의미있는 일이다. 사전에 준비하여 회중들의 성숙하고 열렬한 참여가 되도록 하는 것이 중요하다. 성찬식을 생략할 수도 있지만, 세례가 의미하는 것이 성찬에서 그리스도에 대한 우리의 사명을 새롭게 한다는 것과 깊게 연관을 맺고 있다는 점에서 특별한 형식이다. 첫 찬송과 경배의 기도, 복음서 봉독, 언약 갱신, 마지막 찬송과 축도의 순서에는 회중이 일어서는 것이 좋다.

6) 주현절

주현절은 12일 동안의 성탄절 기간(12월 25일-1월5일)이 끝난 후인 1월 6일로서, 주현절의 용어인 Epiphany는 '명백히 드러남(manifestation)'의 의미를 갖고 있으며 세상의 빛이신 예수 그리스도께서 하나님의 아들로 명확하게 드러남을 보여준다. 항상 주일과 겹치는 것이 아니므로 대부분의 교회에서는 보통 1월 첫 주일을 주현절로 지킨다. 1월 6일이 주일이 아닐 경우, 그날에 예배를 드리지 않는 교회는 1월 첫째 주일을 주현절로 지킬 수도 있다. 주현절의 근거인 마태복음 2:1-12에는 위대한 왕의 탄생을 알리는 별을 보고 찾아온 박사들을 보여준다. 본문의 박사는 점성가들이나 마법사들을 지칭하는 것이나 이사야 49:23의 "왕들은 네 양부가 되며 왕비들은 네 유모가 될 것이며 그들이 얼굴을 땅에 대고 절하고"와 시편 72:10-11의 "다시스와 섬의 왕들이 조공을 바치며 스바와 시바 왕들이 예물을 드리리로다. 모든 왕이 그의 앞에 부복하며 모든 민족이 다 그를 섬기리로다."에서 예언한 것과 같이 동방의 박사들이 왕들이었다고 확대하여 해석하기도 하며 더 나아가 노아의 자손들인 서로 다른 인류의 종족이라고 이해하기도 한다. 박사들이 드린 예물에 대해 메시야의 의미를 가진 중요한 것으로 그리기도 하였는데, 황금은 그리스도께서 가지신 왕의 권위를 위해 바치는 것이고 유향은 그리스도의 신성을 위해 그리고 몰약은 그리스도의 죽음을 위해 바치는 것으로 묘사하기도 한다.

동방 교회에서는 1월 6일을 예수 그리스도의 탄생과 그의 세례받으심을 기념하는 날로 여긴다. 서방 교회에서는 그것을 분리하여 그리스도의 탄생은 12월 25일에 기념하며 1월 6일에는 동방 박사들의 경배를 받고 세상에 밝히 알려지게 되었음을 기념하고 있다. 동방박사들과 그들의 예물인 황금과 유향과 몰약이 주현절의 이미지로 사용되며 다른 두 개의 주요 이미지 - 요단강에서 세례받으심과 가나의 혼인 잔치 - 도 주현절을 풍성하게 한다. 주현절 또한 세례를 베풀기에 아주 좋은 날이며 세례식은 설교가 끝난 후 성찬식을 거행하기 전에 하는 것이 좋다. 세례를 베풀게 되면 예배 시간이 길어지게 되므로 예배 시작 전에 회중에게 알려주는 것이 좋다. 주현절 예배는 복잡하고 서둘러 계획하기보다는 단순한 순서를 완벽하게 진행하는 것이 좋다. 주현절은 세상의 빛으로 오신 예수 그리스도를 환영하고 강림절-성탄절의 전 과정을 기쁘게 마무리 짓는 것이다. 강림절과 성탄절에 관계되는 장식들도 주현절까지 남겨 두었다가 주현절 예배를 마친 후 정리하는 것이 좋다.

†주현절 예배†

(굵은 글씨 부분은 회중이 담당한다.)

입례

예배로 부름

우리에게는 더 확실한 예언이 있어 어두운 데를 비추는 등불과 같으니 **날이 새어 샛별이 너희 마음에 떠오르기까지 너희가 이것을 주의하는 것이 옳으니라.**(베드로후서 1:19)

(또는)

우리 주님 예수 그리스도의 은총이 여러분과 함께 하시길 빕니다.

목사님과도 함께 하시길 빕니다.
그리스도의 광채가 우리 모두에게 비치고 있으니,
주님을 찬양합시다.

찬송

기도

모든 영광의 하나님, 별빛으로 인도하여 동방 박사들이 어린 예수를 경배하게 하셨습니다. 신앙의 빛으로 저희를 인도하여 하늘에 충만한 주님의 영광에 이르게 하여 주옵소서. 우리 주 예수 그리스도의 이름으로 기도합니다. **아멘.**

(또는)

신실한 영혼들의 빛나는 광채가 되시는 영원하신 하나님, 주님께서는 모든 나라와 백성들을 주님의 빛으로 이끄셨습니다. 참된 빛이시고 밝게 빛나는 새벽별이신 예수 그리스도를 통하여 이 세상을 주님의 영광으로 채우시고 만국에 주님을 밝히 보여 주옵소서. 우리 주 예수 그리스도의 이름으로 기도합니다. **아멘.**

찬양 (찬송가나 영광 찬양을 부를 수 있다.)

첫 번째 성서봉독

이사야 60:1-6   (모든 해 공통)

시편 교독

시편 72:1-14   (모든 해 공통)

두 번째 성서봉독
      에베소서 3:1-12 (모든 해 공통)

알렐루야 찬송 (또는 찬양)

복음서 봉독 마태복음 2:1-12 (모든 해 공통)

설교

사도신경

회중 기도 (또는 목회 기도)
(회중이 참회 기도를 하고 목회자가 용서의 확신을 할 수 있다. 목회자가 연도 형식으로 목회 기도를 할 수 있으며 다음과 같이 할 수도 있다.)
교회와 이 세상을 위하여 기도합시다.
전능하신 하나님, 주님의 이름을 고백하는 모든 사람들이, 주님의 진리와 연합하여 주님의 사랑으로 함께 살며 이 세상에서 주님의 영광을 드러낼 수 있게 하시옵소서. (잠깐 침묵)
주님, 크신 자비를 베푸시사,
저희의 기도를 들으소서.
이 땅과 모든 나라들의 백성들을 정의와 평화의 길로 인도하시사, 저희가 서로를 존중하고 공동의 선을 위해 섬기게 하여 주시옵소서. (잠깐 침묵)
주님, 크신 자비를 베푸시사,
저희의 기도를 들으소서.
저희가 모두 주님께서 창조하신 이 땅을 소중히 여겨서 그 자원을 다른 사람을 섬기고 주님의 명예와 영광을 드러내는데 바르게 쓸 수

있게 하시옵소서. (잠깐 침묵)
주님, 크신 자비를 베푸시사,
저희의 기도를 들으소서.
몸과 마음과 영혼이 고통을 받는 모든 사람들을 위로하시고 치유하시며, 어려움 속에 있는 그들에게 용기와 소망을 주시고, 주님이 주시는 구원의 기쁨을 누리게 하시옵소서.   (잠깐 침묵)
주님, 크신 자비를 베푸시사,
저희의 기도를 들으소서. 우리 주 예수 그리스도의 이름으로 기도합니다. 아멘.

성찬의 초대와 평화의 인사

그리스도께서는 주님의 약속을 믿고 화해하는 자로 살기를 원하는 모든 사람들을 이 성찬대로 초대하십니다. 하나님의 용서하심과 다른 사람을 용납하는 징표로서 서로 평화와 화해의 인사를 나누시기 바랍니다.
우리 주 그리스도의 평화가 여러분에게 모두 임하기를 빕니다.
목사님에게도 함께 하길 빕니다.
(평화의 인사를 한다.)

봉헌   (헌금 순서를 가지며 성찬식을 거행할 경우 떡과 포도주를 성찬대에 올린다.)

성찬 기도

[수르숨 코르다(Sursum Corda)]

('마음을 높이 들다.' 라는 뜻의 라틴어로 성찬기도의 중요한 요소)

주님께서 여러분과 함께 하시기를 빕니다.
목사님과도 함께 하시기를 빕니다.
여러분의 마음을 높이 드십시오.
주님을 향해 우리의 마음을 높이 듭니다.
주님께 감사를 드립시다.
이는 주의 백성들이 마땅히 해야 할 바입니다.

[감사 기도(Preface)]

전능하신 하나님, 하늘과 땅의 창조주 하나님, 언제나 어디서나 주님께 감사드림이 마땅하고 옳으며 기쁜 일입니다.

산들이 만들어지기 이전부터, 주님께서 이 세상을 조성하시기 이전부터, 영원부터 영원까지 하나님께서는 홀로 계셨습니다. 주님께서는 어둠 속에서 빛을 창조하시고 이 땅 위에 생명을 만드셨습니다. 주님께서는 주의 형상대로 저희를 지으시고 생명의 숨을 불어넣으셨습니다. 저희가 주님과 멀리 떨어져 사랑을 잃어버렸어도, 주님의 사랑은 변함없이 굳건히 남아있습니다. 주님께서는 종살이에서 저희를 해방시켰으며 저희의 주권자가 되심을 언약을 통해 밝히셨고 예언자들을 통해 말씀하셨습니다.

그러기에 땅 위에 있는 주님의 백성들과 하늘에 있는 모든 천사들과 함께, 영원한 찬송에 합하여 주님의 이름을 찬양합니다. 영광과 찬양을 영원히 받으시기를 바라며 우리 주 예수 그리스도의 이름으로 기도합니다. **아멘.**

[상투스(Sanctus)] (다같이)

거룩하시다, 거룩하시다, 거룩하시다. 만군의 주님, 하늘과 땅에 그의 영광이 가득하시다. 지극히 높은 곳에서 호산나. 찬양받으소서,

주의 이름으로 오시는 분이시여. 지극히 높은 곳에서 하나님을 찬양하도다.

[상투스 후 기도]

거룩하신 하나님, 독생 성자 예수 그리스도를 찬양합니다.
그리스도는 우리의 빛이시며 구원이시며, 하나님께서는 그리스도를 통해 자신을 나타내셨습니다. 주님께서는 그리스도가 태어난 곳으로 동방박사들을 인도하시기 위해 별을 보내셨고, 모든 시대와 이 세상을 통해서 나타난 주님의 징표와 증거는 주의 백성들을 먼 곳에서 빛으로 인도하셨습니다. 그리스도께서는 세례를 받으시고 식탁에서 친교를 나누실 때 죄인들과 함께 하셨습니다. 주의 성령께서 그에게 기름을 부으시어 가난한 자에게 복음을 전하고 포로된 자에게 자유를 선포하고 눈먼 자를 다시 보게 하며 눌린 자를 자유롭게 하고 주의 백성을 구원하실 때가 왔음을 알리게 하셨습니다. 그리스도의 고난과 죽음과 부활의 세례로써, 주님께서는 주님의 교회에 생명을 주셨고 우리를 죄와 죽음의 노예에서 구원하셨고, 물과 성령으로써 우리에게 새 언약을 주셨습니다.

[성찬 제정사]

전능하신 하나님, 저희를 구원하시려고 독생 성자 예수 그리스도를 십자가에서 고난 당하게 하셨습니다. 자비하신 주님, 그리스도께서 온 세상의 죄를 위하여 완전한 속죄 제물이 되시고, 성례를 정하시어 저희에게 명하사, 주님께서 강림하실 때까지 주님의 귀하신 죽음을 기념하라 하셨습니다.
(집례자는 빵을 들어 올리며)
예수께서 잡히시던 밤에 떡을 가지사 축사하시고 떼어 가라사대 이것은 너희를 위하는 내 몸이니 이것을 행하여 나를 기념하라 하셨습니다.
(빵을 내려놓는다. 그리고 잔을 들어 올리며)
식후에 또한 이와 같이 잔을 가지시고 가라사대 이 잔은 내 피로 세운 새 언약이니 이것을 행하여 마실 때마다 나를 기념하라 하셨습니다. (잔을 내려놓는다.)

[기념사]

거룩하신 하나님, 예수 그리스도를 통해 행하신 전능하신 일들을 기억하면서, 그리스도와 연합하여 저희 자신을 거룩하고 산 제물로 찬양과 감사 가운데 드립니다. 저희가 모두 성찬에 참여하여 그리스도께서 저희를 위해 죽으셨고 부활하셨으며, 저희를 감사와 믿음으로 성장하도록 양육하고 계심을 기억하게 하시옵소서.
그리스도께서 죽으셨으며, 그리스도께서는 부활하셨으며, 그리스도께서는 다시 오실 것입니다.

[성령 임재의 기도]

전능하신 하나님, 성령께서 이 자리에 모인 저희들 위에 임하시고, 주님의 거룩한 식탁 위에 놓인 떡과 포도주 위에 임하시기를 기도합니다. 이 성찬에 함께 하셔서, 하늘의 떡과 구원의 잔을 먹고 마시는 저희가 그리스도의 새로운 몸을 입어 세상을 변화시키는 힘이 되게 하시옵소서. 예수 그리스도께서 최후 승리를 거두며 다시 오실 때까지, 저희가 모두 하나님 나라의 잔치에 참여할 때까지, 성령께서 저희에게 임하셔서, 저희가 그리스도와 하나가 되게 하시며, 저희들이 서로 하나되게 하시고, 온 교회가 하나되게 하시옵소서. 전능하신 하나님 아버지께 모든 존귀와 영광이 영원토록 있기를 간구하며 우리 주 예수 그리스도의 이름으로 기도합니다. **아멘.**

[영광 찬양(Doxology)]

(찬송가 3장, "이 천지간 만물들아"를 부른다.)

주님이 가르치신 기도

분급

(집례자는 빵을 들고 둘로 쪼개면서 다음과 같이 말한다.)
이 떡이 하나이듯이 우리는 한 몸이고, 우리 모두 하나의 떡에 참여하는 것입니다.
이렇게 떡이 잘라지는 것은 우리에게 나누어 주시기 위해 그리스도의 몸이 부숴지는 것입니다.
(떡을 내려놓은 후, 잔을 들고)
우리가 감사를 드린 이 잔은 그리스도의 피가 우리에게 나누어지는 것입니다.
(성찬 분급은 먼저 집례자와 도움을 주는 이들이 먹고 마신 후, 회중이 성찬대 앞에 나와 받아먹는다. 성찬 분급이 진행되는 동안 회중은 모두 함께 찬송을 부른다.)

성찬 후 기도

주님, 사랑의 영을 저희에게 부어주시고, 주께로부터 하늘의 한 음식을 받아먹은 저희들의 뜻이 하나가 되게 하옵소서. 우리 주 예수 그리스도의 이름으로 기도합니다. 아멘.

(또는)
주님, 주님께서는 저희들에게 주님 자신을 주셨습니다.

이제는 저희들이 저희 자신을 다른 사람에게 주겠습니다.
주님의 사랑이 저희들을 새 사람으로 만들었습니다.
사랑의 백성으로서, 저희들이 주님을 기쁨으로 섬기겠습니다.
주님의 영광이 저희의 마음을 가득 채웁니다.
저희들이 모든 일에 주님을 영광스럽게 하도록 도우소서. 아멘.

찬송

축도

이제는, 우리를 사랑하시고
은총을 통해 우리에게 영원한 위로와 소망을 주시는
우리 주 예수 그리스도와 하나님 아버지, 그리고 성령께서
우리의 마음을 위로하시고 모든 선한 일과 말 가운데 굳건히 세우소서.
아멘.
주님을 사랑하고 섬기기 위해 평화를 누리며 가십시오.
아멘, 하나님께 감사를 드립니다.

7) 주현절 이후의 주일들

주현절 이후의 주일들은 특별한 주제가 없는 평범한 기간이며 부활절의 날짜에 따라 4주에서 9주에 이른다. 따라서 4주 째부터는 마지막 주가 될 가능성이 있으며 마지막 주가 될 경우에는 변형주일의 성서일과에 따르면 된다. 첫 주는 그리스도의 세례에 초점이 맞추어져 있고 마지막 주는 산상에서의 변형(Transfiguration)에 초점이 맞추어져 있다. 이러한 주일 자체는 특별한 절기가 계속되는 것은 아니다. 그러나 성서봉독은 성탄절과 주현절의 의미를 울려 퍼지게 하고 그 광채를 비

추게 하는 것으로 계속된다. 이 시기의 기본적인 색깔은 녹색이며 첫 주일인 '주님의 세례' 주일과 마지막 주일인 변형 주일은 하얀색을 사용한다. 이 기간 동안 시각 장식들은 하나님께서 예수 그리스도의 인성과 하신 일 속에 명확하게 드러내신 능력의 징표들과 가르침들을 증거하는 것이어야 한다. 1월 6일 이후의 첫째 주일은 주님의 세례 주일(Baptism of the Lord)이라고 불린다. 이 첫 주일 예배에 웨슬리의 언약예배를 사용할 수 있다.

주현절 이후 1월과 2월의 주일은 하나님께서 예수 그리스도를 나타내 보이시고 구세주이신 예수 그리스도께서 모든 인간에게 하나님을 드러내 보이신 구체적인 사실들을 선포하고 증거하기에 좋은 기회를 제공한다. 복음서와 구약성서에서 전개되는 주제들에 집중하여 예수 그리스도의 사역 가운데 하나님께서 그 능력을 밝히 드러내는 것을 증거하는 가르침과 이미지를 발견해야 한다. 주현절 이후 두 번째 주일에는 A해, B해, C해 모두 이 세상을 위해 예수 그리스도가 어떤 분이신가에 대한 신학과 실존론에 초점을 맞춘 요한복음을 읽는다. 그리스도와 연합하여 세례를 받은 성도는 세례의 언약을 새롭게 하고 이제는 예수 그리스도께서 행하시고 말씀하신 그 속으로 깊게 들어간다. 두 번째 성서봉독인 서신서 낭독은 고린도전후서를 3년에 걸쳐 계속해서 읽게 되므로, 회중은 바울이 초대교회 중의 한 특별한 교회에 준 메시지를 듣고 받아들이게 된다. 1월과 2월은 선교와 목회를 위해 지난 시간을 평가하고 계획을 세우기에 자연스러운 시간이다. 많은 개신교 전통에서는 이 기간을 세상의 선교에 대해 초점을 맞춘다. 그 이유는 거룩한 하나님께서 구체적으로 드러나심이 강조된 주현절 기간 동안에 이 세상에서 그리스도께서 계속하여 일을 하신다는 것과 주현절의 강조점이 연관되어 제자훈련과 선교를 함축하는 선포와 기도와 예배를 드리기에 좋은 기회이기 때문이다. 이 기간 동안 성찬식을 거행할 경우에는 주현절의 성찬

기도문이나 삼위일체 주일의 성찬기도문을 사용하는 것이 무난하다.

(1) 주님의 세례 주일(Baptism of the Lord)

† 주현절 이후 첫째 주일 †

예배로 부름
모든 만물들아 영광과 능력을 하나님께 돌릴지어다.
하나님의 이름에 합당한 영광을 돌리며 경배할지어다.

찬송

기도
살아계신 하나님, 예수께서 요단 강에서 세례를 받으실 때 성령으로 임하셔서 하나님의 독생 성자이신 예수 그리스도를 밝히 보여주셨습니다. 물과 성령으로 거듭난 주님의 자녀들인 저희를 지키시사 예수 그리스도에 대한 믿음이 흔들리지 않게 하옵소서. 영원토록 우리의 주님이 되시는 예수 그리스도의 이름으로 기도합니다. 아멘.

(또는)
저희를 구원하시는 하나님, 예수 그리스도를 통하여 주님의 자녀들에게 영생을 주셨으며 세례를 받고 그리스도 안에서 저희가 하나가 되도록 하셨습니다. 예수 그리스도께서는 성부와 함께, 그리고 성령과 함께 살아계셔서 영원토록 다스리시니 사망의 죄에서 저희를 인도하시고 저희가 그리스도 안에서 새로운 삶으로 거듭나게 하옵소서. 우리 주 예수 그리스도의 이름으로 기도합니다. 아멘.

첫 번째 성서봉독
    이사야 42:1-9   (A 해: 2002, 2005, 2008, 2011)
    창세기 1:1-5   (B 해: 2003, 2006, 2009, 2012)
    이사야 43:1-7   (C 해: 2004, 2007, 2010, 2013)

시편교독
    시편 29:1-11   (모든 해 공통)

두 번째 성서봉독
    사도행전 10:34-43   (A 해)
    사도행전 19:1-7   (B 해)
    사도행전 8:14-17   (C 해)

찬송
복음서 봉독
    마태복음 3:13-17   (A 해)
    마가복음 1:4-11   (B 해)
    누가복음 3:15-17, 21-22 (C 해)

설교
세례식
(세례식과 함께 전 회중이 세례받을 때 했던 언약을 새롭게 확증하는 순서를 가질 수 있다.)

목회기도 또는 중보기도
평화의 인사
그리스도께서 주시는 평화가 여러분 모두에게 있기를 바랍니다.
목사님에게도 있기를 바랍니다.

봉헌　(찬송을 부르면서 성찬식 떡과 포도주를 봉헌한다. 이때 헌금을 함께 드릴 수 있다.)

성찬기도　(주현절의 본문과 동일하다.)

주님이 가르치신 기도
분급
성찬 후 기도
지극히 영화로우신 하나님, 이 거룩한 복음의 잔치를 통해 저희에게 주님의 사랑을 주시고 성령으로 저희를 새롭게 하시니 감사를 드립니다. 저희를 지키시고 강하게 하시사 세상의 모든 사람들을 넘치는 기쁨으로 섬기게 하옵소서. 우리 주 예수 그리스도의 이름으로 기도합니다. 아멘.

찬송
축도
평화를 누리는 가운데 세상으로 나아가십시오.
우리는 그리스도의 이름으로 보냄을 받았습니다.
이제는 영원한 언약의 피로써 위대한 목자이신 우리 주 예수 그리스도를 보내신 평화의 하나님께서 모든 선한 것으로 여러분을 채워주시사 주님의 뜻을 따라 살 수 있게 하시기를 간구합니다. 영원토록 영광을 받으실 우리 주 예수 그리스도의 이름으로 기도합니다. 아멘.

†주현절 이후 둘째 주일†

첫 번째 성서봉독

    이사야 49:1-7   (A 해: 2002, 2005, 2008, 2011)
    사무엘상 3:1-10(11-20)   (B 해: 2003, 2006, 2009, 2012)
    이사야 62:1-5   (C 해: 2004, 2007, 2010, 2013)

시편 교독

    시편 40: 1-11   (A 해)
    시편 139: 1-6, 13-18 (B 해)
    시편 36:5-10   (C 해)

두 번째 성서봉독

    고린도전서 1:1-9   (A 해)
    고린도전서 6:12-20 (B 해)
    고린도전서 12:1-11 (C 해)

복음서 봉독

    요한복음 1:29-42   (A 해)
    요한복음 1:43-51   (B 해)
    요한복음 2:1-11   (C 해)

†주현절 이후 셋째 주일†

첫 번째 성서봉독

  이사야 9:1-4   (A 해)
  요나 3:1-5, 10   (B 해)
  느헤미야 8:1-10   (C 해)

시편교독

  시편 27:1-6   (A 해)
  시편 62:5-12   (B 해)
  시편 19:1-14   (C 해)

두 번째 성서봉독

  고린도전서 1:10-17   (A 해)
  고린도전서 7:29-35   (B 해)
  고린도전서 12:12-31 (C 해)

복음서 봉독

  마태복음 4:12-23   (A 해)
  마가복음 1:14-20   (B 해)
  누가복음 4:14-21   (C 해)

†주현절 이후 넷째 주일†

첫 번째 성서봉독
　　미가 6:1-8　　　　(A 해)
　　신명기 18:15-20　　(B 해)
　　예레미야 1:4-10　　(C 해)

시편교독
　　시편 15:1-5　　　　(A 해)
　　시편 111:1-10　　　(B 해)
　　시편 71:1-6　　　　(C 해)

두 번째 성서봉독
　　고린도전서 1:18-31　(A 해)
　　고린도전서 8:1-13　 (B 해)
　　고린도전서 13:1-13　(C 해)

복음서 봉독
　　마태복음 5:1-12　　(A 해)
　　마가복음 1:21-28　 (B 해)
　　누가복음 4:21-30　 (C 해)

†주현절 이후 다섯째 주일†

첫 번째 성서봉독
    이사야 58:1-9   (A 해)
    이사야 41:21-31   (B 해)
    이사야 6:1-8   (C 해)

시편교독
    시편 112:1-10   (A 해)
    시편 147:1-11   (B 해)
    시편 138:1-8   (C 해)

두 번째 성서봉독
    고린도전서 2:1-12   (A 해)
    고린도전서 9:16-23   (B 해)
    고린도전서 15:1-11   (C 해)

복음서 봉독
    마태복음 5:13-20   (A 해)
    마가복음 1:29-39   (B 해)
    누가복음 5:1-11   (C 해)

†주현절 이후 여섯째 주일†

첫 번째 성서봉독
　　　신명기 30:15-20　　　(A 해)
　　　열왕기하 5:1-14　　　(B 해)
　　　예레미야 17:5-10　　　(C 해)

시편교독
　　　시편 119:1-8　　　(A 해)
　　　시편 30:1-12　　　(B 해)
　　　시편 1:1-6　　　(C 해)

두 번째 성서봉독
　　　고린도전서 3:1-9　　　(A 해)
　　　고린도전서 9:24-27　　　(B 해)
　　　고린도전서 15:12-20　　　(C 해)

복음서 봉독
　　　마태복음 5:21-37　　　(A 해)
　　　마가복음 1:40-45　　　(B 해)
　　　누가복음 6:17-26　　　(C 해)

† 주현절 이후 일곱째 주일 †

첫 번째 성서봉독
    레위기 19:1-2, 9-18   (A 해)
    이사야 43:18-25   (B 해)
    창세기 45:3-11, 15   (C 해)

시편교독
    시편 119:33-40   (A 해)
    시편 41:1-13   (B 해)
    시편 37:1-11   (C 해)

두 번째 성서봉독
    고린도전서 3:10-11, 16-23   (A 해)
    고린도후서 1:18-22   (B 해)
    고린도전서 15:35-38, 42-50   (C 해)

복음서 봉독
    마태복음 5:38-48   (A 해)
    마가복음 2:1-12   (B 해)
    누가복음 6:27-38   (C 해)

†주현절 이후 여덟째 주일†

첫 번째 성서봉독
　　이사야 49:1-17 (A 해)
　　호세아 2:14-20 (B 해)
　　이사야 55:10-13　　　(C 해)

시편교독
　　시편 131:1-3 또는 62:5-12　　(A 해)
　　시편 103:1-13　　(B 해)
　　시편 92:1-4, 12-15　　(C 해)

두 번째 성서봉독
　　고린도전서 4:1-5　　(A 해)
　　고린도후서 3:1-6　　(B 해)
　　고린도전서 15:51-58　　(C 해)

복음서 봉독
　　마태복음 6:24-34　　(A 해)
　　마가복음 2:13-22　　(B 해)
　　누가복음 6:39-49　　(C 해)

(2) 변형 주일(Transfiguration) - 주현절 이후 마지막 주일

주현절 이후의 주일은 그리스도의 신성을 나타내는 여러 징표들을 발전시켜 나간다. 변형주일의 초점은 그리스도께서 지니신 영광의 놀랍고 외경스러운 모습에 맞추어져 있다. 그 모습은 세상의 눈에는 보이지 않지만 예수 그리스도의 고난과 죽음과 부활을 잘 아는 신앙의 눈에는 잘 드러난다. 신약성서에 "우리 주 예수 그리스도의 능력과 강림하심을 너희에게 알게 한 것이 교묘히 만든 이야기를 따른 것이 아니요 우리는 그의 크신 위엄을 친히 본 자라. 지극히 큰 영광 중에서 이러한 소리가 그에게 나기를 이는 내 사랑하는 아들이요 내 기뻐하는 자라 하실 때에 그가 하나님 아버지께 존귀와 영광을 받으셨느니라. 이 소리는 우리가 그와 함께 거룩한 산에 있을 때에 하늘로부터 난 것을 들은 것이라."(베드로후서 1:16-18)고 증거하였고 마태복음 17:1-8, 마가복음 9:2-8, 누가복음 9:28-36의 변화산 사건에 근거를 둔 이 주일은 전통적으로 8월 6일에 지켰으며 오늘날까지도 로마 가톨릭과 성공회에서는 이 때에 기념하는 것을 고수하고 있다. 이 주일은 예수 그리스도께서 가르치시고 치유하시던 사역에서 예루살렘에서 희생 당하시는 것으로 바뀌는 전환을 표시한다. 따라서 개신교 전통에서 사순절이 시작되기 전 마지막 주일에 지키는 것은 매우 적절하다.

말씀의 선포는 모세, 엘리야와 함께 변형되신 그리스도의 영광과 그리스도께서 당면하신 현실의 관계에 초점을 맞추는 것이 좋다. 이것은 지금 이곳에 있는 하나님의 백성들의 신앙 여정과 경험에 직접적으로 관계가 된다. 말씀을 통해 믿음의 조상들과 예언자들은 하나님의 메시지를 전하는 사자들이라는 선상에서 이해하며, 예수 그리스도는 그 선상의 마지막을 장식하는 분이라고 이해한다. 성찬기도는 성 바질(St. Basil)의 고대 기도문을 기초로 한 것이다.

†변형주일 예배†

예배로 부름
여호와께서 다스리시니 만민이 떨 것이요
여호와께서 그룹 사이에 좌정하시니 땅이 흔들릴 것이로다.
시온에 계시는 여호와는 위대하시고 모든 민족 보다 높으시도다.
너희는 여호와 우리 하나님을 높이고 그 성산에서 예배할지어다
여호와 우리 하나님은 거룩하심이로다.(시편 99:1-2, 9)

찬송
166 장, "주 예수 믿는 자여"
36, 37 장, "주 예수 이름 높이어"

기도
독생 성자께서 고난을 받으시기 전에 거룩한 산에서 그의 영광을 드러내게 하신 하나님. 저희가 믿음의 눈으로 해같이 빛나는 모습으로 변모하신 주님으로부터 나오는 빛을 보면서, 저희의 십자가를 담대히 질 수 있도록 강하게 하시옵고, 주님처럼 영광의 문으로 들어가도록 변화되게 하시옵소서. 한 분이신 하나님과 함께, 그리고 성령과 함께 살아계셔서 영원토록 다스리시는 우리 주 예수 그리스도의 이름으로 기도합니다. **아멘.**

(또는)
전능하신 하나님, 주님의 영광이 예수 그리스도의 빛나는 얼굴을 통하여 저희에게 빛을 발하며, 주님의 능력은 십자가의 신비 속에서

2025년까지 변하는 절기의 날짜

해	강림절 주일	사순절 전주일	성회 수요일	부 활 절	오 순 절
A	2001. 12. 2	2002. 2. 10	2002. 2. 13	2002. 3. 31	2002. 5. 19
B	2002. 12. 1	2003. 3. 2	2003. 3. 5	2003. 4. 20	2003. 6. 8
C	2003. 11. 30	2004. 2. 22	2004. 2. 25	2004. 4. 11	2004. 5. 30
A	2004. 11. 28	2005. 2. 6	2005. 2. 9	2005. 3. 27	2005. 5. 15
B	2005. 11. 27	2006. 2. 26	2006. 3. 1	2006. 4. 16	2006. 6. 4
C	2006. 12. 3	2007. 2. 18	2007. 2. 21	2007. 4. 8	2007. 5. 27
A	2007. 12. 2	2008. 2. 3	2008. 2. 6	2008. 3. 23	2008. 5. 11
B	2008. 11. 30	2009. 2. 22	2009. 2. 25	2009. 4. 12	2009. 5. 31
C	2009. 11. 29	2010. 2. 14	2010. 2. 17	2010. 4. 4	2010. 5. 23
A	2010. 11. 28	2011. 3. 6	2011. 3. 9	2011. 4. 24	2011. 6. 12
B	2011. 11. 27	2012. 2. 19	2012. 2. 22	2012. 4. 8	2012. 5. 27
C	2012. 12. 2	2013. 2. 10	2013. 2. 13	2013. 3. 31	2013. 5. 19
A	2013. 12. 1	2014. 3. 2	2014. 3. 5	2014. 4. 20	2014. 6. 8
B	2014. 11. 30	2015. 2. 15	2015. 2. 18	2015. 4. 5	2015. 5. 24
C	2015. 11. 29	2016. 2. 7	2016. 2. 10	2016. 3. 27	2016. 5. 15
A	2016. 11. 27	2017. 2. 26	2017. 3. 1	2017. 4. 16	2017. 6. 4
B	2017. 12. 3	2018. 2. 11	2018. 2. 14	2018. 4. 1	2018. 5. 20
C	2018. 12. 2	2019. 3. 3	2019. 3. 6	2019. 4. 21	2019. 6. 9
A	2019. 12. 1	2020. 2. 23	2020. 2. 26	2020. 4. 12	2020. 5. 31
B	2020. 11. 29	2021. 2. 14	2021. 2. 17	2021. 4. 4	2021. 5. 23
C	2021. 11. 28	2022. 2. 27	2022. 3. 2	2022. 4. 17	2022. 6. 5
A	2022. 11. 27	2023. 2. 19	2023. 2. 22	2023. 4. 9	2023. 5. 28
B	2023. 12. 3	2024. 2. 11	2024. 2. 14	2024. 3. 31	2024. 5. 19
C	2024. 12. 1	2025. 3. 2	2025. 3. 5	2025. 4. 20	2025. 6. 5

저희에게 나타나셨습니다. 저희를 주님을 따르는 신실한 자들로 여기시고 이 세상 그 무엇도 대수롭지 않게 여기면서 오직 주님의 뜻을 따라 살게 하옵소서. 우리 주 예수 그리스도의 이름으로 기도합니다. **아멘.**

(또는)
영광과 자비의 하나님, 독생 성자께서 멸시와 조롱을 받고 돌아가시기 전에 거룩한 산에 오르게 하사 영광으로 그 모습을 드러나게 하셨습니다. 예수 그리스도께서 하나님의 독생자이심을 주님께서 선포하시고 예언자들이 증거하였지만, 그리스도께서는 저희 가운데에서 십자가에 달려 돌아가시기 위해 저희에게로 돌아오셨습니다. 저희가 세상 만사를 알고, 심지어 죽음까지도 잘 깨달아 용기를 가지고 악과 담대히 대면할 수 있게 도우시며, 주님의 변화시키는 능력에 순종하게 하시옵소서. 우리 주 예수 그리스도의 이름으로 기도합니다. **아멘.**

첫 번째 성서봉독

출애굽기 24:12-18   (A 해: 2002, 2005, 2008, 2011)
열왕기하 2:1-12   (B 해: 2003, 2006, 2009, 2012)
출애굽기 34:29-35   (C 해: 2004, 2007, 2010, 2013)

시편교독

시편 99:1-9   (A 해)
시편 50:1-6   (B 해)
시편 99:1-9   (C 해)

두 번째 성서봉독

    베드로후서 1:16-21   (A 해)
    고린도후서 4:3-6   (B 해)
    고린도후서 3:12-4:2   (C 해)

찬송

복음서 봉독

    마태복음 17:1-9   (A 해)
    마가복음 9:2-9   (B 해)
    누가복음 9:28-36   (C 해)

설교

목회기도 (또는 중보기도)

(목회자가 기도를 드리며 연도 형식으로 드릴 수 있으며 그럴 경우에 각각의 기도에 대해 회중이 "**영광의 그리스도시여, 저희의 기도를 들어주시옵소서.**" 또는 "**주님, 자비로 저희들을 살피시옵소서.**"라고 응답할 수 있다.)

(또는)
하나님 아버지, 저희가 주님의 거룩한 교회를 위해서 기도합니다.
저희가 모두 하나가 되게 하시옵소서.
이 교회의 모든 성도가 주님을 참되고 겸손하게 섬기게 하시옵소서.
모든 사람들에게 주님의 이름이 영광을 받게 하시옵소서.
이 세상의 나라들을 다스리고 권력을 가진 사람들을 위해 기도합니다.
이 땅 위에 정의와 평화가 넘치게 하시옵소서.

저희에게 은혜를 주셔서 저희가 맡은 사명 가운데 주님의 뜻을 이루게 하시옵소서.
저희가 하는 일이 주님을 기쁘시게 하는 것이 되게 하시옵소서.
오늘날 어떤 슬픔이나 문제로 고통을 당하는 사람들을 불쌍히 여기시옵소서.
그들이 당하고 있는 고난에서 벗어나도록 하시옵소서.
이 세상을 떠난 영혼들에게는 영원한 안식을 주시옵소서.
그들에게 영원히 빛나는 빛을 비추어 주시옵소서.
믿음의 조상들이 큰 기쁨의 나라에 들어가게 하신 주님을 찬양합니다.
저희들도 또한 하나님 나라를 함께 누리게 하여 주시옵소서.

여러분이 각자 원하는 기도를 드리시기 바랍니다.
(잠시 침묵기도 또는 통성기도를 드린다.)

성찬의 초대와 평화의 인사

그리스도께서는 주님에 대한 신앙을 고백하고 화해와 정의와 평화를 바라면서 사랑과 증거와 충성된 봉사의 삶을 살기를 원하는 사람들을 이 거룩한 식탁에 초대합니다.
우리 주 그리스도의 평화가 여러분에게 모두 임하기를 빕니다.
목사님에게도 또한 함께 하길 빕니다.
(평화의 인사를 나눈다.)

봉헌 (떡과 포도주를 성찬대에 바치며, 이 시간에 헌금을 함께 바칠 수 있다.)

성찬 기도

[수르숨 코르다(Sursum Corda)]

('마음을 높이 들다.' 라는 뜻의 라틴어로 성찬기도의 중요한 요소)
주님께서 여러분과 함께 하시기를 빕니다.
목사님과도 함께 하시기를 빕니다.
여러분의 마음을 높이 드십시오.
주님을 향해 우리의 마음을 높이 듭니다.
주님께 감사를 드립시다.
이는 주의 백성들이 마땅히 해야 할 바입니다.

[감사 기도(Preface)]

하나님 아버지, 주님만이 홀로 살아계시고 참되시며 창세 이전부터 영원까지 범접하기 어려운 빛 가운데 계시니, 주님께 영광을 돌리며 감사를 드림이 참으로 옳은 일입니다.
생명의 샘이며 모든 선한 것의 근원이 되시는 주님께서 만물을 지으시고 복되다 하셨으며, 주님의 빛나는 광채 가운데 기쁨을 누리도록 만물을 창조하셨습니다.
셀 수 없이 수많은 천사들이 주님 앞에 서서 밤낮으로 섬기며, 주님의 영광을 보며 끊임없는 찬양을 드립니다. 천사들과 합하여 하늘 아래 모든 피조물에게 외치며, 저희가 주님께 환호하며 주님의 이름을 영광스럽게 (이와 같이) 찬양합니다.

[상투스(Sanctus)] (다같이)

거룩하시다, 거룩하시다, 거룩하시다. 만군의 주님, 하늘과 땅에 그의 영광이 가득하시다. 지극히 높은 곳에서 호산나. 찬양받으소서, 주의 이름으로 오시는 분이시여. 지극히 높은 곳에서 하나님을 찬양하도다.

[상투스 후 기도]

거룩하신 주님, 능력으로 빛나는 주님을 찬양합니다. 주님께서 행하신 전능하신 일은 주님의 지혜와 사랑을 나타내셨습니다. 주님의 형상을 따라 저희를 지으시고 세상 만물을 보살피도록 하셨습니다. 창조주이신 주님의 명령을 따라 저희는 주님이 지으신 모든 피조물을 다스리고 섬겨왔습니다. 저희가 주님께 불복종하여 주님께로부터 멀리 떨어져 갔어도 주님께서는 저희가 죽음의 세력에 넘어가도록 버려두지 않으셨습니다. 주님께서는 크신 자비로 저희를 도우사 저희가 주님을 찾도록 하셨습니다. 예언자들이 구원의 희망을 저희에게 가르친 것과 같이 되풀이하여 주님과 언약을 지키도록 부르셨습니다. 하나님 아버지, 주님께서 이 세상을 극진히 사랑하사 때가 되어 우리의 구세주 독생 성자를 보내셨습니다. 성령으로 잉태되어 동정녀 마리아에게서 나신 예수 그리스도는 저희와 똑같은 삶을 사셨으나 죄가 없으신 분이었습니다. 가난한 자에게 구원의 복음을 선포하셨고, 갇힌 자에게 자유를, 그리고 슬퍼하는 자에게는 기쁨을 선포하셨습니다. 주님의 뜻을 이루기 위해 예수 그리스도께서는 죽음에 자신을 맡기셨고 무덤에서 일어나셔서 죽음을 이기시고 모든 창조를 새롭게 하셨습니다. 저희가 더 이상 우리 자신을 위해 사는 것이 아니라 우리를 위해 죽으시고 부활하신 예수 그리스도를 위해 살도록 하시기 위해 믿는 사람들에게 주시는 첫 번째 은사인 성령을 보내셔서 이 세상에서 예수 그리스도의 일을 완성하며 모든 사람이 거룩하게 되는 것을 이루도록 하셨습니다.

[성찬 제정사]

전능하신 하나님, 저희를 구원하시려고 독생 성자 예수 그리스도를 십자가에서 고난당하게 하셨습니다. 자비하신 주님, 그리스도께서 온 세상의 죄를 위하여 완전한 속죄 제물이 되시고, 성례를 정하시어 저희에게 명하사, 주님께서 강림하실 때까지 주님의 귀하신 죽음을 기념하라 하셨습니다.
(집례자는 빵을 들어 올리며)
예수께서 잡히시던 밤에 떡을 가지사 축사하시고 떼어 가라사대 이것은 너희를 위하는 내 몸이니 이것을 행하여 나를 기념하라 하셨습니다.
(빵을 내려놓는다. 그리고 잔을 들어 올리며)
식후에 또한 이와 같이 잔을 가지시고 가라사대 이 잔은 내 피로 세운 새 언약이니 이것을 행하여 마실 때마다 나를 기념하라 하셨습니다. (잔을 내려놓는다.)

[기념사]

거룩하신 하나님, 예수 그리스도를 통해 행하신 전능하신 일들을 기억하면서, 그리스도와 연합하여 저희 자신을 거룩하고 산 제물로 찬양과 감사 가운데 드립니다. 저희가 모두 성찬에 참여하여 그리스도께서 저희를 위해 죽으셨고 부활하셨으며, 저희를 감사와 믿음으로 성장하도록 양육하고 계심을 기억하게 하시옵소서.
그리스도께서 죽으셨으며, 그리스도께서는 부활하셨으며, 그리스도께서는 다시 오실 것입니다.

[성령 임재의 기도]

전능하신 하나님, 성령께서 이 자리에 모인 저희들 위에 임하시고, 주님의 거룩한 식탁 위에 놓인 떡과 포도주 위에 임하시기를 기도합니다. 이 성찬에 함께 하셔서, 하늘의 떡과 구원의 잔을 먹고 마시는 저희가 그리스도의 새로운 몸을 입어 세상을 변화시키는 힘이 되게 하시옵소서. 예수 그리스도께서 최후 승리를 거두며 다시 오실 때까지, 저희가 모두 하나님 나라의 잔치에 참여할 때까지 성령께서 저희에게 임하셔서, 그리스도와 하나가 되게 하시며, 저희들이 서로 하나되게 하시고, 온 교회가 하나되게 하시옵소서. 전능하신 하나님 아버지께 모든 존귀와 영광이 영원토록 있기를 간구하며 우리 주 예수 그리스도의 이름으로 기도합니다. **아멘**

[영광 찬양(Doxology)]
(찬송가 3장, "이 천지간 만물들아"를 부른다.)

주님이 가르치신 기도
분급
(집례자는 빵을 들고 둘로 쪼개면서 다음과 같이 말한다.)
이 떡이 하나이듯이 우리는 한 몸이고, 우리 모두 하나의 떡에 참여하는 것입니다.
이렇게 떡이 잘라지는 것은 우리에게 나누어 주시기 위해 그리스도의 몸이 부숴지는 것입니다.
(떡을 내려놓은 후, 잔을 들고)
우리가 감사를 드린 이 잔은 그리스도의 피가 우리에게 나누어지는 것입니다.
(성찬 분급은 먼저 집례자와 도움을 주는 이들이 먹고 마신 후, 회중이 성찬대 앞에 나와 받아먹는다. 성찬 분급이 진행되는 동안 회중은 모두 함께 찬송을 부른다.)

성찬 후 기도
주님, 이곳으로 저희를 부르시사 다가오는 변화의 삶을 나눌 수 있도록 하는 이 거룩한 신비를 주시니 감사를 드립니다. 우리 주 예수 그리스도의 이름으로 기도합니다. 아멘.

찬송

축도

하나님과 이웃을 섬기기 위해 평화를 누리면서 세상으로 나아가십시오.
저희는 그리스도의 이름으로 세상에 보냄을 받았습니다.
주님께서 여러분에게 영광을 비추시고 인자하심을 베푸십니다. 지금부터 영원까지 주님께서 기쁨으로 여러분을 돌보시고 평화를 주실 것입니다.
아멘.

2. 사순절(Lent), 부활절(Easter), 오순절(Pentecost)

1) 절기의 의미 - 부활절 신비(Paschal Mystery)를 선포하는 것

기독교 신앙의 핵심은 주님이신 예수 그리스도의 삶과 고난, 죽음, 부활, 그리고 승천에 참여하는 것이다. 성서는 "말씀이 육신이 되어 우리 가운데 거하시매"(요 1:14)라고 증거하고 있다. 예수 그리스도께서는 우리의 구원을 위해 때가 이르러 인간의 역사 가운데 태어나셨다. 이 땅에서 사시는 시간에 예수 그리스도께서는 하나님의 나라를 전하고 가르치시며 고난을 당하시고 십자가에 달려 돌아가셨다. 그러나 하나님께서는 죽은 자들 가운데서 다시 살리시고 하늘에서 하나님의 우편에 앉히

시었으며 "또 만물을 그의 발 아래에 복종하게 하시고 그를 만물 위에 교회의 머리로 삼으셨느니라. 교회는 그의 몸이니 만물 안에서 만물을 충만하게 하시는 이의 충만함이니라."(엡 1:22-23)는 기록과 같이 하셨다. 예수 그리스도의 죽음과 부활을 통하여 우리는 죄와 죽음에서 구원을 받았으며, 성령에 의해서 하나님과 더불어 영원한 삶을 누리는 것으로 거듭났다. 이것이 기독교인으로서 하는 우리의 고백이며, 이것을 우리의 예배와 우리의 삶 속에서 계속 새롭게 해 나가야만 한다.

    기독교 복음과 우리 삶과 예배에서 매우 핵심적인 부활절 신비(Paschal Mystery)는 우리에게 익숙하지 않은 표현일지도 모른다. 부활절을 지칭하는 '파스카(Pascha)'는 유월절을 뜻하는 히브리어 '페사흐(pesach)'에서 유래한 것으로, 유월절(passover)은 우리가 잘 알고 있듯이 하나님께서 이집트에서 종살이하고 있던 이스라엘 백성들을 구원해 내신 사건을 기억하는 절기다. 죽음에서 인도함을 받은 그날 밤을 기억하면서 하나님께 희생제물로 바치는 유월절 양은 구원을 상징하는 것의 중심이다. 이 상징은 신약성서에 등장하는데, 특히 요한복음에서 볼 수 있으며 사도 바울도 유월절 양에 대해 "우리의 유월절 양 곧 그리스도께서 희생되셨느니라. 이러므로 우리가 명절을 지키되 묵은 누룩으로도 말고 악하고 악의에 찬 누룩으로도 말고 누룩이 없이 오직 순전함과 진실함의 떡으로 하자."(고후 5:7-8)고 설명하고 있다.

    부활절 신비에 대해 말할 때, 그것은 그리스도께서 우리의 구원을 위해 하신 일과 그에 대해 교회가 참여하는 것에 관련한 전체 영역을 포괄하는 넓은 의미를 뜻한다. 또 수난과 죽음과 부활을 이야기하며 예배를 드리는 날들에 대해 특별히 언급할 수 있으며, 성례와 말씀 선포 속에 드러난 그리스도의 실재와 능력을 말할 때 사용될 수 있다. 그리고 부활절 신비는 주님과 함께 살아가고 있다고 하는 우리들의 계속되는 경험을 말하기도 한다. 따라서 그것은 풍부하고 힘이 넘치는 이미지인 동시에 개념이기도 하다. 이런 점에서 우리 예배 속에서 부활절 신비의 모든 것을 진실하게 발견하는 것이, 일상 생활에서 주님이신 그리스도께 대한 우리의 사명감을 더 깊게 하고 하나님의 백성인 교회가 어떻게 해야 한다는 것을 더욱 깊게 깨달을 수 있게 한다. 우리의 예배와 말씀 선포의 가장 중심에는 그리스도의 수난과 죽음, 그리고 부활에 초점을 맞춘 인간과 함께 하신 하나님의 전체 역사 이야기가 있다. 기독교 예배의 시작 이래로 이러한 사건들이 기독교 공동체의 생활에서 주간, 한 해에 걸쳐, 그리고 심지어는 날마다 의미를 부여했으며 그 의미를 형상화하였다. 사순절과 부활절을 통해 그리스도께서 행하신 구원의 신비를 기억함으로써 우리의 삶은 그리스도의 죽음과 부활, 그리고 생명을 주시는 성령의 본을 따라 형성된다.

사순절과 부활절은 하나님의 구속적인 행위의 결정적인 면들을 기억하는 것이기 때문에, 우리는 많은 기도와 함께 이 절기들에 관한 성서 본문과 근본 주제들을 연구하면서 조심스럽게 예배에 대한 계획을 세워야만 한다. 사순절은 복음을 전하고 진정한 회심을 하는 시기로 회개와 기도, 금식, 친교, 그리고 우리들의 세례 서약에 집중하여 성장하는 때이다. 우리들은 이 세상에서 하나님 나라의 징표가 되어야만 한다. 회개와 그리스도의 죽음과 부활을 함께 나누는 준비를 하는 것은 세례받기를 준비하는 사람들과 부활절 기간에 자신들의 세례 서약을 새롭게 할 다른 모든 성도들에게 기본적인 주제가 된다. 따라서 사순절은 무엇인가를 포기하는 절기가 아니라, 오히려 우리가 하나님의 뜻과 은총을 받아들여 하나님께서 우리와 함께 하신다고 하는 이 신비에 값지게 참여할 수 있는 기간이다.

사순절 기간에 예배를 준비할 때, 기독교 세례의 의미를 우리 주님의 삶과 거룩함으로 변화하는 인간 존재의 전 생애에 걸친 과정으로 잘 깨달을 수 있게 하여야 한다. 이 모든 것은 신약성서와 초대교회가 가르치고 경험했던 것과 같이 한 개인의 사적인 경험은 아니다. 이것은 공동체적인 실재로서 인간 역사 속에서 교회의 예배와 선교가 존재할 수 있는 원동력을 제공한다. 따라서 기독교 복음 전도와 회심의 실제적인 모든 형태가 이 절기의 의미 가운데 전해 내려온 것으로, 그리스도를 만나 경험하며 가르침을 받고 세례를 받으며 공동체적 삶과 선교의 삶 속에서 함께 성장하는 것을 내포하고 있다. 그러므로 사순절은 기독교 회심과 그 이후에 따르는 일련의 과정에 깊이를 더하고 의미를 주어서 하나님 말씀의 씨앗이 옥토에 떨어질 수 있게 하는 것이다.

사순절 기간의 예배와 예배 자료의 가장 효과적인 사용의 기본은 각 교회가 새로 회심한 사람들을 세례받도록 준비시키는 것이다. 이러는 가운데, 전 교회가 회심을 갱신하는 공동의 과정에 참여하게 된다. 이 자체가 진정한 예배의 기초일 수 있는데, 기도하며 성서를 배우고 증거자와 제자됨의 의미를 새롭게 하며 회개와 화해를 진지하게 받아들이고 말씀선포와 성례의 모든 다양한 예배에 참여하는 등의 모든 과정을 담고 있기 때문이다.

재의 수요일(성회 수요일, Ash Wednesday)은 부활절을 준비하는 사십 일 기간인 사순절의 시작을 표시하는 회개의 날로 발전하였다. 재의 수요일은 믿음의 새로운 시작을 의미하는 특별한 날이고 주님에게로 돌아오는 때다. 이날에 우리는 죽을 수밖에 없는 우리 인생을 돌아보고 새롭게 하시는 성령을 기다리는 것이다. 이날은 하나님의 은총으로 과거의 죄와 허물을 내려놓는 때다. 이 때의 예배는 '회개'와 '은총 안에서 성장'이라는 보다 큰 주제를 포괄하게 된다. 우리는 성령으로 검증될 것이므로 부활절 신앙의 의미에 우리가 참여하는 것은 진실한 것이고 그리스도와 함께 진정으로 죽고 살아 하나님 안에서 새 생명을 얻게 될 것이다.

이런 취지에서 예배를 신중하게 계획하는 것이 중요하다. 예배에서 회중이 담당해야 할 중요한 부분들을 훈련해야만 하며 대부분 계획과 준비가 회중의 사순절 신앙 여정의 부분이 될 수 있어야 한다. 이것은 회중 각자에게 부활절 신비를 개인적이면서 공동적으로 더욱 깊게 깨닫게 하는 독특한 기회를 제공하게 될 것이다. 이렇게 될 때 예배의 기본 개념과 같이 사순절 예배들은 '하나님 백성들의 일'이 될 것이며, 예배의 준비는 더욱 풍성하게 그리스도가 중심이 되는 영성을 발전시킬 것이다. 그러나 우리 교회의 예배와 활동이 회중을 단지 바쁘게만 만들어서 탈진시켜서는 안 된다. 이 절기의 요점은 일련의 행사, 모임, 예배 그리고 바쁜 일 등으로 부활절 이후에는 나락으로 빠지는 것과 같이 단거리 경주를 하듯 전속력으로 질주하는 것이 아니다. 오히려 사순절 기간 동안 행하는 훈련은 우리들을 유지시켜주고 새롭게 하는 힘이 되어 그 이후에 계속되는 부활절-오순절 절기까지 교회의 사명을 충실히 잘 나타낼 수 있어야 한다. 부활절 신앙이 차고 넘쳐서 하나님의 뜻을 이 세상에서 실행하는 선교로 나타나야만 한다.

  부활절 사건의 중심이 되는 3일 동안을 부활절 삼 일(Easter Triduum)이라고 부른다. '트리둠'은 라틴어로 삼 일을 뜻한다. 부활절 삼일은 세족 목요일(Holy Thursday 또는 Maundy Thursday)의 해가 진 이후부터 부활절 날 해가 지기까지의 기간을 말한다. 신약성서의 기록을 보면 이 기간 동안에 있었던 사건은 최후의 만찬, 예수께서 체포 당하시고 재판 받으심, 십자가에 달리심, 무덤에 묻히심, 그리고 부활하심이다. 이 삼 일에 담긴 의도는 시간의 정확성을 지키는 것보다는 신학적이고 예배적인 의미를 지키려는 것이다. 이 삼 일을 지키는 목적은 우리 주님의 수난과 죽음의 사건을 선포하고 극화하며 십자가와 부활을 통하여 하나님의 구원하시는 능력이 항상 있음을 깨닫도록 일깨워주는 것이다. 이것은 과거의 사건에 대해 감상적으로 회상하는 것이 아니다. 바로 이 구원의 사건에 참여하는 방법이다. 고난주간과 부활절 예배의 신실한 참여로 우리는 구속의 고난과 죽음 그리고 승리의 부활을 통해 모든 사람들을 죽음과 멍에에서 구원해내신 그리스도를 만나게 된다. 고난주간의 이야기는 부활절 신비에 초점이 맞추어져 있다. 물론 일년 내내 기독교인의 삶의 역동성에는 같은 신비가 있지만, 특히 고난주간과 부활절 삼 일 기간에는 명백한 능력으로 그 신비가 드러난다. 초대교회는 엄격한 금식을 한 후 부활절 전야부터 부활절에 이르기까지 하나의 통일된 예배로 이 신비를 지켜 나갔다. 모든 것이 부활절 철야(Easter Vigil, vigil은 철야, 밤샘, 경계, 주의의 뜻) 예배에 포함되어 있어서 하나님께서 행하신 전능하신 일들을 읽고 우리 주님의 고난을 이야기하며 부활절 촛불을 밝힌다. 그리고 세례 후보자를 준비시켜 전체 교회 구성원들의 세례 서약을 새롭게 하는 것과 함께 완전한 세례입교의식(Initiation Rite)을 행하며 성찬식을 거행하였다.

    신약성서에 있는 일련의 사건들이 고난주간에 걸쳐 조직적으로 극화되기 시작한 것은 4세기 예루살렘에서부터다. 우리에게 익숙한 것과 같이 그 일련의 사건은 예수께서 예루살렘 성에 입성하는 것에서부터 마지막 가르침, 유월절을 배경으로 한 최후의 만찬, 체포, 재판, 성 금요일에 십자가에 달리심, 묻히시고 무덤에 머무르심, 그리고 마지막으로 첫째 날에 부활하심에 이르기까지다. 고난주간에 드리는 우리의 예배는 이 유형을 따른다. 고난주간은 고난/종려주일부터 시작하는데 이 이름은 서로 긴장 관계에 있는 두 가지 생각이 결합된 것이다. '호산나'를 외치는 가운데 종려나무 가지를 펴놓은 사이로 예루살렘에 입성하는 것과 예수께서 직면한 진지한 현실을 보여주고 있다. 여기서 우리는 예루살렘에 있던 예수를 따르는 사람들이나 다른 사람들이 이 날에 무엇을 했는지 생생하게 전하고 있는 성서 속으로 들어가게 된다. 우리는 복음서 기자들이 전하는 고난의 기사를 읽으며 예수께서 하신 왕과 같은 행진의 긴장과 실재를 새롭게 만나게 된다. 고난/종려주일의 예배는 예수께서 지상에서 하셨던 사역의 마지막 부분을 되새기면서 체험하는 것이다.

고난주간 중 비중이 덜한 월요일부터 목요일 오후까지는 성서의 말씀을 읽고 그것을 깊이 생각하고 기도하기를 계속한다. 목요일 저녁에 우리는 제자들과 함께 그 사랑의 식탁을 경험한다. 유월절과 관계하여 펼쳐진 그 식탁에서 예수는 빵과 잔을 나누어 주시면서 "이것은 나의 몸이다", "이것은 새 언약을 위해 흘리는 나의 피다."라는 잊을 수 없는 말씀을 하셨고 그와 함께 "나를 기념하여 이를 행하라."는 명령을 하셨다. 또한 발을 씻어주어 서로 섬기는 자가 됨으로써 그 특별한 저녁에 제정된 것을 새롭게 경험한다. 발을 서로 씻어주는 의식 이후에 '테너브래이(Tenebrae) 예배'를 드릴 수 있다. 이 예배 가운데에서 우리는 그 후에 일어나는 배신과 체포, 재판에서 일어난 저주 등과 같은 사건들의 어두움을 회상하고 상징한다. 그리고 금요일에는 그리스도께서 십자가에 달리시고 돌아가시는 말씀을 읽으므로 우리는 예수 그리스도의 죽음의 실재와 만나게 되며 사순절의 첫 날인 재의 수요일에 경험했던 죽음을 다시 기억하게 된다. 우리는 또한 굳어버린 우리 죄와 악의 고통, 주님께서 배신당하신 것에 우리가 스스로 공모하였다는 사실을 경험한다. 이 날에 성찬대 덮개는 다 벗기고 어떤 장식도 하지 않는다. 테너브래이 예배를 목요일에 사용하지 않았다면 이 날 사용하여 죽음의 어두운 그림자 속으로 들어가는 경험을 할 수도 있다. 예수께서 무덤에 묻히시는 때에 금식을 하며 철야 기도를 할 수 있다. 우리는 위대한 신비가 펼쳐지기를 기다리고 있는데, 그 신비는 모든 사람들을 위해 단번에 성취되었지만 모든 시대를 통해 항상 새롭고 놀랍게 하는 현재의 실재로 아직 남아 있다. 따라서 고난주간 중 특별히 이 마지막 날들은 부활절 신비에 담겨있는 풍성한 의미를 선포하고 펼친다. 예배를 생각할 때 각각의 사건이 독립적인 것이라고 생각하지 말고 우리의 구원을 위해 통일된 내용으로서 계속 전개된다고 생각해야만 한다. 그러므로 예배가 우리의 신앙 경험을 새롭게 해주는 방법이며, 교회의 예배가 더욱 적절하고 온전하게 '예수 그리스도가 주님이시다.' 라는 것을 선포하게 해야만 한다. 그렇게 될 때 우리의 예배가 단지 형식이나 의식에 관심을 기울이는 것에서 벗어나, 부활절 신비를 발견함으로써 그 너머에 놓여 있는 근본적인 실재가 신학적인 것이라는 것을 알게 될 것이다. 그리스도 안에서 우리는 죽음에서 생명으로 뛰어넘었다. 이것은 하나님의 은총이며 오직 하나님 홀로 하신 일이다. 히브리인들이 출애굽을 경험한 것과 같이, 예수 그리스도께서 죽음을 이기시고 부활한 것같이, 교회는 하나님의 은혜로 우리가 죄와 죽음에서 벗어나 하나님과 함께 사는 삶으로 옮겨졌다는 신앙고백을 선포하고 펼쳐보인다. 부활절 신비는 새 하늘과 새 땅에 대한 종말론적인 희망까지 포함하여 하나님과 함께 하는 삶의 전 영역을 아우르는 것이다. 그러므로 부활절 예배를 계획할 때, 우리들 자신에게 출애굽의 경험이 무엇인지를 찾아보고 출애굽 경험을 죽음과 죄의 노예 상태를 뛰어넘어(passover) 인도함을 받은 부활절 신비의 경험과 연관을 맺는 것도 좋은 방법이다.

고난주간과 부활절의 예배는 구원의 복음 전체를 포함하는 것이다. 부활절 예배는 (그것이 부활절 전야에 드리든 부활절의 이른 아침에 드리든) 교회력의 절정이다. 여기서 우리는 하나님의 승리에 압도당하고 하나님의 자비와 사랑이 엄청나다는 사실에 감격하게 된다. 우리는 그리스도께서 십자가에 달려 돌아가셨으나 부활하셨고 모든 인류의 구세주이고 만물의 주님이시며 교회의 머리로서 찬양받으심을 선포한다. 교회의 신앙은 이제 그리스도와 연합한 삶을 계속 살아가는 것에 초점을 맞춘다. 그 신앙은 때가 이르러 하나님의 나라가 도래함을 기대하는 것이기도 하다. 우리가 지닌 생명은 성령의 능력을 통하여 예수 그리스도에게서 밝히 드러난 하나님의 영원한 생명을 반영하는 것이다. 따라서 십자가와 부활의 신학은 그리스도를 찬양하는 것과 성령 가운데 그리스도의 진리와 생명을 드러내는 것과 결코 분리될 수 없다.

　　부활절에 하는 찬양과 부활의 기쁨은 부활절부터 오순절에 이르는 전 기간에 걸쳐 퍼져나간다. 이것이 바로 '위대한 50일(Great Fifty Days)'이라고 일컫는 기간이다. 결코 지지않는 새벽별을 상징하는 부활절 촛불은 오순절에 이르는 기간 동안 모든 예배에서 회중에게 잘 보이도록 하고 항상 불을 밝혀야만 한다. 부활을 축하하는 예배는 부활절 날과 함께 끝나는 것이 아니다. 오순절까지 이르는 오십 일은 사도 바울이 "이는 그리스도께서 죽은 자 가운데서 살아나셨으매 다시 죽지 아니하시고 사망이 다시 그를 주장하지 못할 줄을 앎이로라.… 이와 같이 너희도 너희 자신을 죄에 대하여는 죽은 자요 그리스도 예수 안에서 하나님께 대하여는 살아 있는 자로 여길지어다."(롬 6:9, 11)라고 권면한 것과 같이 승리의 노래를 울려 퍼지게 해야만 하는 기간이다. 부활절의 할렐루야 찬양이 이 기간 동안 울려 퍼져서 성령 안에서 사는 삶을 펼쳐나가야만 한다. 이것은 오순절에 성령의 새 시대가 열림을 온 교회가 기뻐하며 축하할 때 완전히 깨닫고 느끼게 된다.

　　부활절에서 오순절에 이르는 예배를 계획할 때 부활하신 주님을 찬양하는 것과 성령께서 강림하심 사이에 밀접한 연관이 있음을 잊지 말아야 한다. 부활절에서 오순절에 이르는 기간의 성서적이고 역사적이며 신학적인 근거는 명확하다. "내가 오순절까지 에베소에 머물려함은"(고전 16:8), "이는 될 수 있는 대로 오순절 안에 예루살렘에 이르려고 급히 감이러라."(행 20:16) 등의 기록에서 보듯이 오순절에 대해 예상하고 있음을 보여준다. 부활절-오순절 기간은 본질적으로 주일(Lord's Day)을 크게 확장시켜 놓은 것과 같다. 그것은 예수 그리스도 안에서 하나님께서 하시는 구원의 일의 모든 면을 고양한다. 구약에서 오순절은 추수를 감사하는 절기였고, 후에 시내산에서 율법을 받은 것을 기념하는 날이 되었다. 이러한 의미가 신약 시대에도 계속되었으나 그 의미가 성령이 임하심을 체험한 제자들에 의해 바뀌었다. 이 날은 그리스도 예수 안에서 모든 이가 어떤 차별도 없이 하나임을 경험하는 새로운 시대가 열리는 날이자 모든 백성을 화해하게 하시는 성령에 의해 교회가 탄생하는 날이었다.

사도행전 1장 3절에 나오는 예수께서 사십 일 동안 지상에서 제자들과 함께 했었다는 기록에 근거하여 우리는 오순절보다 십 일 앞서서 예수승천일(Ascension Day)을 기념한다. 그러나 이것을 역사적으로 완전히 분리된 것으로 생각하여서는 안 된다. 최소한 4세기말까지는 그리스도의 승천과 성령의 강림을 같은 주일에 기념하였다. 요한복음 16장 7절, "내가 너희에게 실상을 말하노니 내가 떠나가는 것이 너희에게 유익이라. 내가 떠나가지 아니하면 보혜사가 너희에게로 오시지 아니할 것이요, 가면 내가 그를 너희에게로 보내리니"의 말씀이 증거하듯이 진리의 성령인 보혜사 성령이 예수 그리스도를 믿고 사랑하는 사람들 가운데 머무를 수 있도록 하기 위하여 예수께서는 하나님 아버지에게로 돌아가야만 했다. 오순절은 부활절 절기의 정점이다. 성령께서는 교회에 모든 진리를 가르치시기 위해 오셨고, 우리와 세상을 위해 예수께서 무엇을 하셨고 또한 무엇을 하고 계신지를 생생하게 기억하도록 하시기 위해 오신다. 그리고 앞으로 무슨 일이 일어나는지에 대해 밝히 보여주신다. 그러므로 교회가 외치는 것은 "아멘. 주 예수여 오시옵소서."(계 22:20)라는 기도다.

사순절에서 오순절에 이르는 기간은 재에서 불꽃으로, 회개에서 거듭남으로, 죄와 죽음에서 부활과 영원한 생명으로 옮겨가는 기간이며, 우리는 공동 예배 속에서 그러한 주제들을 다시 발견하고 기념한다. 그런 주제들은 하나님 앞에 있는 우리들 실존의 핵심이다. 이 기간의 예배는 살아계신 하나님을 새롭게 경배하고 신령과 진정으로 구원의 드라마를 펼치며 하나님의 풍성한 은혜를 받도록 초청하는 것이다.

2) 재의 수요일(Ash Wednesday) - 사순절 첫날

기독교 신앙의 핵심은 우리의 구주이신 예수 그리스도의 삶, 고난, 죽음, 부활에 우리가 동참한다는 것이다. 예수 그리스도의 죽음과 부활을 통해서 우리는 죄로부터 구원함을 얻었고, 성령으로 하나님과 함께 누리는 영생으로 거듭났다. 우리는 이러한 사실을 고백하고 우리의 예배와 삶 속에서 계속 새로워져야 한다.

사순절의 첫날로 '재의 수요일(Ash Wednesday)'이라고도 불리는 이 날은 회개의 날로서 믿음 안에서 새로운 시작을 하는 때이며 주님께로 돌아가는 아주 특별한 때이다. 이날에 우리는 죽을 수밖에 없는 우리의 유한성을 생각하고 우리를 새롭게 하시는 성령을 기다리는 것이다. 그러므로 이날의 예배는 회개에 젖어 있으면서 동시에 은혜 안에 성장하는 것이어야 한다. 우리는 회개하고 은혜를 바라는 중에 성령에 의해 검증될 것이며, 그렇게 될 때 부활 신비의 의미에 우리가 참여하는 것이 확실하게 되고 우리는 그리스도와 함께 참으로 죽고 살아나 하나님 안의 새 생명이 될 것이다.

재의 수요일은 재를 머리 위에 뿌리거나 재로 앞 이마에 십자가를 그려주는 재의 의식에서 유래됐다. 그 재는 보통 종려나무, 올리브나무 또는 상록수 가지를 태워 만들었으며 일 년 전의 종려주일에 사용했던 것을 이용하였다. 예배 가운데 집례자는 회중의 이마에 재로 십자가를 그리면서 에덴 동산에서 아담을 내쫓으시며 하나님께서 하신 "너는 흙이니 흙으로 돌아갈 것이니라."(창 3:19)는 말씀을 반복한다. 재는 회개를 언급하는 것과 동시에 십자가에 자신을 드려 희생하신 그리스도를 통한 구원을 상징한다.

사순절의 첫날에 회개의 의미로 재를 뿌리는 것이 명확하게 기록되어 있는 것은 960년이다. 그 이전에 6세기부터 회개와 관련하여 재로 이마에 십자가를 그렸다는 기록이 있으나 사순절 첫 날에 했는지는 확실치 않다. 1091년 베네벤토 회의(Council at Benevento)에서 교황 우르반 2세가 사순절 첫날에 재를 이마에 사용하는 것을 공식화했고, 그 후 이날이 '재의 수요일'이라고 불리게 되었다.

재의 수요일 예배는 우리가 죽을 수밖에 없는 유한성에 직면한다는 점과 믿음의 공동체 안에서 우리의 죄를 하나님 앞에 고백한다는 점, 이 두 가지를 강조한다. 따라서 예배의 형태와 내용도 죄와 죽음이라는 두 가지 주제에 초점을 맞춘다. 인간의 유한성과 회개의 표식으로서 재가 사용되는 것이 회중에게 새롭게 보일지 몰라도 기독교 예배에 있어서는 중요한 역사를 가지고 있다. 재를 바르는 것은 비언어적이고 경험적인 것으로 회개와 화해의 요청에 참여하는 아주 역동적인 방법이다.

상황에 따라서는 아주 이른 아침에 예배를 드릴 수도 있다. 시각적인 것도 중요하다. 제단 색은 전통적으로 사순절 기간 동안 보라색이지만, 이 날만은 재를 뜻하는 것으로 회색을 쓰는 것도 특별한 의미가 있다. 재는 보통 지난 해에 썼던 종려나무 가지를 태워 올리브 기름에 개어서 쓴다. 이런 것이 여의치 않을 때는 상록수 가지를 태워 물 몇방울을 약간 섞어 묽지 않게 하여 (색은 엷은 색보다는 짙은 색이 좋다.) 사용하며, 바르는 방법은 집례자가 엄지 손가락 끝에 묻혀 회중들 이마에 십자가를 그려주면 된다.

†사순절 첫날 예배†

조용한 기도
예배로 부름

은혜의 하나님, 저희와 함께 하시옵소서.
저희와 함께 하시옵소서.
저희 영혼이 주님의 거룩한 이름을 찬양합니다.
저희 영혼이 주님을 찬양하오며 주님께서 베푸신 은혜를 기억합니다.
저희를 모두 살피시사 저희가 자신을 돌아보게 하시옵소서.
저희 죄를 용서하시고 영원한 길로 인도하시옵소서.
죄악과 고난의 질고에서 저희의 생명을 구원해 주시옵소서.
사랑과 자비로 저희에게 생명의 면류관을 씌워주시옵소서.

기도

지극히 거룩하신 하나님, 죄인들을 구원하시기 위해 독생 성자 예수 그리스도께서 오셨습니다. 회개의 이 사순절 기간에 저희의 부족함과 보잘것없음을 고백하면서, 새롭고 정직한 마음을 주시기를 원합니다. 주님께서 저희의 죄와 허물을 용서하시고 영혼과 육신의 아픔을 치료하시는 능력을 베풀어 주시기를 간절히 바랍니다. 우리 주 예수 그리스도의 이름으로 기도합니다. 아멘.

(또는)

전능하시고 자비로우신 하나님, 세상 만물을 사랑하시고 회개하는 모든 사람의 죄를 용서하시니 감사드립니다. 저희 안에 새로운 영을 창조하시고 죄를 깊게 뉘우치는 영을 간직하게 하옵소서. 저희가 모두 자신의 죄를 슬퍼하고 저희의 사악함을 깨달아 자비로우신 하나님께서 내리시는 완전한 용서를 받고 죄씻음을 얻게 하시옵소서. 우리 주 예수 그리스도의 이름으로 기도합니다. 아멘.

찬송　　　141 장, "웬 말인가 날 위하여"

첫 번째 성서봉독

요엘 2:1-2, 12-17　　　（모든 해 공통）

시편교독

시편 103:8-14　　　（모든 해 공통）

여호와는 긍휼이 많으시고 은혜로우시며 노하기를 더디 하시고 인자하심이 풍부하시도다.
자주 경책하지 아니하시며 노를 영원히 품지 아니하시리로다.
우리의 죄를 따라 우리를 처벌하지는 아니하시며 우리의 죄악을 따라 우리에게 그대로 갚지는 아니하셨으니
이는 하늘이 땅에서 높음 같이 그를 경외하는 자에게 그의 인자하심이 크심이로다.
동이 서에서 먼 것 같이 우리 죄과를 우리에게서 멀리 옮기셨으며
아버지가 자식을 긍휼히 여김 같이 여호와께서 자기를 경외하는 자를 긍휼히 여기시나니
(다같이) **이는 그가 우리의 체질을 아시며 우리가 단지 먼지뿐임을 기억하심이로다.**

두 번째 성서봉독

고린도후서 5:20-6:10　　　（모든 해 공통）

찬송

복음서 봉독
마태복음 6:1-6, 16-21　　　　　(모든 해 공통)

설교
사순절 준수의 요청

사랑하는 성도 여러분, 그리스도인들은 항상 우리 주님의 고난과 부활의 날을 기억하고 헌신적으로 지켜왔습니다. 부활절을 위하여 회개와 금식, 그리고 기도하는 시간을 지키며 준비하는 것이 교회의 전통입니다. 사순절 기간은 믿음으로 예수 그리스도를 구주로 영접한 사람들이 그리스도의 몸인 교회로 들어오기 위해 세례를 받으려고 준비하는 때입니다. 동시에 여러 죄를 지은 사람들이나 믿음의 공동체로부터 떨어져 나갔던 사람들이 회개와 용서를 통해 교회로 돌아와 화해를 하고 교회 안에서 사랑의 교제가 회복되는 때입니다. 따라서 우리는 모두 예수 그리스도의 복음 안에 선포된 자비와 용서함을 상기하고 우리의 신앙을 새롭게 해야 합니다.

여러분들은 주님의 이름으로 사순절을 거룩하게 지키십시오. 자기 자신을 반성하고, 회개하며, 기도와 금식과 함께 자선을 베풀고 하나님의 말씀을 읽고 묵상하면서 사순절을 거룩하게 지켜가시기 바랍니다. 이제 회개를 바르게 시작하고 우리의 죽을 수밖에 없는 유한성을 나타내는 징표로서, 우리의 창조주이시며 구세주이신 주님 앞에 겸허하게 머리 숙이시기 바랍니다.

(잠시 조용히 침묵하며 기도한다. 회중이 무릎을 꿇을 수 있으면 좋다.)

재에 대한 기도

전능하신 하나님, 주님께서는 흙으로 우리를 지으셨습니다. 이 재가 우리가 죽을 수밖에 없고 회개해야함을 드러내는 징표가 되게 하시옵소서. 그리하여 오직 주님의 자비로우신 은총으로 저희가 영원한 생명을 누리게 되었음을 기억하게 하시옵소서. 우리 주 예수 그리스도의 이름으로 기도합니다. 아멘.

재를 바름

(회중은 한 사람씩 성단소 앞에 나와 무릎을 꿇고 집례자는 회중의 이마에 재를 찍어 십자가를 그려준다. 그 동안 적절한 찬송을 부를 수 있으며 또는 침묵 속에 진행해도 좋다. 집례자는 재를 발라주며 다음과 같이 말한다.)

○○○ 성도께서는 흙에서 왔으며 흙으로 돌아간다는 것을 기억하십시오.

(또는)
회개하고 복음을 믿으십시오.

회개의 시편 교독

시편 51:1-17

(모두 **일어서서** 집례자와 회중이 한 절씩 교독한다. 마지막 17절은 함께 읽고 사죄의 기도 후에 앉는다.)

사죄의 기도

전능하시고 자비로우신 하나님, 그리스도를 통해 저희에게 구원의 확증을 주시니 감사드립니다. 주님께서는 죄인들인 저희의 죽음을 원하시기보다는 저희들이 사악함에서 돌이켜 생명길로 들어서길 바라고 계심을 믿습니다. 저희의 회개를 받아주시고 저희의 죄를 용서하시며 성령으로 회복하여 저희가 새로운 삶으로 나가게 하시옵소서. 이후로 저희의 삶이 거룩하고 맑고 깨끗하게 하시며 마지막에는 영원한 기쁨에 이르게 하시옵소서. 우리 주 예수 그리스도의 이름으로 기도합니다. 아멘.

(헌금과 감사기도)

(헌금과 감사기도는 생략할 수 있다. 성찬식을 거행할 수 있으며 성찬식의 경우에는 사순절의 성찬기도문을 사용한다.)

주님이 가르치신 기도

찬송 217장, "주님의 뜻을 이루소서" 또는 144장, "예수 나를 위하여"

축도

하나님의 자비로우심과 능력이 임하셔서 세상에 담대하게 나아가 새로운 삶 속에서 봉사하며 살게 하시고, 우리를 위해 희생하신 하나님 어린양 예수 그리스도께서 우리를 복주시고 지키시며, 성령께서 우리의 모든 아픔과 질고를 치유하시고 회복시켜 우리에게 평화를 내리시기를 축원합니다. **아멘.**

3) 사순절의 주일들

사순절의 주일에는 사순절 기간 중이면서 주일이라는 두 사실 사이의 건강한 긴장이 있다. 이 주일들의 예배에서는 적절한 균형을 유지하는 것이 중요하다. 이 주일들은 회중이 사순절을 지키는 것의 핵심이며, 다른 한편으로는 사순절 기간이어도 주일은 부활을 축하하는 작은 부활절(little Easter)이다. 적절한 균형을 이루는 좋은 방법은 사순절 기간에 주일 예배뿐만 아니라 특별한 신앙 훈련 모임에 회중의 적극적인 참여를 격려하는 것이다. 영적으로 성숙하고 발전하기 위해 형성된 모임은 성서연구와 기도, 명상, 회개와 반성, 그리고 구체적인 행동을 한다. 세례를 받거나 입교할 사람들이 있으면 그들을 위한 신앙의 훈련 모임이 필요하며, 그들의 신앙 후견인이 있다면 그들도 함께 참여하는 것이 좋다. 사순절 기간의 주일들은 평상시의 주일과는 달리 영적으로 더욱 깊어지게 하는 데 초점을 맞추어야 하며 그것이 부활절 신비를 경험하도록 준비하는데 필수적이다. 그와 함께 그 주일들을 사순절이라는 것만 강조하여 그리스도의 고난과 죽음에만 집중을 하여서는 안 된다. 주일 자체가 간직하고 있는 의미, 즉 부활하셔서 우리들 가운데 살아계시는 그리스도를 기억하는 것을 잊어서는 안 된다. 이런 예배의 상황에 균형이 필요하다. 사순절의 주일에는 성서일과로 하나님의 말씀을 읽는 것이 매우 중요하다. 이 말씀들에 따라 기도와 찬송들의 특징들을 고려해 선택해야 한다. 전통적으로 사순절 기간에는 '할렐루야'가 들어가는 찬송가나 후렴구를 사용하지 않는 것이 관례다. 그렇다고 항상 사순절 내내 고난과 관계된 찬송만을 부르라는 의미는 아니다. 말씀에 연관이 된 찬송을 부를 수 있다.

† 첫째 주일 †

첫 번째 성서봉독

  창세기 2:15-17, 3:1-7 (A 해: 2002, 2005, 2008, 2011)
  창세기 9:8-17   (B 해: 2003, 2006, 2009, 2012)
  신명기 26:1-11   (C 해: 2004, 2007, 2010, 2013)

시편교독

시편 32:1-11 (A 해)
시편 25:1-10 (B 해)
시편 91:1-2, 9-16 (C 해)

두 번째 성서봉독

로마서 5:12-19 (A 해)
베드로전서 3:18-22 (B 해)
로마서 10:8-13 (C 해)

복음서

마태복음 4:1-11 (A 해)
마가복음 1:9-15 (B 해)
누가복음 4:1-13 (C 해)

† 둘째 주일 †

첫 번째 성서봉독

창세기 12:1-4 (A 해)
창세기 17:1-7, 15-16 (B 해)
창세기 15:1-12, 17-18 (C 해)

시편교독

시편 121:1-8 (A 해)

시편 22:23-31 (B 해)
시편 27:1-14 (C 해)

두 번째 성서봉독

로마서 4:1-5, 13-17 (A 해)
로마서 4:13-25 (B 해)
빌립보서 3:17-4:1 (C 해)

복음서 봉독

요한복음 3:1-17 (A 해)
마가복음 8:31-38 (B 해)
누가복음 13:31-35 (C 해)

† 셋째 주일 †

첫 번째 성서봉독

출애굽기 17:1-7 (A 해)
출애굽기 20:1-17 (B 해)
이사야 55:1-9 (C 해)

시편교독

시편 95:1-11 (A 해)
시편 19:1-14 (B 해)
시편 63:1-8 (C 해)

두 번째 성서봉독

로마서 5:1-11	(A 해)
고린도전서 1:18-25	(B 해)
고린도전서 10:1-13	(C 해)

복음서 봉독

요한복음 4:5-42	(A 해)
요한복음 2:13-22	(B 해)
누가복음 13:1-9	(C 해)

† 넷째 주일 †

첫 번째 성서봉독

사무엘상 16:1-13	(A 해)
민수기 21:4-9	(B 해)
여호수아 5:9-12	(C 해)

시편교독

시편 23:1-6	(A 해)
시편 107:1-3, 17-22	(B 해)
시편 32:1-11	(C 해)

두 번째 성서봉독

에베소서 5:8-14	(A 해)

에베소서 2:1-10	(B 해)
고린도후서 5:16-21	(C 해)

복음서 봉독

요한복음 9:1-41	(A 해)
요한복음 3:14-21	(B 해)
누가복음 15:1-3, 11-32	(C 해)

† 다섯째 주일 †

첫 번째 성서봉독

에스겔 37:1-14	(A 해)
예레미야 31:31-34	(B 해)
이사야 43:16-21	(C 해)

시편교독

시편 130:1-8	(A 해)
시편 51:1-12	(B 해)
시편 126:1-6	(C 해)

두 번째 성서봉독

로마서 8:6-11	(A 해)
히브리서 5:5-10	(B 해)
빌립보서 3:4-14	(C 해)

복음서 봉독

요한복음 11:1-45 (A 해)
요한복음 12:20-33 (B 해)
요한복음 12:1-8 (C 해)

　　사순절의 첫째 주일은 특별히 중요한데, 그 이유는 회중 전체가 재의 수요일 예배에 참석하지 못하고 대부분의 회중이 주일에 참석하므로 사순절의 의미를 되새기며 회개와 신앙 훈련을 철저히 해야함을 상기시킬 필요가 있기 때문이다. 재의 수요일 예배에 참석했던 회중이 많다고 하더라도 그 내용을 반복하는 것이 좋다. 첫째 주일에 성경말씀은 예수께서 광야에서 시험받으시고 승리하심을 주제로 읽으며 부활절에 세례를 받을 후보자는 등록을 하고 훈련을 받는다. 이미 세례받은 사람들은 자신들이 받은 세례의 의미를 다시 점검하고 보다 성숙한 신앙으로 나가기 위해 단련을 시작하게 된다. 둘째 주일에서 다섯째 주일까지는 회개와 세례, 그리고 그리스도 안에서의 새 생명이라는 주제가 계속 나타나는 말씀을 읽게 된다. 일 년 내내 주일 예배에서 회개와 사죄의 간구를 드리지만 사순절의 주일 예배에서 회개와 사죄를 극대화하여 표현하는 것이 특별히 중요하다. 회개와 사죄 순서에 이어서 평화의 인사를 나누는 것이 바람직하며 성찬식을 거행할 경우에는 그 뒤를 이어서 하는 것이 좋다. 근래에 성찬식을 자주 하는 교회가 늘고 있지만, 사순절에 성찬식을 최소 한 번 이상 시행하는 것이 필요하다. 교회에 따라서 재의 수요일이나 첫째 주일에 성찬식을 거행할 수 있으며 사순절 주일마다 행하는 것도 좋은 방법이다.

†사순절 주일 예배†

묵상기도
(침묵하면서 명상의 시간을 갖는다.)

예배로 부름
여호와께서 말씀하시되 오라 우리가 서로 변론하자. 너희의 죄가 주홍 같을지라도 눈과 같이 희어질 것이요,
진홍 같이 붉을지라도 양털 같이 희게 되리라. (이사야 1:18)

(또는)
오라 우리가 여호와의 빛에 행하자.
여호와께서 그의 길을 우리에게 가르치실 것이라. 우리가 그 길로 행하리라. (이사야 2:5, 3)

(또는)
너희가 돌이켜 조용히 있어야 구원을 얻을 것이요,
잠잠하고 신뢰하여야 힘을 얻을 것이라. (이사야 30:15)

(또는)
너희는 옷을 찢지 말고 마음을 찢고 너희 하나님 여호와께로 돌아올지어다.
그는 은혜로우시며 자비로우시며 노하기를 더디하시며 인애가 크시사 뜻을 돌이켜 재앙을 내리지 아니하시리라. (요엘 2:13)

(또는)
우리에게 큰 대제사장이 계시니 승천하신 이 곧 하나님 아들 예수시라.

우리가 믿는 도리를 굳게 잡을지어다.
우리에게 있는 대제사장은 우리의 연약함을 동정하지 못하실 이가 아니요
모든 일에 우리와 똑같이 시험을 받으신 이로되 죄는 없으시니라.
그러므로 우리는 긍휼하심을 받고 때를 따라 돕는 은혜를 얻기 위하여
은혜의 보좌 앞에 담대히 나아갈 것이니라.   (히브리서 4:14-16)

(또는)
주님께서는 자비롭고 인자하셔서 노하기를 더디하시고 변치않는 사랑을 주십니다.
죄에 따라 우리를 대하지 아니하시고 허물에 따라 우리를 벌하지 않습니다.
우리에게 주신 한없는 은혜에 대해 우리가 무엇으로 주님께 보답을 할까.
구원의 잔을 높이 들고 주님의 이름을 부릅니다.

(또는)
우리의 길을 시험하고 살펴보아 주님에게로 돌아갑시다.
하나님께서 우리에게 복을 주셨으니 세상 만물이 주님을 경외합니다.
주님을 찾을 만할 때 찾고 주님이 가까이 계실 때 부릅시다. 사악한 자는 그 길을 버리고 의롭지 못한 자는 그 생각을 버려야 합니다.
하나님께서 받으시는 제사는 상한 심령이며 죄를 깊이 뉘우치는 마음입니다.

찬송
기도

전능하신 하나님, 주님께서는 모든 사람들의 생각과 바람을 알고 계시며 주님에게는 어떤 비밀도 감추어져 있지 않습니다. 성령의 감동으로 저희 마음속의 모든 것이 깨끗하게 되어 저희가 주님을 온전히 사랑할 수 있게 하시며 주님의 거룩한 이름을 크게 찬양할 수 있게 하시옵소서. 우리 주 예수 그리스도의 이름으로 기도합니다. 아멘.

(또는)

전능하신 하나님, 독생 성자 예수 그리스도께서는 광야에서 사십 일 간 금식하시고 죄가 없으시되 우리들처럼 시험을 당하셨습니다. 저희에게 은혜를 주셔서 저희 자신들을 단련하고 주의 성령에 순종할 수 있게 하시옵소서. 주님께서 저희의 연약함을 알고 계심과 같이 저희가 주님의 구원의 능력을 잘 알 수 있도록 하시옵소서. 예수 그리스도의 이름으로 기도합니다. 아멘.

(또는)

전능하신 하나님, 독생 성자께서 저희를 모두 죄와 죽음에서 자유롭게 하시기 위해 이 세상에 오셨습니다. 성령의 능력으로 호흡하여 저희가 그리스도 안에 있는 새 생명으로 일어날 수 있게 하시며 거룩함과 의로움으로 주님을 섬길 수 있도록 하시옵소서. 예수 그리스도의 이름으로 기도합니다. 아멘.

첫 번째 성서봉독
시편교독

두 번째 성서봉독
찬송
복음서 봉독
설교
목회기도(또는 중보기도)
회개와 사죄

우리 주님 그리스도께서 주님을 사랑하는 모든 사람들을 부르시어 진심으로 자신의 죄를 회개하고 이웃과 더불어 평화를 누리고 살라고 명하십니다. 이제 하나님 앞에서 우리의 죄를 고백합시다.

지극히 자비로우신 하나님, 저희가 생각과 말과 행동에 있어서 주님께 죄를 지었음을 고백합니다. 저희가 온 마음을 다하여 주님을 사랑하지 않았으며 저희 자신과 같이 이웃을 사랑하지 않았습니다. 저희가 진실로 잘못을 뉘우치고 겸허하게 회개를 합니다. 독생 성자 그리스도로 인해 저희에게 자비를 베푸시고 저희를 용서하시어, 주님의 뜻을 저희가 기뻐할 수 있게 하시고 주님 이름의 영광을 위해 주님의 길을 걸을 수 있게 하시옵소서. 아멘.

주님께서 주시는 복음을 들으십시오.
"우리가 아직 죄인 되었을 때에 그리스도께서 우리를 위하여 죽으심으로 하나님께서 우리에게 대한 자기의 사랑을 확증하셨느니라."
(로마서 5:8)
예수 그리스도의 이름으로 우리들은 용서함을 받았습니다.

예수 그리스도의 이름으로 우리들은 용서함을 받았습니다. 하나님께 영광을 돌립니다. 아멘.

평화의 인사

서로 화해와 사랑을 나누시기 바랍니다.
(서로 악수를 나누거나 포옹을 하며 "주님의 평화를 누리십시오." 등으로 평화의 인사를 한다.)
우리들이 이제는 용서함을 받고 화해를 한 백성으로서 우리들 자신과 예물을 하나님께 드리겠습니다.

봉헌

(성찬식을 거행하지 않을 경우에는, 예물에 대한 감사기도, 주님이 가르치신 기도, 찬송, 축도의 순서로 진행하여 예배를 마친다.)

성찬기도

[수르숨 코르다(Sursum Corda)]
('마음을 높이 들다.' 라는 뜻의 라틴어로 성찬기도의 중요한 요소)
주님께서 여러분과 함께 하시기를 빕니다.
목사님과도 함께 하시기를 빕니다.
여러분의 마음을 높이 드십시오.
주님을 향해 우리의 마음을 높이 듭니다.
주님께 감사를 드립시다.
이는 주의 백성들이 마땅히 해야 할 바입니다.

[감사 기도(Preface)]
전능하신 하나님, 하늘과 땅의 창조주 하나님, 언제나 어디서나 주님께 감사드림이 마땅하고 옳으며 기쁜 일입니다.
주님께서는 만물을 만드시고 그것들을 선하다고 칭하셨습니다. 주님께서는 주의 형상대로 흙으로 저희를 지으시고 생명의 숨을 불어 넣으셨습니다. 저희가 주님께로부터 멀리 떨어져 사랑을 잃어버렸어도, 주님의 사랑은 변함없이 굳건히 남아있습니다. 큰 물이 나서 사십 주야 동안 비가 쏟아져도 주님께서는 방주를 띄우셔서 노아와 그 가족들을 구원하시고 영원한 언약을 세우셨습니다. 주님께서는 종살이에서 주의 백성들을 해방시켜 언약 백성이 되게 하셨으며 모세를 거룩한 산으로 인도하사 사십 일 밤낮을 있게 하시고 주님의 가르침을 주셨습니다. 주님께서는 사십 년 동안 광야를 지나게 하시고 만나로 먹이시며 약속된 땅으로 인도하셨습니다. 주의 백성들이 언약을 저버렸을 때, 주님께서는 엘리야를 주님의 산으로 인도하사 그곳에서 사십 일 밤낮을 금식하게 하시고 주님의 세미한 음성을 듣게 하셨습니다. 그러기에 땅 위에 있는 주님의 백성들과 하늘에 있는 모든 천사들과 함께, 그들의 영원한 찬송에 합하여 주님의 이름을 찬양합니다. 영광과 찬양을 영원히 받으시기를 바라며 우리 주 예수 그리스도의 이름으로 기도합니다. **아멘.**

[상투스(Sanctus)] (다같이)

거룩하시다, 거룩하시다, 거룩하시다. 만군의 주님, 하늘과 땅에 그의 영광이 가득하시다. 지극히 높은 곳에서 호산나. 찬양받으소서, 주의 이름으로 오시는 분이시여. 지극히 높은 곳에서 하나님을 찬양하도다.

[상투스 후 기도]

거룩하신 하나님, 독생 성자 예수 그리스도를 찬양합니다.
죄에서 저희를 구원하시기 위해 예수 그리스도를 보내셨으며, 성령께서 그를 광야로 인도하사 그곳에서 사십 일 밤낮을 금식하며 성스러운 임무를 준비하게 하셨습니다.

저희의 죄를 위하여 그리스도께서 고난당하시고 십자가에 달려 돌아가셨을 때 그를 생명으로 다시 일으키시어 제자들에게 사십 일 동안 살아계신 모습으로 나타나고 하늘에 오르사 주님의 우편에 앉아있게 하셨습니다. 그리스도의 고난과 죽음과 부활의 세례로써 교회를 탄생시키셨으며, 저희를 죄와 죽음의 노예 상태에서 인도하시고 물과 성령으로 새 언약을 저희에게 주셨습니다.

이제 주님의 백성들이 독생 성자의 죽음과 부활을 기념하는 부활절 향연을 준비할 때에, 주님께서는 저희가 죄를 회개하고 저희의 마음이 깨끗해지도록 저희를 인도하시어, 사순절의 사십 일 동안 그리스도를 통해 저희에게 주신 언약을 새롭게 하기 위하여 저희가 은사를 받고 은총을 누릴 수 있게 하시옵소서.

[성찬 제정사]

전능하신 하나님, 저희를 구원하시려고 독생 성자 예수 그리스도를 십자가에서 고난당하게 하셨습니다. 자비하신 주님, 그리스도께서 온 세상의 죄를 위하여 완전한 속죄 제물이 되시고, 성례를 정하시어 저희에게 명하사, 주님께서 강림하실 때까지 주님의 귀하신 죽음을 기념하라 하셨습니다.

(집례자는 빵을 들어 올리며)

예수께서 잡히시던 밤에 떡을 가지사 축사하시고 떼어 가라사대 이것은 너희를 위하는 내 몸이니 이것을 행하여 나를 기념하라 하셨습니다.

(빵을 내려놓는다. 그리고 잔을 들어 올리며)

식후에 또한 이와 같이 잔을 가지시고 가라사대 이 잔은 내 피로 세운 새 언약이니 이것을 행하여 마실 때마다 나를 기념하라 하셨습니다. (잔을 내려 놓는다.)

[기념사]

거룩하신 하나님, 예수 그리스도를 통해 행하신 전능하신 일들을 기억하면서, 그리스도와 연합하여 저희 자신을 거룩하고 산 제물로 찬양과 감사 중에 드립니다. 저희가 모두 성찬에 참여하여 그리스도께서 저희를 위해 죽으셨고 부활하셨으며, 저희를 감사와 믿음으로 성장하도록 양육하고 계심을 기억하게 하시옵소서.
그리스도께서 죽으셨으며, 그리스도께서는 부활하셨으며, 그리스도께서는 다시 오실 것입니다.

[성령 임재의 기도]

전능하신 하나님, 성령께서 이 자리에 모인 저희들 위에 임하시고, 주님의 거룩한 식탁 위에 놓인 떡과 포도주 위에 임하시기를 기도합니다. 이 성찬에 함께 하셔서, 하늘의 떡과 구원의 잔을 먹고 마시는 저희가 그리스도의 새로운 몸을 입어 세상을 변화시키는 힘이 되게 하시옵소서. 예수 그리스도께서 최후 승리를 거두며 다시 오실 때까지, 저희가 모두 하나님 나라의 잔치에 참여할 때까지, 성령께서 저희에게 임하셔서, 그리스도와 하나가 되게 하시며, 저희들이 서로 하나되게 하시고, 온 교회가 하나되게 하시옵소서. 전능하신 하나님 아버지께 모든 존귀와 영광이 영원토록 있기를 간구하며 우리 주 예수 그리스도의 이름으로 기도합니다. **아멘.**

[영광 찬양(Doxology)]

(찬송가 3장, "이 천지간 만물들아"를 부른다.)

주님이 가르치신 기도
분급
성찬 후 기도
찬송
축도

4) 고난/종려주일(Passion/Palm Sunday)

고난 주간이 시작되는 주일로서 사순절에 사용한 장식의 색과 시각적인 요소들을 계속 유지할 수 있으며 변화를 줄 수도 있다. 관례적으로 보라색을 사용하나 교회에 따라서는 고난주일에 그리스도의 피를 상징하는 진한 붉은 색을 사용하기도 한다.

이 날에 드리는 예배는 본질적으로 극적인데, 하나님의 말씀을 선포하는 것과 이 날을 상기시키는 사건으로 들어가게 하는 것에 대한 여러 가능성을 제공한다. 우리 주님의 수난 사건을 읽고 선포하는 것이 예배의 핵심을 이루고, 더 많은 성서낭독을 통해 더욱 큰 체험을 하게 된다. 예배의 구조는 단순하며 종려가지를 들고 입장, 수난에 대한 하나님 말씀의 선포, 응답과 봉헌, 그리고 성찬식이라는 네 개의 주요 부분에 초점을 맞춘다. 과거에 많은 개신교회들이 이 날에 성찬식을 거행하지 않았지만, 선포되는 하나님 말씀의 전체 흐름에 대한 자연스러운 결과라는 점에서 성찬식을 행하는 것이 바람직하다. 이 날의 예배가 다른 주일의 예배보다 길어지는 점을 미리 유의해야 한다.

고난/종려주일은 크게 대비를 이루는 날이다. 우선은 주님의 이름으로 오신 예수 그리스도에 대한 충성을 기쁘게 나타낸다. 그러나 호산나 찬양은 다가오는 그리스도의 수난과 십자가에 달리심으로 그림자를 드리우게 된다. 사실 그리스도의 죽음과 부활의 신비로 절정에 이르게 되는 사순절 여정 속에서 이 대비를 회중이 인식할 수 있도록 해야만 한다. 승리의 입성과 주님의 수난에 우리 자신들이 참여하는 모호함을 새롭게 마주치게 된다. 교회력과 성서일과가 종려주일과 고난주일을 하나로 묶어놓고 많은 분량의 성서 말씀을 읽는 것에 이의를 제기하기도 하나, 그렇게 구성된 데에는 이유가 있다. 그리스도의 수난 사건의 이야기는 매우 극적이고 전체가 하나로 통일되어 있으며 절대적으로 각 복음서의 중심을 이루고 있다. 그 수난 사건을 작게 나누어진 부분으로 듣기보다는 전체를 들어야할 필요가 있다. 즉 승리의 입성에서부터 수난과 죽음 그리고 부활에 이르기까지 전체 사건이 하나의 통일성을 유지하는 것이므로 그 앞부분을 따로 떼어내는 것이 타당하지 않기 때문이다. 수난 사건을 기록한 각 복음서들의 형식도, 구전 전승으로 다양한 자료들로 형성된 복음서의 다른 부분들과는 달리, 수난 사건 이야기를 시작부터 하나의 연속적인 이야기로 기록하고 있다.

예배의 시작에는 여러 방법이 있다. 종려나무 가지나 상록수 가지를 회중이 들고 입장하는 것이 이 예배의 특징인데, 한국교회에는 익숙하지 않은 형태다. 그러나 각 교회의 실정에 맞게 실시해 보는 것도 좋다. 우선 예배드리는 곳의 밖에서 모여 예배실로 들어오는 방법이다. 날씨와 여건이 허락한다면 마당이나 다른 방, 홀 등 밖에서 회중이 모인다. 정해진 시각에 집례자가 환영의 인사를 하고 예배에 대한 간략한 설명을 한 뒤 종려나무 가지나 상록수 가지를 회중에게 나누어준다. 준비가 되면 입장 찬송(132장, "호산나 호산나" 또는 130장, "왕 되신 우리 주께" 등이 적당하며, 회중이 찬송가를 보지 않고 익숙하게 부를 수 있도록 하는 것이 바람직하다.)을 부르며 나뭇가지를 흔들며 예배실로 입장을 한다. 예배실 밖에 모여 입장하는 것이 불가능하다면 예배실 안에서 종려나무 가지를 들고 입장 의식을 행할 수 있다. 입장 의식이 시작될 때 예배실 의자에 앉아있던 모든 사람이 일어나 양쪽 바깥 통로에 나가 서 있다가 집례자와 예배순서 맡은자들, 그리고 성가대가 중앙 통로로 행진해 나갈 때 회중도 뒤로 돌아 그 뒤를 따라 중앙 통로로 자신의 자리로 돌아간다. 아니면 양쪽 편에서 자신의 자리로 곧바로 갈 수 있다. 회중이 이러한 움직임도 하기 힘든 경우에는 종려나무 가지를 들고 그 자리에서 일어나 나뭇가지를 흔들며 서서 입장 찬송을 부르는 것으로 대체할 수도 있다.

하나님의 말씀을 읽는 부분에서는 회중이 이 예배의 특성을 이해할 수 있도록 특별한 주의를 기울여야 하며, 특히 읽어야 할 말씀의 분량이 많으므로 여러 가지 방법을 사용하여 말씀의 극적인 면을 살려나가는 것이 바람직하다. 긴 성서 본문을 지루하거나 단조롭지 않게 회중에게 전달하기 위해서는 사건의 이야기 자체를 말씀의 선포로 보는 것이 중요하다. 가능하면 정해진 본문을 다 읽는 것이 원칙이지만 경우에 따라서는 필요한 부분만 읽을 수도 있다. 전체 본문을 다 읽는 효과적인 방법은 등장인물에 따라 정해진 배역을 맡은 회중이 읽는 것이다. 해설자와 예수의 역할을 하는 사람 외에 최소한 세 명 이상이 필요하며 그들이 읽는 위치도 매우 중요하다. 해설자와 예수의 역을 맡은 사람은 설교대에 서고 그 외의 사람은 낭독대에 위치하면 된다. 봉독자들은 명확한 발음으로 잘 알아들을 수 있게 해야 하며 사전에 연습을 하고, 봉독자들의 움직임과 위치에 대해서는 조심스럽게 계획해야만 한다. 다른 방법으로는 성탄절 말씀과 성탄찬양의 잔치와 같이 본문의 말씀을 다섯이나 여섯 또는 일곱으로 나누어 읽고 그 사이 사이에 회중이 모두 함께 본문과 관계되는 찬송을 부르는 것이다.

†고난/종려주일 예배†

입장

(종려나무 가지나 상록수 나뭇가지를 들고 흔들면서 찬송을 부르며 입장을 한다. 집례자, 예배순서 맡은 자들, 성가대의 뒤를 이어 회중이 예배실에 들어서서 입장한다.)

예루살렘 입성의 선포

우리의 주님이신 예수 그리스도께서 어떻게 예루살렘에 입성하셨는지 복음서가 전해주는 말씀을 들으십시오.
(다음의 말씀 가운데 해당되는 것을 읽는다.)
마태복음 21:1-11   (A 해: 2002, 2005, 2008, 2011)
마가복음 11:1-11   (B 해: 2003, 2006, 2009, 2012)
누가복음 19:28-40 (C 해: 2004, 2007, 2010, 2013)

예배로 부름

호산나 다윗의 자손이시여,
가장 높은 곳에서 호산나.
주의 이름으로 오시는 분을 찬송하리로다.
가장 높은 곳에서 호산나.

기도

저희의 소망이신 하나님, 오늘 저희가 저희의 메시야이시며 왕이신 예수 그리스도를 기뻐 외치며 환호하였습니다. 저희가 날마다 그리스도를 경배하도록 도우셔서 성부 성자 성령의 삼위일체 하나님께서 다스리시는 새 예루살렘에서 그리스도께서 왕이심을 기뻐할 수 있게 하시옵소서. 우리 주 예수 그리스도의 이름으로 기도합니다. 아멘.

(또는)
전능하신 하나님, 이 날에 독생 성자 예수 그리스도께서 예루살렘의 거룩한 성에 들어가시고 그 길 위에 옷과 종려나무 가지를 펼쳐놓은 사람들에 의해 왕으로 선포되셨습니다. 이 나뭇가지들이 저희에게 승리의 징표가 되게 하시고 그리스도의 이름으로 이 가지들을 간직한 저희들이 영원토록 주님을 우리의 구주로 찬양할 수 있게 하시며 그리스도를 따라 영원한 생명으로 인도하는 그 길을 갈 수 있게 하시옵소서. 우리 주 예수 그리스도의 이름으로 기도합니다. 아멘.

찬송
말씀 선포를 위한 기도
저희를 구원하신 하나님, 독생 성자를 보내시사 저희를 위해 십자가에 돌아가시게 하셨습니다. 성령께서 하나님의 말씀으로 저희의 삶을 밝게 비추시어 오늘 하나님의 말씀을 읽고 선포할 때 저희가 주님과 화해를 이루며 주님의 뜻을 온전히 받아들일 수 있게 하시옵소서. 우리 주 예수 그리스도의 이름으로 기도합니다. 아멘.

첫 번째 성서봉독
   이사야 50:4-9   (모든 해 공통)

시편교독
   시편 31:1-16   (모든 해 공통)

두 번째 성서봉독
    빌립보서 2:5-11 　　　　　　　　　　(모든 해 공통)

찬송

복음서 봉독
    마태복음 26:14-27:66　　　(A 해)
    마가복음 14:1-15:47　　　　(B 해)
    누가복음 22:14-23:56　　　(C 해)

설교

목회기도(또는 중보기도)

평화의 인사

봉헌
(성찬식을 거행하지 않을 경우에는 예물에 대한 감사기도, 주님이 가르치신 기도, 찬송, 그리고 축도의 순서로 진행하여 예배를 마친다.)

성찬기도

[수르숨 코르다(Sursum Corda)]
('마음을 높이 들다.' 라는 뜻의 라틴어로 성찬기도의 중요한 요소)
주님께서 여러분과 함께 하시기를 빕니다.
목사님과도 함께 하시기를 빕니다.
여러분의 마음을 높이 드십시오.
주님을 향해 우리의 마음을 높이 듭니다.
주님께 감사를 드립시다.

이는 주의 백성들이 마땅히 해야 할 바입니다.

[감사 기도(Preface)]

전능하신 하나님, 하늘과 땅의 창조주 하나님, 언제나 어디서나 주님께 감사드림이 마땅하고 옳으며 기쁜 일입니다.

무한한 사랑으로 저희를 만드시고, 저희가 죄에 빠져 악과 죽음에 굴복하게 되었을 때에도 주님의 사랑은 변치 않고 굳건히 남아 있었습니다. 주님께서는 주의 신실한 백성들에게 그 마음을 깨끗이 씻고 부활절 잔치를 위해 기쁨으로 준비하라고 명하셨습니다. 그렇게 하심으로써 하나님의 말씀과 성례로 새롭게 되고 기도와 사랑의 일에 열심인 저희가 주님께서 주님을 사랑하는 자들을 위해 베풀어 주시는 충만한 은혜에 이를 수 있게 하셨습니다.

그러기에 땅 위에 있는 주님의 백성들과 하늘에 있는 모든 천사들의 영원한 찬송에 합하여 주님의 이름을 찬양합니다. 영광과 찬양을 영원히 받으시기를 바라며 우리 주 예수 그리스도의 이름으로 기도합니다. **아멘.**

[상투스(Sanctus)] (다같이)

거룩하시다, 거룩하시다, 거룩하시다. 만군의 주님, 하늘과 땅에 그의 영광이 가득하시다. 지극히 높은 곳에서 호산나. 찬양받으소서, 주의 이름으로 오시는 분이시여. 지극히 높은 곳에서 하나님을 찬양하도다.

[상투스 후 기도]

거룩하신 하나님, 독생 성자 예수 그리스도를 찬양합니다.

때가 이르러 이 세상을 구원하시기 위해 독생자를 보내셨습니다. 그리스도께서는 자신을 비워 종의 형체를 띠고 저희와 같은 모습으로 태어나셨습니다. 그리스도께서는 십자가에 달려 죽기까지 복종하시며 자신을 낮추셨습니다. 저희의 죄와 죽음을 대신해 자신을 바쳐서 이 세상의 모든 죄를 위한 완전한 희생 제물이 되셨습니다. 그리스도의 고난과 죽음과 부활의 세례로써 교회를 탄생시키셨으며, 저희를 죄와 죽음의 노예 상태에서 인도하시고 물과 성령으로 새 언약을 저희에게 주셨습니다.

[성찬 제정사]

전능하신 하나님, 저희를 구원하시려고 독생 성자 예수 그리스도를 십자가에서 고난당하게 하셨습니다. 자비하신 주님, 그리스도께서 온 세상의 죄를 위하여 완전한 속죄 제물이 되시고, 성례를 정하시어 저희에게 명하사, 주님께서 강림하실 때까지 주님의 귀하신 죽음을 기념하라 하셨습니다.

(집례자는 빵을 들어 올리며)

예수께서 잡히시던 밤에 떡을 가지사 축사하시고 떼어 가라사대 이것은 너희를 위하는 내 몸이니 이것을 행하여 나를 기념하라 하셨습니다.

(빵을 내려놓는다. 그리고 잔을 들어 올리며)

식후에 또한 이와 같이 잔을 가지시고 가라사대 이 잔은 내 피로 세운 새 언약이니 이것을 행하여 마실 때마다 나를 기념하라 하셨습니다. (잔을 내려놓는다.)

[기념사]

거룩하신 하나님, 예수 그리스도를 통해 행하신 전능하신 일들을 기억하면서, 그리스도와 연합하여 저희 자신을 거룩하고 산 제물로 찬양과 감사 중에 드립니다. 저희가 모두 성찬에 참여하여 그리스도께서 저희를 위해 죽으셨고 부활하셨으며, 저희를 감사와 믿음으로 성장하도록 양육하고 계심을 기억하게 하시옵소서.
그리스도께서 죽으셨으며, 그리스도께서는 부활하셨으며, 그리스도께서는 다시 오실 것입니다.

[성령 임재의 기도]
전능하신 하나님, 성령께서 이 자리에 모인 저희들 위에 임하시고, 주님의 거룩한 식탁 위에 놓인 떡과 포도주 위에 임하시기를 기도합니다. 이 성찬에 함께 하셔서, 하늘의 떡과 구원의 잔을 먹고 마시는 저희가 그리스도의 새로운 몸을 입어 세상을 변화시키는 힘이 되게 하시옵소서. 예수 그리스도께서 최후 승리를 거두며 다시 오실 때까지, 저희가 모두 하나님 나라의 잔치에 참여할 때까지, 성령께서 저희에게 임하셔서 저희가 그리스도와 하나가 되게 하시며, 저희들이 서로 하나되게 하시고, 온 교회가 하나되게 하시옵소서. 전능하신 하나님 아버지께 모든 존귀와 영광이 영원토록 있기를 간구하며 우리 주 예수 그리스도의 이름으로 기도합니다. **아멘.**

[영광 찬양(Doxology)]
(찬송가 3장, "이 천지간 만물들아"를 부른다.)

주님이 가르치신 기도
분급
성찬 후 기도
주님, 성령 안에서 독생 성자와 함께 나눈 이 거룩한 성찬으로 저희의 갈급한 마음을 채워주시니 감사를 드립니다. 그리스도의 죽음이 저희에게 생명과 소망을 가져다주듯이 그리스도의 부활이 저희를 구원으로 인도하게 하시옵소서. 우리 주 예수 그리스도의 이름으로 기도합니다. 아멘.

찬송

축도

우리를 위해 부수어진 하늘의 떡 예수 그리스도께서 여러분을 지키시고 복을 주시기를 기원합니다.

아멘.

이 세상의 죄를 짊어지신 하나님의 어린양께서 여러분을 치유하시고 회복하시기를 기원합니다.

아멘.

하나님께서 여러분의 모든 시간과 생활이 평화 가운데 있게 하시기를 기원합니다.

아멘.

모든 일에서 사랑으로 하나님을 섬기고 이웃을 섬기기 위해 나아가십시오.

아멘. 하나님께 감사를 드립니다.

5) 고난주간(Holy Week)의 월요일, 화요일, 수요일

고난/종려주일에 온 회중이 모여 우리 주님의 고난과 죽음이 극적으로 시작하는 것을 상기하고 기억하게 된다. 전통적으로 고난주간으로 알려진 기간의 시작이 되는 것이다. 고난주간 중 월요일에서 목요일 오후까지는 비중이 덜한 날들(minor days in Holy Week)이지만, 이 날들은 마지막 사건의 모습을 그린 성서의 본문에 중심을 두고 기도와 명상 가운데 그 의미를 깊게 새긴다. 전체 회중이 매일의 예배에 참여하는 것을 기대할 수는 없지만, 교회에서나 가정에서 예배를 드려야 한다. 서구에서는 정오에 잘 준비된 예배를 드리는 전통을 가진 교회들이 많다. 이른 저녁에 모여 예배를 드리는 것이 적절하다. 예배 자료는 교회에 모여 공동으로 드리는 형태로 구상되었으나 각 가정에서 형편에 어울리는 형태로 만들어 사용할 수 있다. 시편낭독과 기도, 그리고 다양한 응답찬송이 성서봉독과 어울려 하나가 되고 고난주간 주제를 확대시키는 것이다. 예배의 진행을 위해서 성서봉독자, 기도인도자, 촛불점화자, 지휘자와 성가대, 그리고 집례자들이 필요하다. 가능하면 평신도의 참여를 늘리는 것이 좋으며 참여자들이 적절한 준비를 하게 하는 것이 중요하다. 고난/종려주일에 해당되는 복음서의 긴 분량을 다 읽지 못한 경우에는 이 기간에 지정된 요한복음을 읽기에 첨가하여 읽을 수도 있다. 말씀을 읽는 것과 함께 비언어적인 상징들을 사용하는 것도 매우 효과적이다. 고난의 상징들은 생생하며 다양한데, 비싼 향유가 든 옥합, 은전 삼십 냥, 십자가와 못, 창과 채찍, 가시면류관, 희생을 위한 어린양 등은 시각적으로 활용할 수 있는 좋은 상징들이다.

  이 기간에 특별히 언급해야할 것이 금식과 자선(fasting and almsgiving)이다. 개신교회에서는 약화되어 있는 이런 실천이 이 기간에 특별히 적합하다. 각 가정에서는 부분적인 금식을 해서라도 그 식사에 들어가는 비용을 절약해 굶주리거나 필요한 사람들을 위해 사용하는 것이 좋다. 성 금요일은 기독교에서 전통적으로 금식하는 날이었다. 기독교 초기의 첫 3세기 동안에는 이틀 간의 금식을 하고 부활절을 맞이하였으며 경우에 따라서는 그 기간이 연장되어 6일 동안 금식하기도 하였다. 우리는 기도와 금식, 자선이 연관되어 있다는 것을 재발견할 필요가 있으며 그것은 고난주간의 특별한 의미가 될 수 있다.

† 월요일 예배 †

예배로 부름

누구든지 나를 따라오려거든 자기를 부인하고 자기 십자가를 지고 나를 따를 것이니라.
누구든지 자기 목숨을 구원하고자 하면 잃을 것이요. 누구든지 나와 복음을 위하여 자기 목숨을 잃으면 구원하리라.

(마가복음 8:34-35)

(또는)
하나님 아버지와 우리 주 예수그리스도께서 주시는 은혜와 평강이 있기를 빕니다.
아멘.
오라, 우리가 십자가에 달려 죽기까지 복종하신 우리 주님을 경배하자.
저희가 신령과 진정으로 주님 앞에 나옵니다.

찬송

기도

전능하시고 자비로우신 하나님, 독생 성자의 고난과 죽음을 통해 저희를 죄와 죽음의 굴레에서 자유하게 하시고 저희의 모든 연약함 가운데에서 저희를 보호하셨습니다. 그 은혜에 감사하며 찬양을 드립니다. 이 고난주간에 하나님의 크신 뜻을 깨닫고 그 뜻을 행하게 하여 주시옵소서. 우리 주 예수 그리스도의 이름으로 기도합니다. 아멘.

첫 번째 성서봉독
　　　이사야 42:1-9　　　　　　　　　(모든 해 공통)

시편교독
　　　시편 36:5-10　　　　　　　　　(모든 해 공통)

두 번째 성서봉독
　　　히브리서 9:11-15　　　　　　　(모든 해 공통)

응답찬양
　지금은 매우 훌륭한 때입니다.
　지금은 구원의 때입니다.
　주님의 능력 가운데서 인내로써 우리 자신을 증거합시다.
　지금은 매우 훌륭한 때이며, 지금은 구원의 때입니다.
　구원을 베풀어주시는 사랑의 능력 안에서 진리의 말씀을 지키며 하나님의 종으로 살아갑시다.
　지금은 소망의 때이고, 지금은 매우 훌륭한 때이며, 지금은 구원의 때입니다.

복음서 봉독
　　　요한복음 12:1-11　　　　　　　(모든 해 공통)

설교
　(설교를 하거나, 전체 회중이 침묵을 지키며 명상을 할 수 있다.)

중보기도

(회중이 함께 주어진 기도제목에 따라 통성기도나 연도를 하거나 침묵기도를 할 수 있으며 집례자가 기도를 모아 마무리하는 기도를 드린다.)

주님이 가르치신 기도
찬송
축도
생명의 길을 걸어가기 위해 평화를 누리며 나아가십시오.
주님의 이름으로 저희가 나아갑니다.
양들의 큰 목자이신 우리 주 예수 그리스도를 죽음에서 일으키신 평화의 하나님께서 여러분을 모든 선한 것으로 채우셔서 여러분이 하나님의 뜻을 행하며 하나님 보시기에 기뻐하시는 일을 할 수 있게 되기를, 영원토록 영광을 받으실 예수 그리스도의 이름으로 축원합니다.
아멘. 하나님께 감사를 드립니다.

† 화요일 예배 †

예배로 부름
성령이 친히 우리의 영과 더불어 우리가 하나님의 자녀인 것을 증언하시나니, 자녀이면 또한 상속자 곧 하나님의 상속자요 그리스도와 함께 한 상속자니,
우리가 그와 함께 영광을 받기 위하여 고난도 함께 받아야 할 것이니라. (로마서 8:16-17)

(또는)
우리 주님 예수 그리스도께서 주시는 은혜와 평화가 여러분에게 모두 있기를 바랍니다.
또한 목사님에게도 함께 있기를 바랍니다.
오라, 우리가 십자가에 달려 죽기까지 복종하신 우리 주님을 경배하자.
저희가 신령과 진정으로 주님 앞에 나옵니다.

찬송

기도

전능하시고 자비로우신 하나님, 주님의 독생 성자의 고난을 통하여 부끄러운 죽음을 저희를 위한 생명으로 바꾸셨습니다. 그리스도께서 십자가 가운데 영광을 드러내셔서 저희가 주 예수 그리스도를 위해 치욕과 상실의 고통을 기꺼이 받아들일 수 있게 하시옵소서. 성령 안에서 우리 주 예수 그리스도의 이름으로 기도합니다. 아멘.

(또는)
거룩하시고 사랑이 많으신 하나님, 주님의 독생 성자께서는 고통을 겪으시고 기쁨의 길에 들어섰으며 십자가에 달리시고 영광의 길로 들어서셨습니다. 저희가 십자가의 길을 걸으면서 생명과 평화의 길을 발견할 수 있도록 넘치는 자비를 허락하시옵소서. 우리 주 예수 그리스도의 이름으로 기도합니다. 아멘.

첫 번째 성서봉독
      이사야 49:1-7   (모든 해 공통)

시편교독

시편 71:1-14　　　　　　　　　　(모든 해 공통)

두 번째 성서봉독
고린도전서 1:18-31　　　　　　(모든 해 공통)

응답찬양
예수 그리스도의 십자가에 영광을 돌립시다. 그리스도를 통하여 우리가 구원과 생명과 부활을 받았습니다.
그리스도의 십자가는 소망의 나무입니다.
그리스도께서는 우리를 위해 십자가에 죽기까지 복종하셨습니다. 이로 인해 하나님께서 모든 이름 위에 뛰어나게 하셨습니다.
그리스도의 십자가는 소망의 나무요 하나님의 지혜입니다.
그리스도께서 땅에서 들어 올려질 때 모든 사람의 마음을 끌어들였습니다.
그리스도의 십자가는 소망의 나무요 하나님의 지혜입니다. 그리스도시여, 주님의 십자가로 세상이 구원을 받았으니 저희가 주님을 경배하고 찬양합니다.

복음서 봉독
요한복음 12:20-36　　　　　　(모든 해 공통)

설교 (또는 명상)

중보기도
주님이 가르치신 기도

찬송
축도
십자가의 길을 걸어가기 위해 앞으로 나아가십시오. 하나님께서 크신 자비로 여러분을 지키시고 복을 주실 것입니다.

주님의 이름으로 저희가 나아갑니다.

우리 안에 역사하시는 능력으로써 우리가 바라고 생각했던 것보다 엄청나게 많은 것을 하실 수 있으신 주님께 교회 안에서 그리고 예수 그리스도 안에서 영원토록 영광을 돌립니다.

아멘. 하나님께 감사를 드립니다.

† 수요일 예배 †

예배로 부름
모든 무거운 것과 얽매이기 쉬운 죄를 벗어 버리고 인내로써 우리 앞에 당한 경주를 하며 믿음의 주요 또 온전하게 하시는 이인 예수를 바라보자.

그는 그 앞에 있는 기쁨을 위하여 십자가를 참으사 부끄러움을 개의치 아니하시더니 하나님 보좌 우편에 앉으셨느니라. (히브리서 12:1-2)

(또는)

하나님 아버지와 우리 주 예수그리스도께서 주시는 은혜와 평강이 있기를 빕니다.

아멘.

오라, 우리가 십자가에 달려 죽기까지 복종하신 우리 주님을 경배하자.

저희가 신령과 진정으로 주님 앞에 나옵니다.

찬송

기도
지극히 자비로우신 하나님, 독생 성자께서 배반당하시고 채찍을 맞으셨으며 그 얼굴에 침뱉음을 당하셨습니다. 저희에게 은혜를 주시어 현재의 고통을 기쁘게 받아들일 수 있게 하시고 나타날 영광을 확신하게 하시옵소서. 성부와 성령과 함께 영원히 살아계시고 다스리시는 우리 주 예수 그리스도의 이름으로 기도합니다. 아멘.

첫 번째 성서봉독
      이사야 50:4-9   (모든 해 공통)

시편교독
      시편 70:1-5   (모든 해 공통)

두 번째 성서봉독
      히브리서 12:1-3   (모든 해 공통)

찬송

복음서 봉독
      요한복음 13:21-30   (모든 해 공통)

설교 (또는 명상)

중보기도

주님이 가르치신 기도
찬송
축도
그리스도께서 당하신 고난의 길을 걸어가기 위해 평화를 누리며 앞으로 나아가십시오.
주님의 이름으로 저희가 나아갑니다.
평화의 하나님께서 모든 선한 것을 허락하시어 우리가 하나님의 뜻을 따를 수 있게 하시고 성령께서 우리 안에 역사하시어 하나님께서 기뻐하시는 것을 행할 수 있도록 하시기를 우리 주 예수 그리스도의 이름으로 축원합니다.
아멘. 하나님께 감사를 드립니다.

6) 세족 목요일 저녁(Holy Thursday Evening)

이날 저녁에는 예수께서 유월절에 그의 제자들과 마지막 만찬을 나눈 것을 기억하고 기념한다. 십자가에 못박히시기 전에 예수께서는 제자들의 발을 씻어주셨고(요한복음 13:1-17), 성찬식의 성례를 제정하셨다(마태복음 26:26-29, 마가복음 14:22-25, 누가복음 22:13-20, 고린도전서 11:23-25). 역사적으로 세족 목요일에 행하는 의식에는 특이한 요소들이 포함되어 있으며, 그 요소들은 매우 복합적이고 시대에 따라 어느 한 부분이 발전되기도 하였다. 그러나 그리스도께서 우리를 위해 행하신 구속의 의미를 나타내는 것으로 성서와 초대 교회의 예배에 기인한 예배의 요소는 여섯 가지로 요약할 수 있다. 그것은 ①죄의 고백과 용서 ②하나님 말씀의 선포 ③발씻음 ④성찬식 ⑤교회의 장식을 벗김 ⑥테너브레이 등이다. 이 날은 영어로 Maundy Thursday라고 불리워지기도 하는데, 그 용어는 요한복음 13:34의 '새 계명(mandatum novum)'의 계명에 해당하는 라틴어 '만다툼(mandatum)'에서 비롯되었다. 또한 요한복음 13장 앞부분에서 행해진 발씻음(footwashing)과 연관되어 있다.

예배는 개체 교회의 형편에 따라 간단하게 생략하여 드릴 수 있다. 예배의 준비를 위해 세심한 주의가 필요하며 여섯 가지 요소를 모두 예배 순서에 포함할 경우에는 시간이 길어지는 것을 유념해야 한다. 여섯 가지 요소 중 고백과 용서, 말씀의 선포, 성찬식은 필수이며 그 외의 것은 선택이다. 예배 순서의 내용과 행동들은 우리가 기념하고 다시 체험하는 성서의 사건에서 비롯된 신학과 경험적인 현실에 초점을 맞추는 것으로 구상되어 있다. 예배의 첫 부분은 사실상 회개를 하는 것이고, 죄의 고백은 사죄와 화해로 확대되어 예배 가운데 나타나게 된다. 화해(reconciliation)는 하나님과 하는 것이고, 떠났던 교회 공동체로 돌아오는 것이다. 초대 교회에서는 심각한 죄를 짓고 출교를 당했거나 일정 기간 예배에 출석하지 못하던 사람들이 화해를 통해 교회에 다시 나올 수 있었다. 그래서 초대교회에서는 보통 세족 목요일 저녁에 교회 공동체에 다시 들어오려고 하는 사람이 공적인 회개를 하고 감독은 그것을 받아들였다. 그 형식은 개인적인 간증이 있은 후 안수를 하며 화해를 선포하는 것이었다. 오늘날 화해와 같은 성격의 순서를 가지려고 한다면 말씀의 선포 이후에 오는 말씀에 대한 응답에 첨가할 수 있으며, 목회자는 "예수 그리스도의 이름으로 당신은 죄사함을 얻었으며 그리스도의 몸인 교회와 화해를 했습니다. 당신이 당신의 믿음을 증거하고 새로운 각오를 보여주었으므로, 그리스도의 자비로 우리가 당신을 믿음의 공동체의 회원으로 받아들입니다. 이 밤에 하나님께서 당신에게 복을 내리시고 평화를 주시기를 바랍니다. 아멘."이라고 말할 수 있다. 이 예배 전에 교회에 출석을 하지 않던 사람들이나 잃어버렸던 교인을 찾아내어 그들을 당황하게 하거나 상처를 주지 않고 큰 사랑과 관심을 나타내며 새롭게 결단할 수 있는 시간을 마련하는 것도 이 시기에 어울리는 좋은 방법이다.

말씀에 대한 응답으로서 가장 힘있는 상징은 세족식(rite of footwashing)이다. 자신을 낮추시고 섬기는 종의 본을 보여주신 예수 그리스도를 본받아 행하는 것이며 서로 사랑하라고 하신 명령을 따르는 것이다. 목요일 저녁 예배에 세족식을 하지 않을 수도 있지만 시행할 경우에는 사전에 조심스럽게 준비해야 하며 회중들에게 미리 알리는 것이 중요하다. 회중석 앞부분에 의자들과 대야, 물, 수건 등을 준비하고 회중이 양말을 벗고 앞으로 나와 참여하는 것이 좋다. 물론 자발적으로 참여하는 것을 원칙으로 하며 참여하지 않고 지켜보는 것도 기꺼이 받아들여야 한다. 회중의 숫자가 많을 경우에는 회중의 대표들이 목회자를 도와 의식을 진행하는 것이 좋다. 발을 씻는 의식이 명확하게 잘 보이게 하는 것이 중요하지만 지나치게 과장해서는 안 된다. 발을 씻는 동안 성가대가 찬양을 하거나 회중이 찬송을 부를 수 있으며, 모두 침묵하는 중에 의식을 진행할 수 있다.

성찬식 이후에 성찬대와 성단소의 모든 장식을 벗기고 촛대를 치워버리는 것은 그리스도가 겟세마네 동산에서 느낀 외로움과 포기함을 가장 생생하고 극적으로 잘 보여준다. 이렇게 하는 것이 기록에 나타난 것은 7세기부터이며, 그 실용적인 목적은 부활절을 준비하며 교회를 깨끗이 청소하는 것이었다. 그러나 이렇게 교회를 황량하게 하고 꾸밈없이 살풍경하게 하는 것은 고난주간의 의미를 불러일으키는 의식에 매우 적절하다. 이 의식은 철저한 침묵을 지키는 가운데 행하는 것이 가장 좋으며 성찬대의 덮개를 비롯하여 설교대와 낭독대를 덮었던 보, 촛대, 그리고 배너와 다른 가구들을 성단소에서 치웠다가 부활절 전야에 다시 설치해 놓는다. 성찬식을 거행할 수 없을 경우에는 애찬식(Agape)을 행하는 것도 한 방법이다.

†세족 목요일 예배†

예배로 부름

자비로우신 하나님께서 사랑의 잔치를 준비하셨으니 주님께로 돌아오십시오.

언제나 주님을 찬양합니다. 주님께 드리는 찬양이 우리의 입술에 계속 있습니다.

주님의 선하심을 맛보아 아십시오. 하나님을 피난처로 삼은 백성은 복됩니다.

하나님의 거룩하신 이름을 우리 모두 높이 들어 올립니다.

찬송

죄의 고백과 사죄의 기도

성도 여러분, 그리스도께서는 비천한 종이 되셔서 그 사랑을 우리에게 보여주셨습니다. 이제 하나님께로 더 가까이 나아와 성령의 도우심을 받아 진실하게 우리의 죄를 고백합시다.

(잠시 침묵의 기도를 드린 후 다같이 함께 기도한다.)

지극히 자비로우신 하나님, 그리스도의 몸된 교회에 속한 저희는 종종 그리스도와 같은 마음을 품지 못했음을 고백합니다. 그리스도께서 사랑하신 것과 같이 서로 사랑하지를 못했고, 입술로는 주님께 충성을 다짐했지만 주님을 배반하며 부인하거나 떠나갔습니다. 저희 모든 죄를 용서하여 주시기를 간절히 바랍니다. 모든 시험 가운데에서 믿음을 신실하게 지켜나갈 수 있도록 성령께서 도와주시옵소서. 우리 주 예수 그리스도의 이름으로 기도합니다. 아멘.

누가 우리의 죄를 정죄할 수 있습니까. 오직 그리스도만이 하실 수 있습니다. 그러나 그리스도께서는 우리를 위해 고난을 당하시고 죽으신 후, 부활하시고 하늘에 오르셔서 계속하여 우리를 위해 중보자로 역사하고 계십니다. 예수 그리스도의 이름으로 여러분이 죄사함을 받았습니다. 이 복된 소식을 믿으십시오.
예수 그리스도의 이름으로 우리가 죄사함을 받았습니다. 하나님께 영광과 감사를 드립니다. 아멘.

(또는)
성도 여러분, 그리스도께서는 비천한 종이 되셔서 그의 사랑을 우리에게 보여주셨습니다. 이제 하나님께로 더 가까이 나아와 성령의 도우심을 받아 진실하게 우리의 죄를 고백합시다.
(잠시 침묵의 기도를 드린다.)
자비로우신 하나님, 저희가 주님을 마음과 뜻과 힘과 정성을 다하여 사랑하지 못했습니다. 저희에게 자비를 베풀어 주시옵소서.
주님, 저희에게 자비를 베풀어 주시옵소서.
저희가 주님께서 가르치신 것과는 달리 우리의 이웃을 사랑하지 않았습니다. 그리스도시여, 저희에게 자비를 베풀어 주시옵소서.
그리스도시여, 저희에게 자비를 베풀어 주시옵소서.
주님이 주시는 말씀과 생명의 은혜를 저희가 완전히 받아들이지 않았습니다. 주님, 저희에게 자비를 베풀어 주시옵소서.
주님, 저희에게 자비를 베풀어 주시옵소서.
주님께서 우리 모두에게 자비를 내리시고, 그의 굳건한 사랑으로 우리를 용서하시고 치유하시며, 우리 주 예수 그리스도의 고난과 죽음과 부활을 우리가 모두 몸에 지니고 살아가도록 하시옵소서.
아멘. 하나님께 감사를 드립니다.

교회력에 따라 예배하기

찬송
말씀선포를 위한 기도
첫 번째 성서봉독
    출애굽기 12:1-14　　　　　(모든 해 공통)

시편교독
    시편 116:12-19　　　　　(모든 해 공통)

두 번째 성서봉독
    고린도전서 11:23-26　　　　　(모든 해 공통)

찬양
복음서 봉독
    요한복음 13:1-15, 31-35　　(모든 해 공통)

설교
말씀에 대한 응답
세족식
목회기도(또는 중보기도)
평화의 인사
  우리 주님 예수께서는 제자들의 발을 씻기신 후에 "내가 너희에게 행한 것 같이 너희도 행하게 하려 하여 본을 보였노라."고 말씀하셨습니다.

"평안을 너희에게 끼치노니 곧 나의 평안을 너희에게 주노라. 내가 너희에게 주는 것은 세상이 주는 것과 같지 아니하니라."
"내가 너희를 사랑한 것 같이 너희도 서로 사랑하라."고 말씀하신 우리 주님 예수 그리스도의 평화가 여러분에게 넘치기를 빕니다.
목사님에게도 평화가 항상 있기를 빕니다.
주님의 사랑으로 화해를 이룬 우리들이 이제 평화와 화해의 징표로 서로 평화의 인사를 나누시기 바랍니다.

봉헌
성찬기도

[수르숨 코르다(Sursum Corda)]
('마음을 높이 들다.' 라는 뜻의 라틴어로 성찬기도의 중요한 요소)
주님께서 여러분과 함께 하시기를 빕니다.
목사님과도 함께 하시기를 빕니다.
여러분의 마음을 높이 드십시오.
주님을 향해 우리의 마음을 높이 듭니다.
주님께 감사를 드립시다.
이는 주의 백성들이 마땅히 해야 할 바입니다.

[감사 기도(Preface)]
전능하신 하나님, 하늘과 땅의 창조주 하나님, 언제나 어디서나 주님께 감사드림이 마땅하고 옳으며 기쁜 일입니다.
주님께서는 땅으로부터 떡을 주시고 포도의 열매를 만드셨습니다. 하나님의 형상으로 저희를 창조하시고, 종살이에서 구원하시며, 저희를 영원히 다스리시는 하나님이 되시겠다는 언약을 주셨습니다.

광야에서 만나로 먹이시며 약속하신 땅으로 인도하셨습니다.
그러기에 땅 위에 있는 주님의 백성들과 하늘에 있는 모든 천사들의 영원한 찬송에 합하여 주님의 이름을 찬양합니다. 영광과 찬양을 영원히 받으시기를 바라며 우리 주 예수 그리스도의 이름으로 기도합니다. **아멘.**

[상투스(Sanctus)] (다같이)
거룩하시다, 거룩하시다, 거룩하시다. 만군의 주님, 하늘과 땅에 그의 영광이 가득하시다. 지극히 높은 곳에서 호산나. 찬양받으소서, 주의 이름으로 오시는 분이시여. 지극히 높은 곳에서 하나님을 찬양하도다.

[상투스 후 기도]
거룩하신 하나님, 독생 성자 예수 그리스도를 찬양합니다.
저희가 주님의 길에서 벗어나고 주님이 주신 은사를 악용했지만 주님께서는 최고의 은혜를 주셨습니다. 저희의 기쁨이 충만하도록 자신을 비우셔서, 배고픈 자들을 먹이시고, 아픈 자들을 치유하시며, 비방을 받고 소외된 자들과 함께 잡수셨으며, 제자들의 발을 씻겨 주셨습니다. 그리고 저희에게 영원히 함께 하신다는 약속으로 거룩한 식탁을 허락하셨습니다. 그리스도의 고난과 죽음과 부활의 세례로써 교회를 탄생시키셨으며, 저희를 죄와 죽음의 노예 상태에서 인도하시고 물과 성령로 저희에게 새 언약을 주셨습니다.

[성찬 제정사]
전능하신 하나님, 저희를 구원하시려고 독생 성자 예수 그리스도를 십자가에서 고난당하게 하셨습니다. 자비하신 주님, 그리스도께서

온 세상의 죄를 위하여 완전한 속죄 제물이 되시고, 성례를 정하시어 저희에게 명하사, 주님께서 강림하실 때까지 주님의 귀하신 죽음을 기념하라 하셨습니다.
(집례자는 빵을 들어 올리며)
예수께서 잡히시던 밤에 떡을 가지사 축사하시고 떼어 가라사대 이것은 너희를 위하는 내 몸이니 이것을 행하여 나를 기념하라 하셨습니다.
(빵을 내려놓는다. 그리고 잔을 들어 올리며)
식후에 또한 이와 같이 잔을 가지시고 가라사대 이 잔은 내 피로 세운 새 언약이니 이것을 행하여 마실 때마다 나를 기념하라 하셨습니다. (잔을 내려놓는다.)

[기념사]

거룩하신 하나님, 예수 그리스도를 통해 행하신 전능하신 일들을 기억하면서, 그리스도와 연합하여 저희 자신을 거룩하고 산 제물로 찬양과 감사 가운데 드립니다. 저희가 모두 성찬에 참여하여 그리스도께서 저희를 위해 죽으셨고 부활하셨으며, 저희를 감사와 믿음으로 성장하도록 양육하고 계심을 기억하게 하시옵소서.
그리스도께서는 죽으셨으며, 그리스도께서는 부활하셨으며, 그리스도께서는 다시 오실 것입니다.

[성령 임재의 기도]

전능하신 하나님, 성령께서 이 자리에 모인 저희들 위에 임하시고, 주님의 거룩한 식탁 위에 놓인 떡과 포도주 위에 임하시기를 기도합니다. 이 성찬에 함께 하셔서, 하늘의 떡과 구원의 잔을 먹고 마시는 저희가 그리스도의 새로운 몸을 입어 세상을 변화시키는 힘이 되게 하시옵소서. 예수 그리스도께서 최후 승리를 거두며 다시 오실 때까지, 저희 모두가 하나님 나라의 잔치에 참여할 때까지, 성령께서 저희에게 임하셔서, 저희가 그리스도와 하나가 되게 하시며, 저희들이 서로 하나되게 하시고, 온 교회가 하나되게 하시옵소서. 전능하신 하나님 아버지께 모든 존귀와 영광이 영원토록 있기를 간구하며 우리 주 예수 그리스도의 이름으로 기도합니다. **아멘.**

[영광 찬양(Doxology)]
(찬송가 3장, "이 천지간 만물들아"를 부른다.)

주님이 가르치신 기도

분급

성찬 후 기도

거룩하신 하나님, 주님이 주시는 생명을 먹고 마셔서 저희가 양육될 수 있도록, 성령 안에서 함께 나눈 이 거룩한 성찬을 저희에게 주심을 감사를 드립니다. 저희의 삶에 은혜를 내리셔서 마지막 때에 하나님 나라의 천국 잔치에 저희가 모두 참여할 수 있게 하시옵소서. 우리 주 예수 그리스도의 이름으로 기도합니다. 아멘.

교회의 장식을 벗김

(침묵 가운데 지정된 사람이 나와서 성단소에 있는 모든 장식을 옮겨 치운다.)

찬송
(테너브레이)

축도

평화를 누리며 주님의 십자가와 부활의 길을 걸어가십시오.
저희가 주님의 이름으로 보냄을 받습니다.
우리 죄를 위해 죽으신 예수 그리스도께서 여러분에게 복을 주시고 여러분을 지키시기를 간구합니다.
아멘.
우리의 구원을 위해서 부활하신 예수 그리스도께서 여러분에게 빛을 비추어 주시기를 간구합니다.
아멘.
예수 그리스도께서 지금부터 영원까지 여러분의 생명과 평화가 되시기를 간구합니다.
아멘. 하나님께 감사를 드립니다.

7) 테너브레이(Tenebrae)

이 예배는 세족 목요일 성찬식과 더불어 같이 사용할 수 있다. 그러나 성 금요일의 철야기도회의 시작을 표하는데 사용하는 것이 가장 적합하다. '어둠'이란 의미의 테너브레이는 예배가 진행됨에 따라 촛불이 하나씩 꺼져 마지막에 어둠으로 끝나는 것으로, "해가 빛을 잃고 온 땅에 어두움이 임하여"(눅 23:44)라는 말씀이나 "빛이 어둠에 비치되 어둠이 깨닫지 못하더라."(요 1:5)는 말씀과 깊은 연관이 있다. 테너브레이 예배에 대한 기록은 12세기부터 나타났으며 고난주간 마지막 3일 동안 아침과 저녁 기도회에 그리스도의 고난을 명상하던 것에서 비롯하였다. 이 기간 동안 아침 기도회에서는 아홉 편의 시편을 부르고 아홉 번의 낭독이 있었고 저녁 기도회에서는 다섯 편의 시편과 다섯 번의 낭독이 있었다. 이 기도회는 마지막 만찬에서 무덤에 묻히시기까지 이르는 구원의 사건을 계속 명상하는 것이었다. 따라서 원래는 열 다섯 개의 촛불을 삼각형 모양으로 된 촛대에 세워 밝히고 낭독을 하고 시편을 노래한 후 하나의 촛불을 끄고 계속하여 낭독과 시편 후에 하나의 촛불을 끄는 방법으로 열 네 개의 촛불이 하나씩 꺼가는 것이었다. 마지막에 남은 촛불은 보통 누가복음 1:68-79의 사가랴의 찬송인 *Benedictus*를 부르며 성찬대 밑에 감추었으며 (또는 바깥으로 옮겨졌으며) 이는 그리스도가 무덤에 묻히는 것을 상징하였다. 잠시 후 커다란 소리가 나면(라틴어로 스트레피투스, *strepitus*라고 하는데, 이는 예수께서 큰 소리를 지르고 죽으심과 땅이 흔들림을 상기시킨다.) 감추어졌던 촛불이 밖으로 나와 촛대에 세워짐으로써 부활을 기다린다고 해석하였다.

오늘날에는 촛불을 열 다섯 개를 사용할 수도 있지만 그리스도를 상징하는 큰 초 하나와 예수의 열 두 제자를 상징하는 작은 초 열두 개를 사용하는 것이 더 의미가 있을 것이다. 낭독 사이에 찬송이나 시편을 삽입할 수도 있다(적절한 시편은 2, 22, 27, 38, 40, 54, 59, 69-77, 88, 94편 등). 각 부분을 돌려가며 읽기 위해서 많은 낭독자가 필요하며 각 부분을 읽은 낭독자들이 촛불을 끄는 것이 바람직하다. 마지막 그리스도 촛불을 옮기거나 가리울 때 너무 서두르지 않고 천천히 충분한 시간을 갖고 움직이는 것이 좋다. 마지막 부분은 어둠 속에서 읽어야 하므로 낭독자가 암기를 하는 것이 바람직하다. 낭독자들은 사전에 연습을 한다.

†테너브레이 예배†

예배로 부름

빛이 이 세상에 왔으나 우리는 빛보다 어둠을 더 사랑하였습니다.
하나님은 빛이시며 주님에게는 어떤 어둠도 없습니다.

하나님께서 독생자를 보내심은 이 세상을 벌하시기 위해서가 아니라 그를 통해 구원을 얻도록 하심입니다.
악을 행하는 자마다 빛을 미워하며 빛으로 나오지 않으나 진리를 행하는 모든 자는 빛으로 나아옵니다.
오라, 우리가 신령과 진정으로 예배를 드리자.
생명의 빛이 되신 하나님께 영광과 찬양을 드립니다.

찬송 고난찬송

기도

모든 영광과 존귀를 받으시기에 합당하신 하나님, 이 곳에 모인 주의 백성들에게 자비를 베푸셔서, 저희를 위해 배반당하시고 십자가에서 죽음을 당하시며 고난을 짊어지신 예수 그리스도의 아픔에 동참할 때에 하늘의 은혜를 누리게 하여 주시옵소서. 저희가 그리스도의 고난의 길을 따라갈 때에, 저희의 믿음을 강하게 하시고 주님을 배신하고 반역하려는 저희의 죄를 용서하여 주시옵소서. 성부와 성령과 함께 영원토록 살아서 다스리시는 우리 주 예수 그리스도의 이름으로 기도합니다. 아멘.

우리 주님의 고난

(그리스도의 촛불을 중심으로 열 두 개의 촛불을 켜 놓고 다섯 번째의 낭독 이후 한 번의 낭독이 끝나면 하나씩 꺼 나간다. 마지막에는 그리스도의 촛불도 끄거나 감추었다가 마지막 이사야서의 말씀을 읽을 때 밝힌다.)

1

유월절이라고도 하는 무교절 이틀 전에 점령하고 있던 로마 당국에

협조적이었던 대제사장들과 율법학자와 같은 종교지도자들은 예수에 대한 흉계를 꾸몄습니다. 그들은 대제사장인 가야바의 관저에 모였습니다. 가야바는 로마의 전 총독인 발레리우스 그라투스에게서 대제사장 직임을 받고 본디오 빌라도 밑에서 계속 그 직무를 수행하고 있는 사람이었습니다. 그들은 유대인들 가운데서 소동이 일어나는 것을 피하기 위하여 예수를 조용히 잡아 죽일 계획을 세웠습니다.

2

이 때 예수께서는 베다니에 있는 나병으로 고생하던 시몬의 집에 계셨습니다. 그곳에 계실 때에 한 여인이 다가와 순수한 나드 향유 한 옥합을 가지고 와서 그 향유를 예수의 머리에 부었습니다. 제자들이 이 행동을 보고 격분하여 "어찌하여 이렇게 낭비하는가."라고 말하며 "이 값비싼 향유를 팔면 많은 돈을 받을 수 있고 그 돈을 가난한 사람에게 줄 수 있겠다."고 하였습니다. 예수께서 "왜 그 여인을 괴롭히느냐. 가난한 사람들은 언제나 너희와 함께 있느니라. 진정으로 너희에게 말하노니 복음이 전파되는 곳마다 이 여인이 한 일도 전해져서 사람들이 이 여인을 기억하게 될 것이다."라고 말씀하셨습니다.

3

열두 제자 가운데 가룟 유다라는 자가 대제사장들을 찾아가서 "내가 예수를 넘겨주면 내게 무엇을 주시겠습니까?"하고 물었습니다. 그들은 유다의 말을 듣고 기뻐하여, 은전 서른 닢을 주겠다고 약속하였습니다. 그 때부터 유다는 예수를 넘겨줄 기회를 노리고 있었습니다.

4

무교절 첫째 날, 곧 유월절 양을 잡는 날에 제자들이 다가와 "유월절 식사를 어디에다 준비하시기를 원하십니까?"하고 물었습니다. 예수께서 제자 중 둘을 택하셔서 "성 안으로 들어가라. 그러면 물동이를 지고 오는 사람을 만날텐데 그가 너희에게 알맞는 장소를 보여줄 것이다."라고 가르쳐 주셨습니다. 그 둘은 예수께서 일러주신 대로 행하여 성에 들어가 물동이를 진 사람을 만나 그가 보여준 큰 다락방을 준비하였습니다.

5
저녁때가 되어서 예수께서는 열두 제자와 함께 그곳에 도착하셨습니다. 그들이 먹고 있을 때에, 예수께서 "내가 진정으로 너희에게 말한다. 너희 가운데 한 사람이 나를 넘겨줄 것이다."라고 말씀하셨습니다. 그들은 근심에 싸여 한사람씩 "나는 아니지요?"라고 말하기 시작하였습니다. 예수께서는 "나와 함께 이 대접에 손을 담근 사람이 나를 넘겨줄 것이다. 인자는 성경의 기록을 이루는 것이지만 인자를 넘겨주는 그 사람에게는 화가 있다."라고 대답하셨습니다. 그러자 유다는 그 밤에 빠져나갔습니다.
(낭독자는 첫 번째 촛불을 끈다.)

6
그들이 먹고 있을 때에, 예수께서 빵을 들어 축복하신 다음에 떼어서 제자들에게 주시고 말씀하셨습니다. "받아서 먹어라. 이것은 내 몸이다." 또 잔을 들어서 감사를 드리신 다음에 그들에게 주시며 말씀하셨습니다. "이것은 많은 사람을 위하여 흘리는 나의 피, 곧 언약의 피다. 내가 진정으로 너희에게 말한다. 이제부터 내가 하나님의 나라에서 새것을 마실 그날까지, 나는 포도나무 열매로 빚은 것을 다시는 마시지 않을 것이다." 그들은 찬송을 부르고 올리브 산으로

갔습니다.

7

그들이 걸어갈 때에 예수께서 말씀하셨습니다. "오늘 밤에 너희가 모두 나를 버릴 것이다. 스가랴 예언서에 기록되어 있는 것과 같이 '내가 목자를 칠 것이니 양 떼가 흩어질 것이다.'" 이 말을 듣고 베드로가 "모두가 버릴지라도 나는 그렇지 않을 것입니다."하고 대답하였습니다. 이에 예수께서 "내가 진정으로 너에게 말한다. 오늘 밤 닭이 두 번 울기 전에, 네가 세 번 나를 모른다고 할 것이다." 그러나 베드로는 계속 힘주어 말하였습니다. "내가 선생님과 함께 죽는 한이 있을지라도 절대로 선생님을 모른다고 하지 않겠습니다." 그리고 다른 제자들도 모두 그렇게 말하였습니다.

(두 번째 촛불을 끈다.)

8

예수께서 겟세마네라고 하는 올리브 숲에 이르렀습니다. 예수께서는 베드로와 야고보와 요한을 데리고 가셔서 그들을 머물러 깨어있게 하시고 홀로 조금 떨어진 곳에서 얼굴을 땅에 대고 엎드려 괴로워하며 기도하셨습니다. 그런 다음에 돌아와 보시니 제자들은 자고 있었습니다. 예수께서는 그들을 깨우시고 베드로에게 "너희는 한 시간도 나와 함께 깨어있을 수 없느냐? 너희는 시험에 빠지지 않도록 깨어서 기도하라. 마음은 원하지만, 육신이 약하구나."라고 말씀하셨습니다. 예수께서 다시 떨어져서 고뇌에 찬 기도를 드리고 다시 와서 보시니 그들은 자고 있었습니다. 그들은 졸려서 눈을 뜰 수 없었던 것입니다. 세 번째로 예수께서 그들을 그대로 두고 다시 가셔서 기도를 하시고 돌아오셔서 제자들이 자고 있는 것을 발견하셨습니다. 그러자 예수께서는 제자들에게 말씀하셨습니다. "남은 시간을 자고 쉬어라. 인자가 죄인들의 손에 넘어갈 때가 되었다. 보아라, 나를 넘겨줄 자가 가까이 왔다."
(세 번째 촛불을 끈다.)

9

예수께서 아직 말씀하고 계실 때에 제자 가운데 하나인 유다가 로마 군사와 대제사장들과 장로들이 보낸 무장한 무리들과 함께 왔습니다. 예수를 넘겨줄 자가 그들에게 "내가 입을 맞추는 사람이 바로 그 사람이오."라고 신호를 짜놓았습니다. 꾸민 것에 따라 유다가 곧바로 예수께 다가가서 "안녕하십니까, 선생님."하고 크게 외치고 입을 맞추었습니다. 예수께서 말씀하시기를 "유다야, 너는 입맞춤으로 인자를 넘겨주려 하느냐?"라고 하셨습니다.
곧 군사들이 예수께 손을 대어 단단히 붙잡았습니다. 그러자 예수와 함께 있던 제자들 중 하나가 칼을 빼어 대제사장의 종의 귀를 내리쳐 그 귀를 잘랐습니다. 그러나 예수께서는 그에게 "네 칼을 칼집에 도로 꽂아라. 칼을 쓰는 사람은 모두 칼로 망한다. 너희는 내가 내 아버지께 당장에 열두 군단 이상의 천사들을 내 곁에 세워주실 것을 청할 수 있다고 생각하지 않느냐?"라고 말씀하시고, 무리들을 향하여 계속 말씀하시기를, "너희는 강도에게 하듯이, 칼과 몽둥이를 들고 나를 잡으러 왔느냐? 내가 날마다 성전에 앉아서 가르치고 있었건만, 너희는 내게 손을 대지 않았다. 그러나 이 모든 일이 이렇게 되게 하신 것은 예언자들의 글을 이루려고 하신 것이다."라고 하셨습니다. 그러자 제자들은 모두 예수를 버리고 달아났습니다.
(네 번째 촛불을 끈다.)

10

예수를 잡은 사람들은 예수를 대제사장 가야바에게로 끌고 갔습니다. 베드로는 멀찍이 떨어져서 예수를 뒤따라 대제사장의 집안 마당에까지 가서 사람들 틈에 섞여 불을 쬐고 있었습니다. 대제사장은 온 의회를 소집하였으며 그들은 총독인 본디오 빌라도에게 제시하여 예수를 고소할 증거를 찾기 시작했습니다. 고소할 내용은 예수가 유대인의 왕이 될 것이라고 주장한 것이었으며, 많은 거짓 증언을 제시했으나 그 증언들은 헛된 것들이었습니다. 마침내 두 사람이 나서서 말하기를 "이 사람이 사람의 손으로 지은 이 성전을 허물고 손으로 짓지 않은 다른 성전을 사흘만에 세우겠다고 말하는 것을 우리가 들었습니다."고 하였습니다. 그러나 그들의 증언도 서로 들어맞지 않았습니다.

마지막으로 가야바가 일어나서 예수를 직접 심문하였습니다. "이 사람들이 그대에게 불리하게 증언하는데도, 아무 답변도 하지 않소?" 그러나 예수께서는 입을 다무시고 아무 대답도 하지 않으셨습니다. 그러자 대제사장은 '그리스도'와 '하나님의 아들'이라는 칭호에 관하여 질문을 하였습니다. "그대가 찬양을 받으실 분의 아들 그리스도요?" 예수께서 말씀하셨습니다. "내가 바로 그 이요. 당신들은 인자가 전능하신 분의 오른쪽에 앉아 있는 것과 하늘의 구름을 타고 오는 것을 보게 될 것이오." 대제사장이 자기 옷을 찢고 말하였습니다. "우리에게 무슨 증인들이 더 필요하겠소. 이 자가 스스로 죄를 증명하였소." 그들은 모두 예수는 사형을 받아야 마땅하다고 정죄하였습니다.

그러자 예수를 잡은 자들이 예수에게 침을 뱉기 시작했습니다. 그들은 예수의 얼굴을 가리고 때리며 말하기를, "그리스도야, 너를 때린 사람이 누구인지 알아맞혀 보아라." 하였습니다.

(다섯 번째 촛불을 끈다.)

11

베드로가 뜰 안쪽에서 불을 쬐고 있었는데 한 하녀가 그에게 다가와 말하기를, "당신도 저 나사렛 사람 예수와 함께 다닌 사람이지요?" 하고 물었습니다. 베드로는 재빨리 부인을 하며, "네가 무슨 말을 하는지 나는 알지 못하겠다."고 대답을 하며 문간으로 나갔습니다. 그 때 닭이 울었습니다. 하녀가 베드로를 따라 나와 그 곁에 서 있는 사람들에게 다시 말하기를, "이 사람은 예수와 한패입니다." 하였습니다. 그러자 그는 다시 부인하였습니다. 조금 후에 곁에 서 있는 사람들이 다시 베드로에게 말하였습니다. "당신이 갈릴리 억양으로 말하는 것을 보니까 틀림없이 그들과 한패일 것이오." 그러자 베드로는 저주하고 맹세하면서 "나는 그 사람을 알지 못하오." 하고 말하였습니다. 그러자 곧 닭이 두 번째 울었습니다. 베드로는 그제서야 예수께서 자기에게 "닭이 두 번 울기 전에 네가 나를 세 번 모른다고 할 것이다." 하신 말씀이 생각나서 바깥으로 나가서 몹시 울었습니다.

(여섯 번째 촛불을 끈다.)

12

새벽이 되어서 대제사장들과 백성의 장로들이 예수를 결박하여 끌고 가서 총독 빌라도에게 넘겨 주었습니다. 유다가 벌어진 일들을 보고 예수께서 유죄 판결을 받으신 것을 알고 뉘우쳐, 그 은전 서른 닢을 대제사장들과 장로들에게 돌려주며 말하기를 "내가 죄 없는 피를 팔아 넘김으로 죄를 지었소." 하였습니다. 그러나 그들은 "그것이 우리와 무슨 상관이오? 그것은 그대의 문제이오." 하고 대답하였습니다. 유다는 그 은전을 성전에 내던지고 물러가서 스스로 목을 매달아 죽었습니다. 대제사장들은 그 은전들을 거두어서 "이것은 피값이니, 성전 금고에 넣으면 안 되오." 하고 말하였습니다. 그들은 의논한 끝에 그 돈으로 토기장이의 밭을 사서 나그네들의 묘지로 사용하기로 하였습니다. 그래서 그 밭은 오늘날까지 피밭이라고 알려져 있습니다.
(일곱 번째 촛불을 끈다.)

13

예수께서는 로마 총독 앞에 서셨고 무리들이 예수를 고소하기 시작했는데, 그들이 말하기를 " 우리가 보니 이 사람이 우리 민족을 오도하고 황제에게 세금 바치는 것을 반대하고 자칭 그리스도 곧 왕이라 하였습니다."라고 하였습니다. 빌라도는 예수께 "당신이 유대인의 왕이요?"하고 물었습니다. 그러자 예수께서는 빌라도에게 "당신이 그렇게 말하였소." 하고 대답하셨습니다. 대제사장들은 여러 가지로 예수를 고발하였습니다. 그래서 빌라도는 다시 예수께 물어 말하였습니다. "당신은 아무 답변도 하지 않소? 사람들이 얼마나 여러 가지로 당신을 고발하는지 보시오." 그러나 예수께서는 더 이상 아무 대답도 하지 않으셨습니다. 그래서 빌라도는 이상하게 여겼습니다.
(여덟 번째 촛불을 끈다.)

14

명절에는 총독이 죄수 하나를 놓아주곤 하였습니다. 그래서 무리들이 빌라도에게 자기들에게 해주던 관례대로 해 달라고 청하였습니다. 그런데 폭동 때 살인을 한 폭도들과 함께 바라바라고 하는 사람이 갇혀 있었습니다. 그래서 대제사장들은 무리를 선동하여 바라바를 놓아달라고 청하게 하였습니다. 빌라도가 그들에게 물었습니다. "내가 누구를 놓아주기를 바라오. 바라바요 아니면 그리스도라 하는 예수요?" 그들은 "바라바요."라고 외쳤습니다. 빌라도가 그들에게 말하였습니다. "그러면 그리스도라 하는 예수를 나더러 어떻게 하라는 거요?" 무리들은 모두 "그는 십자가에 못박아야 합니다."라고 외쳤습니다. 빌라도가 계속해서 "정말 이 사람이 무슨 나쁜 일을 하였소?" 하고 물으니 무리들은 더욱 큰 소리로 "그를 십자가에 못박아야 합니다. 그를 십자가에 못박으시오." 하였습니다. 빌라도는 다시 한 번 "내가 당신들의 왕을 십자가에 못박으란 말입니까?"라고 물으니 무리들은 "가이사 이외에는 우리에게 왕이 없습니다."라고 소리 질러 외쳤습니다. 그래서 빌라도는 바라바를 놓아주고, 예수는 군사들에게 채찍질한 뒤에 십자가에 처형하라고 넘겨주었습니다.
(아홉 번째 촛불을 끈다.)

15

군인들이 예수를 총독 관저로 끌고 들어가서 온 부대를 다 그의 앞에 불러모았습니다. 그들은 예수의 옷을 벗기고 자색 옷을 입힌 다음에, 가시로 관을 엮어 머리에 씌우고 오른손에 갈대를 들게 하였습니다. 그리고 그의 앞에 무릎을 꿇고 "유대인의 왕 만세!" 하면서 희롱하였습니다. 그들은 또 예수께 침을 뱉고 갈대를 빼앗아서 머리를 쳤습니다. 이렇게 희롱한 다음에 자색 옷을 벗기고 예수의 옷을 도로 입혔습니다. 그리고 십자가에 못박으려고 예수를 끌고 나갔습니다.
(열 번째 촛불을 끈다.)

16

그들은 길을 가다가 시골에서 올라오던 시몬이라는 구레네 사람을 만나서 강제로 예수의 십자가를 지고 가게 하였습니다. 그들은 골고다 곧 '해골의 곳'이라는 곳에 이르러서, 포도주에 몰약을 타서 예수께 드려서 마시게 하였습니다. 그러나 예수께서는 그 맛을 보시고는 마시려고 하지 않으셨습니다. 그들은 예수를 십자가에 못박고 나서, 제비를 뽑아 예수의 옷을 나누어 가졌습니다. 예수의 머리 위에는 '유대인의 왕 예수'라고 적은 죄패를 붙였습니다. 또한 강도 두 사람이 예수와 함께 십자가에 못박혔는데, 하나는 오른쪽에, 하나는 왼쪽에 달렸습니다. 지나가는 사람들이 머리를 흔들면서 예수를 모욕하여 말하기를 "성전을 허물고 사흘 안에 짓겠다던 사람아, 너나 구원하여라. 십자가에서 내려와 보아라." 하였습니다. 그와 같이 대제사장들도 율법학자들과 장로들과 함께 조롱하였습니다. "그가 남은 구원하였으나 자기는 구원하지 못하는구나. 이스라엘의 왕 그리스도야, 십자가에서 내려와 우리가 보고 믿게 하여라." 함께 십자가에 달린 강도들도 마찬가지로 예수를 욕하였습니다.
(열 한 번째 촛불을 끈다.)

17

낮 열두 시부터 어둠이 온 땅을 덮어서 오후 세 시까지 계속되었습니다. 세 시쯤에 예수께서 큰 소리로 부르짖어 말씀하시기를 "엘리 엘리 라마 사박다니!" 하셨으며 그것은 "나의 하나님, 나의 하나님, 어찌하여 나를 버리셨습니까?" 하는 뜻입니다. 거기에 서 있던 사람들 가운데 몇 명이 이 말을 듣고서 "이 사람이 엘리야를 부르고 있다."고 말하였습니다. 그러자 그들 가운데 한 사람이 해면을 가져다가 신 포도주에 적셔, 갈대에 꿰어서 그에게 마시게 하였습니다. 다른 사람이 "어디 엘리야가 와서 그를 구하여 주나 두고 봅시다." 하고 말하였습니다. 예수께서는 큰 소리로 외치시고 나서, 숨을 거두셨습니다.

(열 두 번째 촛불과 그리스도의 촛불을 끈다. 심벌즈나 다른 악기로 큰 소리를 낸다. 마지막 낭독 부분은 어둠 속에서 읽고 낭독이 끝난 후 그리스도 촛불을 다시 켠다.)

18

갑자기 성전의 휘장이 위에서 아래까지 두 폭으로 찢어졌습니다. 땅이 흔들리고 바위가 갈라졌으며 죽은 자들의 무덤이 열렸습니다. 그 때 백부장과 그와 함께 예수를 지키던 사람들이 여러 가지 일어난 일들을 보고 몹시 두려워하여 말하기를 "참으로 이분은 하나님의 아들이셨다." 하였습니다.
(잠시 침묵의 시간을 가진 후 그리스도의 촛불을 켠다.)

고난받는 종의 노래
이사야 53:4-9
(회중 전체가 함께 읽거나 교독을 할 수 있다. 혹은 이것 대신에 고난찬송을 부를 수 있다.)

폐회
우리를 위해 십자가에 달려 죽기까지 복종하신 예수 그리스도께서 우리를 항상 지키시고 힘을 주시기를 간구합니다.
아멘.
(계속해서 철야기도에 참여할 사람은 조용히 기도하고 그 외의 사람들은 조용히 침묵 속에 자리를 떠난다.)

8) 성 금요일(Good Friday)

서구에서는 금요일 정오에 시작하여 두 세 시간 예배하는 전통을 유지하는 교회가 많다. 이 예배는 예수께서 십자가 위에서 마지막 하신 일곱 말씀들을 근거로 하여 예수께서 십자가에 달려 계시던 12시부터 3시까지의 시간을 기억하면서 드리는 것이다. 페루의 예수회 수도사(Jesuit)가 1687년 처음 행했으며 '세 시간의 기도(Devotion of Three Hours)'라는 이름으로 알려져 있기도 하다. 일곱 말씀인 ①"아버지여 저희들을 사하여 주옵소서. 자기들이 하는 것을 알지 못함이니이다."(눅 23:34), ②"오늘 네가 나와 함께 낙원에 있으리라."(눅 23:43), ③"여자여 보소서 아들이니이다"(요 19:26), ④"나의 하나님, 나의 하나님 어찌하여 나를 버리셨나이까."(막 15:34, 마 27:46), ⑤"내가 목마르다."(요 19:28), ⑥"다 이루었다."(요 19:30), ⑦"아버지여 내 영혼을 아버지 손에 부탁하나이다."(눅 23:46)를 중심으로 하여 짧은 강해와 찬송, 그리고 명상과 기도를 함께 하는 것이다. 일곱 말씀으로 음악을 작곡하거나 드라마를 만들어 시연하거나 춤으로 표현하기도 한다. 보통 정오에 예배를 드리지만 개체 교회의 상황에 따라서 오후 늦은 시간에 예배할 수도 있다.

성 금요일 저녁의 예배는 토요일까지 계속되는 철야 예배를 준비하는 것이다. 이 예배는 십자가에 못박히심에 대한 의미와 상황을 선포하는 말씀을 중심으로 하여 오늘날 우리가 십자가 사건을 경험하도록 하는 데 초점을 두고 있다. 고난/종려주일의 예배에서는 공관복음서의 말씀들을 사용하므로, 특별히 이 예배는 요한복음의 말씀에 따르는 수난 이야기를 담고 있다. 예배는 ①하나님 말씀의 선포 ②세상의 고난당하는 자들을 위한 중보기도 ③십자가에 대한 명상이라는 세 가지 주요 부분을 포함하고 있으며 십자가에 대한 명상은 생략하거나 다른 적절한 헌신의 순서로 대치할 수 있다. 초기 기독교인들이 성지를 순례한 것과 같이 예수께서 홀로 기도하시던 지점, 체포당하신 지점, 재판받으신 지점, 십자가를 지고 가신 지점, 십자가에 달리신 지점, 무덤에 누이신 지점 등을 정해 각 지점(station)을 따라가며 말씀을 읽고 상고하며 무릎 꿇고 기도와 찬송을 함께 하는 '십자가의 길(The Way of the Cross)'을 사용하는 것도 한 대안이 될 수 있다.

십자가에 대한 명상 순서를 포함할 경우에는 꽤 큰(예를 들어, 길이 1.8미터 폭 1.2미터 정도 크기) 나무 십자가를 준비하는 것이 좋다. 예배 시작 전에는 십자가를 예배실 현관 홀이나 입구 앞에 세워놓았다가 예배 중 정해진 순서에 여러 사람이 메고 들어와 회중석 앞에 세워 놓아 모든 사람들이 볼 수 있도록 한다. 이 같은 방법으로 회중은 예배실로 들어올 때 나무 십자가를 지나가게 되고 예배 중에 그 십자가에 대해 명상하고 헌신적인 행위를 하며 예배를 마무리짓게 된다. 많은 회중이 익숙하지 않지만 그리스도와 십자가에 대해 비언어적인 표현으로 헌신을 나타내는 것이 강력하다는 사실을 발견하게 된다. 사전에 예배의 색다른 모습에 대해 회중에게 알려주는 것이 좋다.

나무로 만들어진 십자가를 경배하는 모습은 4세기에 성지인 예루살렘을 순례하며 기록한 에게리아(Egeria)라는 스페인 수녀의 여행기에도 나온다. "금요일에 감독은 십자가가 세워져 있는 곳 뒤편의 골고다에 놓인 감독의 의자에 앉는다. 감독 앞에는 천으로 덮힌 탁자가 놓여 있다. 집사들은 그 둘레에 서서 거룩한 나무 십자가(Wood of Cross)를 담고 있는 금과 은으로 된 상자를 감독에게로 운반해 온다. 상자를 열어 나무 십자가와 명패를 꺼내고 탁자 위에 놓는다.… 세례 피교육자들뿐만 아니라 믿는 사람들이 모두 한 사람씩 나온다. 그들은 허리를 굽히고 그 나무에 키스를 하고 계속 걸어나간다." 초기부터 있었던 십자가에 대한 경배가 종교개혁 이후 개신교에서 사라졌다가 19세기에 성공회에서 부활한 이래 점차로 사용하여 왔다. 십자가가 등장하면 회중은 무릎을 꿇거나 키스를 하며 경의를 표하였다. 십자가에 대한 경의를 표하는 동안 '책망(Improperia)'이 교창 형태로 불렸는데, 이것은 하나님께서 자비를 베풀어주셨는데도 돌이켜 그리스도에게 심각한 상처를 입힌 것을 책망하는 표현이다. 책망은 우리의 반역과 그리스도를 십자가에 못박는 데 우리가 공모하고 있음을 드러내고 이 세상의 악과 고난에 우리가 동조하고 있음을 드러낸다. 책망에 사용하고 있는 이미지는 역사 가운데 나타난 이스라엘과 하나님의 섭리지만, 책망은 명확히 하나님을 부르고 찾는 사람들, 특히 교회 안 모든 기독교인들의 믿음 없음을 질타하는 것을 목표로 하고 있다. 책망의 순서 내용이 너무 길면 적절하게 줄여서 사용할 수 있다. 또한 현대의 문제들, 예를 들어 환경 오염 등 하나님의 선한 선물들을 오용하거나 하나님의 뜻을 그르치는 행위들에 대한 비난과 책망을 창조적으로 만들어 포함하는 것도 바람직한 방법이다.

    요한복음에 따른 수난 이야기를 읽는 것을 필요에 따라서는 짧은 형태인 요한복음 19:17-30을 읽을 수도 있다. 복음서의 경우 읽어야 할 분량이 많으므로 중간 중간에 찬송가를 함께 부르며 읽는 것도 좋은 방법이다. 테너브레이 예배를 목요일에 드리지 않았다면 금요일 저녁에 드리는 것이 매우 적절하다. 성 금요일 예배에는 어떤 장식이나 꽃, 색 등을 사용하지 않으며 성찬대, 설교대, 낭독대는 덮개 없이 그대로 놔두고 촛대 등은 치운다. 고정된 십자가는 베일로 완전히 덮는데, 베일은 거칠게 짠 얇은 무명이나 망사천으로 색깔은 검은색이나 보라색, 회색이 가능하지만 짙은 붉은 색으로 하는 것이 좋다. 십자가를 베일로 부분적으로 덮을 수도 있다. 예배 시작하기 전 전주가 있어도 좋으나 조용히 침묵을 지키는 것이 더욱 바람직하다.

†성 금요일 예배†

예배로 부름

우리 하나님의 이름을 찬양합니다.
주님께서는 우리를 죄와 죽음에서 구원하셨습니다.
우리와 모든 사람들의 구원을 위하여 그리스도께서 십자가에 죽기까지 복종하셨습니다.
우리 주님의 이름을 찬양합니다.

(또는)
그리스도께서 십자가에 그 몸을 드려 우리의 죄를 감당하셨습니다.
이로써 우리는 죄에 대하여 죽고 의에 대하여 살게 되었습니다.
우리 구원을 위해 그 몸을 드려 피를 흘리신 주님을 찬양합니다.
우리 주님의 거룩하신 이름을 찬양합니다.

찬송

기도

전능하신 하나님, 독생 성자 예수 그리스도께서 십자가에 높이 달리사 온 세계를 끌어안게 하셨습니다. 저희의 구원을 위해 돌아가신 주님의 죽음을 영광스럽게 여기는 저희들이 주님의 부르심을 받고 기쁨으로 십자가를 지고 따라갈 수 있게 하시옵소서. 우리 주 예수 그리스도의 이름으로 기도합니다. 아멘.

(또는)
거룩하시고 영원히 살아계시는 하나님, 예수 그리스도의 고난과 죽음으로 아담의 타락 이후 죽을 수밖에 없는 저희들을 구원하셨습니다. 주님의 크신 자비를 베푸시사, 저희가 십자가에 높이 달리신 그리스도께 가까이 가며, 그의 구원하시는 사랑으로 그리스도와 함께 영원한 생명으로 부활하게 하시옵소서. 영원히 살아계시고 성령으로 다스리시는 우리 주 예수 그리스도의 이름으로 기도합니다. 아멘.

첫 번째 성서봉독

이사야 52:13-53:12			(모든 해 공통)

시편 교독

시편 22:1-18			(모든 해 공통)

두 번째 성서봉독

히브리서 10:16-25			(모든 해 공통)

찬양

복음서 봉독

요한복음 18:1-19:42 [짧은 형태: 요 19:17-30]   (모든 해 공통)

설교

(보통은 요한복음 18, 19장의 수난 이야기를 읽는 것으로 설교를 대신하나, 상황에 따라서는 설교를 할 수 있다.)

중보기도

성도 여러분, 하나님께서는 이 세상을 심판하시기 위해서가 아니라 그리스도를 통해 이 세상을 구원하시기 위해 그리스도를 보내셨습니다. 그리스도를 믿는 모든 사람들이 죄와 죽음의 세력에서 벗어나고 그리스도와 함께 영원한 생명의 상속자가 될 것입니다. 이제 우리는 한 마음으로 이 세상을 위하여, 그리고 도움이 필요한 모든 사람들을 위하여 기도합시다.

(각자가 침묵으로 기도하거나 통성으로 기도한다.)

찬송

십자가에 대한 명상

(찬송을 부르는 동안 회중 앞에 나무 십자가를 세운다. 조용한 가운데 자유롭게 십자가 앞에 나와 잠시 무릎을 꿇거나 십자가에 손을 대고 들어가게 한다. 강제로 시키거나 열을 지어서 할 필요는 없다. 다음의 책망 순서를 행하는 가운데에서도 계속해서 나와 십자가에 대한 명상을 할 수 있다)

책망: 믿음 없는 교회에 대한 그리스도의 애가

1. 오 나의 백성들아, 오 나의 교회여, 내가 너희에게 무엇을 했는지 아느냐? 내가 너희를 애굽 땅에서 인도하여 세례의 물로써 구원하였다. 그러나 너희의 구세주를 위해 너희가 준비한 것은 십자가였구나.

    거룩하신 하나님, 전능하시고 영원히 살아 계시는 하나님, 저희에게 자비를 베풀어 주시옵소서.

2. 내가 사십 년 동안 광야에서 너희를 인도하였고 만나로 먹였으며, 박해와 시련을 통해 지켜왔으며 하늘의 빵인 내 몸을 주었다. 그러나 너희의 구세주를 위해 너희가 준비한 것은 십자가였구나.

거룩하신 하나님, 전능하시고 영원히 살아 계시는 하나님, 저희에게 자비를 베풀어 주시옵소서.

3. 내가 너희를 내 포도원의 가지로 만들고 구원의 물을 주었다. 그러나 내가 목말라 할 때 너희는 나에게 신 포도주와 쓸개를 탄 포도주를 주었으며 너희 구세주의 옆구리를 창으로 찔렀다.

거룩하신 하나님, 전능하시고 영원히 살아 계시는 하나님, 저희에게 자비를 베풀어 주시옵소서.

4. 내가 너희를 구름 기둥으로 인도하였으나 너희는 나를 빌라도의 법정으로 인도하였으며, 내가 너희를 자유와 풍요가 넘치는 땅으로 이끌었으나 너희는 나를 욕하고 조롱하며 때렸다.

거룩하신 하나님, 전능하시고 영원히 살아 계시는 하나님, 저희에게 자비를 베풀어 주시옵소서.

5. 내가 너희에게 왕의 지팡이를 주었고 왕국의 열쇠를 주었으나 너희는 나에게 가시 면류관을 씌웠으며, 내가 너희를 큰 능력으로 높이 들어 올렸으나 너희는 나를 십자가에 매달았다.

거룩하신 하나님, 전능하시고 영원히 살아 계시는 하나님, 저희에게 자비를 베풀어 주시옵소서.

6. 내가 너희에게 준 평화는 세상이 줄 수 없는 것이었고 내가 종과 같이 너희의 발을 씻겼으나, 너희는 칼을 뽑아 나의 이름을 쳤으며 내 나라에서 높은 자리를 차지하려고 하였다.

거룩하신 하나님, 전능하시고 영원히 살아 계시는 하나님, 저희에게 자비를 베풀어 주시옵소서.

7. 내가 너희를 위하여 고난과 죽음의 잔을 기꺼이 마셨으나 너희는 나를 부인하고 버렸으며, 내가 너희를 인도하기 위해 진리의 성령을 보냈으나 너희는 너희 마음을 닫아 버렸다.

거룩하신 하나님, 전능하시고 영원히 살아 계시는 하나님, 저희

에게 자비를 베풀어 주시옵소서.
8. 내가 너희에게 가서 열매를 맺으라고 하였으나 너희는 헛된 것을 위해 많은 것을 허비했으며, 나는 너희가 모두 하나가 되기를 기도했으나 너희는 싸우고 갈라지기를 계속하였다.
거룩하신 하나님, 전능하시고 영원히 살아 계시는 하나님, 저희에게 자비를 베풀어 주시옵소서.
9. 내가 너희를 나의 택함을 받은 백성 이스라엘의 거룩한 나무에 접붙였으나 너희는 돌이켜 박해와 대량 살육을 자행했으며, 내가 너희를 내 언약의 상속자로 삼았으나 너희는 그 언약을 너희 죄를 위한 희생양으로 삼았다.
거룩하신 하나님, 전능하시고 영원히 살아 계시는 하나님, 저희에게 자비를 베풀어 주시옵소서.
10. 내가 너희 형제 자매들 가운데 아주 작은 자로 너희에게 갔었다. 내가 굶주렸으나 너희는 나에게 먹을 것을 주지 않았고, 내가 목말랐으나 나에게 마실 것을 주지 않았다. 내가 나그네 되었을 때 나를 영접하지 않았고 내가 헐벗었으나 나를 입히지 않았으며 내가 아프고 갇혀있었으나 너희는 나를 찾아와 주지 않았다.
거룩하신 하나님, 전능하시고 영원히 살아 계시는 하나님, 저희에게 자비를 베풀어 주시옵소서.
(잠시 침묵을 유지한다.)

주님이 가르치신 기도
찬송
폐회 기도
우리를 위해 십자가에 죽기까지 복종하신 예수 그리스도께서 지금부터 영원토록 우리를 모두 지키시고 강건하게 하시기를 간구하며 우리 주 예수 그리스도의 이름으로 기도합니다. 아멘.

(철야 기도를 시작하는 사람을 제외하고는 모두 조용한 가운데 자리를 떠난다.)

■ 성 토요일(Holy Saturday)

교회는 성 토요일에 기도하기를 계속한다. 구원을 위한 고난과 죽음이라는 주제에 초점을 맞추어 명상을 계속한다. 성찬대는 계속 벗겨진 채로 두며 예배의 내용 가운데 기도와 성서봉독은 다음과 같다.

기도 : 자비로우시고 영원히 살아 계시는 하나님, 주님은 천지를 지으신 창조주이십니다. 이 거룩한 날, 십자가에 달려 돌아가신 독생 성자의 몸이 무덤에 누이고 쉼을 얻을 때에, 저희가 그리스도께서 약속하신 삼일 째 새벽을 기다릴 수 있게 하시고 그리스도와 함께 새 생명으로 부활할 수 있게 하시옵소서. 우리 주 예수 그리스도의 이름으로 기도합니다. 아멘.

성서봉독과 시편교독은 욥기 14:1-14, 시편 130편 또는 시편 31:1-5, 베드로전서 4:1-8, 마태복음 27:57-66 또는 요한복음 19:38-42이다.

성 금요일과 성 토요일은 전통적으로 금식하는 날이다. 전체 교인들에게 철야기도회에 참석하고 있는 사람들이나 이 기간에 신앙 훈련에 참가하고 있는 사람들과 함께 금식에 동참하라고 권한다. 역사적으로 이 시간들은 부활절 첫 예배에서 세례를 받게 될 사람들이 집중적으로 준비하는 기간이었다. 그러므로 이틀 동안 특별히 신앙 훈련을 시키는 것도 좋은 방법이다. 세례를 준비하는 사람의 경우나 신앙 훈련을 받는 사람들에게 초대 교부들의 작품을 들려주고 설명하는 것은 영적인 통찰력과 큰 가르침을 줄 수 있는 기회가 될 것이다. 교부들의 작품 가운데 암브로우스(Ambrose)나 요한 크리소스톰(John Chrysostom), 예루살렘의 시릴(Cyril), 몹수에스티아의 테오도르(Theodore of Mopsuestia)의 세례자 교육을 위한 강의나 부활절 설교 등이 좋은 자료이다.

9) 부활절 철야(Easter Vigil) 예배

고난주간의 목요일 해진 후부터 부활절 날 해질 때까지의 위대한 삼 일(Great Three Days, Easter Triduum) 동안 우리는 주님의 고난과 죽음, 그리고 부활에 관련된 사건들을 기념하게 된다. 기독교 예배의 발달에 따라 각각의 사건을 별도로 분리된 날에 기념했지만, 초대 교회에서는 토요일 저녁부터 부활절 날에 동이 틀 때까지 계속되는 하나의 특별한 예배 속에 부활절 신비에 관련되는 사건들을 다 포함하였다. 이것이 위대한 부활절 철야 예배(Paschal Vigil, Easter Vigil)로 알려져 있는 것이다. 전체 교회 절기 중에서 이 때를 가장 거룩하고 기쁜 밤으로 여겼는데, 그 이유는 역사상에 나타난 구원의 전체 모습과 그리스도께서 행하신 구원의 일을 선포하고 기념하였기 때문이었다. 이 밤을 세례의 성례를 행하기 가장 적절한 때라고 여겼으며, 이는 세례가 상징적으로 그리스도와 함께 죽고 부활하는 것(롬 6:3-11)을 의미하고 죽음에서 생명으로 옮겨가 하나님 나라에서 다시 태어나는 것에 참여함을 의미했기 때문이다. 2세기의 저스틴은 세례를 받을 사람이 이 때에 훈련의 일환으로 금식하며 준비하는 것을 언급했으며, 4세기에 이르러 이 훈련을 받고 준비하는 기간이 사십 일까지 계속되기도 하였다. 바질(Basil)은 부활절만큼 세례를 받기에 적절한 때가 없다면서 이 때는 부활을 기념하는 때이고 세례는 우리 가운데 부활의 씨를 심는 것이라고 하였다. 그러면서 부활의 날에 부활의 은혜를 받아야만 한다고 하였다. 전체 공동체가 이와 같이 극적인 예배 순서에 참여하는 것은 기독교 세례 의식이 본질적으로 갖고 있는 통일성을 나타내는 것이었다. 이 예배는 믿음의 식구들 전체를 위한 것이고 그리스도 안에서 새로운 삶으로 부활하는 중심에 있는 은총을 제시한다.

    부활절 철야 예배는 역사적이고 상징적으로 유대의 유월절에 그 뿌리를 두고 있다. 이 이유로 예배에서는 구약성서에서 비롯한 많은 이미지들을 사용하고 있으며 그리스도 안에서 경험하는 많은 유추를 사용하고 있다. 즉 이 예배 속에서 우리는 노예 상태에서 자유로운 상태로 지나감, 죄에서 구원으로, 죽음에서 생명으로 바뀌는 것을 경험하게 된다. 근래에 와서 기독교 초기의 부활절 첫 예배인 부활절 철야 예배를 재발견하는 것에 대한 관심이 높아졌다. 많은 개신교인들은 부활절 새벽에 예배를 드리거나 낮에 예배하는 데 익숙하다. 또 상대적으로 적게 성찬식을 행하고, 더욱이 부활절 철야 예배에서 선포하고 제시하는 구원의 전체 드라마를 강렬하게 경험하는 기회를 거의 갖지 못하고 있다. 예배 순서로 예시된 것은 초대 교회의 철야 예배의 유형을 따른 것이다. 이 예배는 토요일 밤에 시작하여 자정이 지난 다음날에 절정에 이르게 할 수 있으며, 또는 부활절 새벽 동이 트기 전에 드릴 수 있다. 이럴 경우 다르게 이름을 붙일 수 있는데, 전자의 경우는 부활절 철야 예배, 후자의 경우는 부활절 첫째 예배가 된다. 어느 경우이든 이 예배는 네 개의 주요한 부분으로 구성되는데, 그것은 ①빛의 의식 ②말씀의 선포 ③세례식 ④성찬식이다.

    이 예배는 두 가지 근본적인 특성이 있다. 첫째는 그리스도 안에서 행하신 하나님의 구원의 사건이 빛, 말씀, 물, 천국의 향연이라는 상징을 통해서 표현된다. 둘째는 성서의 말씀을 힘있고 역동적으로 읽어나감으로써 하나님의 창조와 구속의 전 역사가 그리스도에 초점을 맞추고 있다는 것이다. 따라서 우리는 이 예배가 가장 복음적이고 성서적이며 성례전적이며 그리고 예배적인 것이라고 할 수 있다. 기본 유형은 단순하게 사용하거나 더 공을 들여 풍부한 방법으로 사용할 수 있다. 개체 교회의 현실에 따라 변경할 수 있으나 네 가지 주요 부분과 근본적인 특성들은 지키는 것이 좋다. 예배 순서 전체를 행하려고 할 때 사람들에게 그 예배의 전체 길이를 알려주어 그에 따라 미리 준비하도록 해야만 한다.

이 예배가 일 년 전체 기간 동안의 다른 예배에 비해서 가장 많은 내용을 담고 있고 가장 영광스러운 예배이기 때문에 준비하는 데 많은 주의를 기울여야 한다. 예배하는 시간을 토요일 밤에 할지 아니면 주일 새벽 이전에 할지를 결정해야 한다. 빛의 의식은 고대 유대 의식에서 비롯한 것으로 초대 교회가 그 모습을 물려받았고 새로운 의미를 부여하였다. 루케르나리움(Lucernarium)이라고 불리우는 빛의 의식은 주일 전날 밤에 예배를 시작하면서 거행하던 것이었다. 안식일 저녁에 등잔에 불을 밝히는 유대 가정의 의식에 뿌리를 두고 있는 것이 계속되었으며 부활절 철야 예배에서는 특별한 의미를 가지고 유지되었다. 초에 불을 켜기 전에 '새 불(New Fire)'을 지핀다. 불은 고대 사람들에게 있어서 열과 빛의 자료로 매우 중요한 요소였다. 교회는 그리스도가 '이 세상의 빛'이라는 상징 하에서 부활절의 시작을 표시하는 빛의 창조를 위한 의식을 발전시켜 왔다. 5세기, 그리고 아마 그보다 더 이른 시기의 예루살렘에서는 감독이 아나스타시스 교회에 들어가 새 불을 피웠고(그러나 어떤 방법과 절차로 했는지는 알 수 없다.), 이 불로 자신의 촛불과 사제들의 촛불을 밝혔다. 그리고 사람들에게 가서 사람들이 가진 초에 불을 옮겨 주고 나서 모두 교회에 입장을 하여 부활절 철야 예배를 시작하였다. 이전에 유럽의 많은 지역에서는 고난주간 중에 교회의 모든 불을 껐을 뿐만 아니라 모든 가정의 중요한 불을 꺼뜨렸다. 그리고 이 새 불에서 불을 전달받아 자신들의 가정에 있는 난로와 등의 불을 다시 밝혔다. 이것은 예배가 교회 밖의 사회적 관습과 사람들의 생활에 영향을 끼친 좋은 예라고 할 수 있다.

오늘날에는 보통 이 새 불로부터 부활하신 그리스도를 상징하는 부활절 초의 불을 밝힌다. 부활절 촛불을 밝힌 후에는 이 새 불을 끈다. 교회의 사정에 따라 교회 밖에서 마른 나무들을 쌓아 이 새 불을 피운 후 부활절 초에 점화를 하거나, 새 불을 피우기가 여의치 않으면 부활절 초에 직접 점화를 해도 좋다. 불을 피웠을 때에는 예배 입장이 끝난 후 완전히 끄도록 유의를 해야 한다. 회중이 각자 초를 지참하였을 경우에는 회중이 입장을 마치고 자리에 앉은 후에 안내하는 사람이나 정해진 사람들이 작은 초로 부활절 촛불에서 불을 옮겨 각 줄의 끝에 있는 회중에게 불을 밝혀주고 그 사람이 계속해서 옆에 있는 다른 회중에게 불을 전달하여 모두가 불을 밝히도록 한다. 그리고 부활 선언의 순서가 끝날 때에 모든 회중이 촛불을 끈다. 부활 선언은 부활에 대한 큰 기쁨을 나타내는 것으로 원래 노래로 불렸으며 그 노래를 '엑술테트(Exsultet)'라고 칭하였는데, 이 고대의 부활 찬송은 일 년에 한 번만 불렸다. 한국 개신교회에서도 부활 선언 내용을 노래로 부를 수 있으면 더욱 좋을 것이다.

말씀의 선포는 구원의 역사에 초점을 맞춘다. 말씀은 부활절 신비에 우리가 참여하게 되는 기본적인 것이다. 구약과 신약, 복음서를 합하여 많은 구절을 읽게 되는데, 역사를 통하여 보면 그 숫자는 많게는 열일곱 개에서 적게는 다섯 개에 이르기까지 다양하다. 구약을 포함하여 신약과 복음서 말씀을 모두 읽는 것이 좋지만, 상황에 따라서는 구약에서 창세기 1장과 출애굽기 14장을 포함하여 최소 세 곳의 말씀을 읽을 수 있으며 신약성서와 복음서의 말씀은 필수적으로 읽어야만 한다. 말씀을 읽고 진행하는 기본적인 형태는 말씀을 읽고 시편교독을 하고 회중의 짧은 침묵 기도 후 집례자의 기도를 계속해 나가는 것이다. 그 방법을 다양하게 변화시킬 수 있는데 시편교독 대신에 한 찬송가의 후렴 부분을 계속 부를 수 있으며 집례자의 기도 대신에 회중이 공동으로 함께 짧은 구절을 암송할 수 있다. 예를 들어, 시편 136편에 자주 공통적으로 나오는 응답 구절인 "하나님께 감사하라. 그 인자하심이 영원함이로다."를 회중이 암송하는 것도 좋은 방법이다. 또한 말씀들을 드라마 시연과 함께 펼쳐나갈 수도 있다. 설교는 간략하며 요점을 찌르는 강력한 것이 좋다.

세례식은 표식과 행위로써 그리스도 안에서 우리가 거듭나는 것과 정체성을 갖게 된다는 중심적인 사실을 선포한다. 새롭게 세례를 받는 사람이 없어도 이 순서에 최소한 세례 언약을 확증하는 순서를 행할 수 있다. 또는 세례식을 거행한 후 회중을 대상으로 그들이 세례를 받을 때 하였던 언약을 재확인하는 순서를 행하는 것이 좋다. 그 내용은 다음과 같이 할 수 있다.

† 세례 언약의 재확증 †

초대의 말

그리스도 안에 거하시는 성도 여러분, 세례를 통해 우리는 그리스도의 거룩한 교회에 입교 하였습니다. 우리는 하나님께서 구원을 위해 베푸시는 능력 가운데 들어가, 물과 성령을 통해 주시는 새 생명을 얻었습니다. 모든 것이 하나님께서 우리에게 값없이 주신 선물입니다.

이제 우리의 신앙을 다시 단언하여, 우리가 세례 받을 때 명확하게 하였던 언약을 새롭게 하며, 하나님께서 우리를 위해 무엇을 하고 계신가를 깨닫고, 그리스도의 거룩한 교회를 위해 감당해야 할 우리의 사명을 확증하고자 합니다.

죄의 거부와 신앙의 고백

(초대교회부터 세례의 언약은 먼저 모든 악과 죄에 대한 거부와 부인을 하고, 이어서 믿음을 고백하고 그리스도에 충성하는 것으로 이루어졌다. 보통 세 번 부인하고 세 번 긍정하는 모습을 취하였다.)

제가 여러분에게 묻습니다.
여러분은 이 세상의 모든 악과 영적으로 사악한 세력을 거부하며 여러분의 죄를 회개합니까?
예, 그렇습니다. (또는 '**아멘**'으로 대답한다.)
여러분은 하나님께서 주시는 능력과 자유를 받아 모든 악과 불의와 억압과 담대하게 싸우십니까?
예, 그렇습니다. (또는 **아멘**.)
여러분은 하나님의 뜻과 성경에 어긋나는 것을 모두 버리고 있습니까?
예, 그렇습니다. (또는 **아멘**.)
여러분은 예수 그리스도를 구세주로 믿으며, 그가 주시는 은총과 사랑을 전적으로 신뢰하고 주님만을 영원토록 섬기기로 약속합니까?
예, 그렇습니다. (또는 **아멘**.)
여러분은 하나님의 도우심으로 언제나 주님의 거룩하신 뜻과 계명을 준행합니까?
예, 그렇습니다. (또는 **아멘**.)
여러분은 그리스도의 거룩한 교회의 신실한 회원으로 남아 이 세상에서 그리스도를 증거하겠습니까?
예, 그렇습니다. (또는 **아멘**.)

신앙의 확증(사도신경)

(사도신경으로 신앙을 고백한다.)

물에 대한 감사기도

(회중이 잘 보고 소리를 잘 들을 수 있게 물을 세례반에 붓고 나서 감사기도를 드린다.)

영원하신 하나님, 태초에 아무 것도 없으며 오직 혼돈만이 있던 때, 하나님의 거룩한 영이 흑암의 수면 위를 운행하시고 빛을 창조하셨습니다.

노아의 때에 방주를 통해 물 속에서 구원하셨고, 애굽에서 종살이하던 주의 백성을 홍해를 가르셔서 구원하셨으며, 요단강을 건너게 하심으로 약속의 땅으로 인도하셨습니다.

때가 차매 하나님께로부터 보내심을 받은 예수께서 물과 성령으로 세례를 받게 하셨습니다. 예수께서는 제자들을 부르시사, 그리스도의 죽으심과 부활에 연합하여 세례를 받게 하시고 모든 나라 백성을 그리스도의 제자로 만들도록 하셨습니다.

성령께서 이 물 위에 임하셔서, 이 물로 저희가 세례를 받을 때 선포된 은혜를 기억하게 하시옵소서. 주님께서 저희의 죄를 씻어주셨으며 저희들의 삶을 통해 의의 옷을 입혀주셨으니, 그리스도와 함께 죽고 부활하여 영원한 승리를 누리게 하시옵소서. 성부와 성자와 성령께 모든 찬양과 영광을 드립니다. 살아 계셔서 영원히 다스리시는 우리 주님 예수 그리스도의 이름으로 기도합니다. 아멘.

세례의 상기

(여기서 물을 상징적으로 사용하지만 세례로 해석할 수는 없다.)

여러분이 받은 세례를 기억하고 감사를 드리십시오.

아멘.

(물을 여러 가지로 사용하여 의식을 진행할 수 있다. 집례자가 세례반에서

물을 한 접시 떠 올려 회중이 보고 들을 수 있게 천천히 세례반에 다시 붓는 방법이 있으며, 집례자가 회중 각 사람의 이마에 물로써 십자가 표식을 해 주는 방법이 있다. 다른 방법으로는 집례자가 바닥에 떨어지지 않을 정도의 아주 소량의 물을 회중을 향해 뿌리는 것으로, 이 경우에 상록수 가지를 물에 살짝 담그었다가 회중을 향해 뿌릴 수 있다. 이 방법은 성서에서 우슬초를 묶어 정결하게 하는 것(출 12:22, 시 51:7)과 새롭게 하는 표식으로 물을 뿌리는 것(겔 36:25-26)에서 나타난 모습이라고 할 수도 있다.)

(그리고 나서 집례자가 세례의 언약을 재확증한다.)

성령께서 물과 성령으로 거듭난 여러분 가운데 역사하셔서, 예수 그리스도의 신실한 제자로 살아가게 하시기를 간구합니다.

아멘.

감사기도

하나님께서 저희들에게 이미 주신 모든 것으로 인해 감사를 드립니다. 주님의 몸된 교회에 속한 저희들이 모두 기도와 봉사와 희생으로 교회의 사역에 참여하여 모든 일에서 하나님께 영광을 돌릴 수 있도록 하시옵소서. 우리 주 예수 그리스도의 이름으로 기도합니다.

아멘.

(평화의 인사를 나누고 계속하여 예배의 다른 순서를 진행한다.)

이 예배부터는 십자가에 씌웠던 베일을 벗겨내고 시각적인 장식들이 다시 제자리를 찾아 회중에게 보여지게 된다. 예배의 진행을 위해 찬송가 선정 등 음악적 요소에 특별한 관심을 기울여야 한다. 금관 악기로 팡파르를 울리는 것과 같은 악기의 변화를 취하는 것도 좋다. 찬양대는 부활절 낮 예배와는 달리 특별한 찬양을 준비할 필요는 없으며 회중 찬송을 잘 인도하는 역할을 하면 되고 성찬식의 분급 시에 원한다면 적절한 찬양을 할 수가 있다.

†부활절 철야 예배†

(1) 빛의 의식 (The Service of Light)

(예배는 어둠 속에서 시작한다. 가능하면 회중은 예배실 밖에 모인다. 부활을 상징하는 새 불을 피워 그리스도를 의미하는 부활절 초에 옮겨 붙인다. 부활절 초는 움직일 수 있는 큰 촛대에 크고 하얀 초를 사용하며 촛불에 점화를 한 후 예배실에 입장한다. 회중이 다 모일 때까지는 침묵을 유지하는 것이 좋다.)

예배로 부름

우리 주님 예수 그리스도가 주시는 은혜와 평강이 여러분에게 넘치기를 바랍니다.

그리스도 안에서 한 형제 자매가 된 성도 여러분, 예수 그리스도께서 죽음에서 생명으로 넘어가시는 오늘 이 거룩한 밤에, 교회의 지체인 우리들이 기도하며 그리스도의 승리와 부활의 서광이 밝아오는 것을 지켜보기 위해 모였습니다. 그리스도께서 죽음에 대해 승리를 하시고 우리를 죄와 어둠의 굴레에서 벗어나 영원한 빛으로 인도하심을 기억하고 축하하면서 모든 주님의 백성들과 하나가 되어 예배에 참여합시다.

여기 하나님의 말씀이 있습니다. "태초에 말씀이 계시니라. 이 말씀이 하나님과 함께 계셨으니 이 말씀은 곧 하나님이시니라.… 그 안에 생명이 있었으니 이 생명은 사람들의 빛이라. 빛이 어둠에 비치되 어둠이 깨닫지 못하더라."(요한복음 1:1, 4-5)

시작 기도

생명의 하나님, 주님은 예수 그리스도를 통하여 이 세상에 생명의 빛을 주셨습니다. 이 새로운 불을 거룩하게 하시고, 저희의 영혼과 마음도 거룩한 바람으로 불붙여져서 그리스도의 부활의 밝은 빛과 함께 빛날 수 있게 하시며 영원한 빛의 잔치에 참여할 수 있게 하시옵소서. 우리 주 예수 그리스도의 이름으로 기도합니다. 아멘.

부활절 초의 점화

(집례자는 부활절 초를 점화하고 이렇게 말한다.)
죄와 죽음의 어두움을 이기시고, 그리스도의 빛이 영광 가운데 부활합니다.
(모든 사람이 잘 볼 수 있게 초를 높이 들고서 이렇게 말한다.)
그리스도는 우리의 빛이십니다!
(곧 이어서 촛불 운반자, 집례자, 성가대, 회중이 예배실로 입장한다.)

입장 행진

(찬송을 부르며 입장하며 부활절 초에서 불을 전달받아서 다른 초에도 불을 밝힌다.)

부활 선언

기뻐하라, 천군 천사들아. 찬양하라, 천사들이여.
우리의 왕, 예수 그리스도께서 부활하셨다.
구원의 나팔 소리를 크게 울리어라.
기뻐하라, 천군 천사들아. 찬양하라, 천사들이여.
우리의 왕, 예수 그리스도께서 부활하셨다.
온 땅이여, 우리 왕의 빛나는 광채 속에서 기뻐하라. 그리스도께서 모든 것을 이기시고 영광으로 우리를 채워주십니다. 어두움이 영원히 사라졌습니다.
기뻐하라, 천군 천사들아. 찬양하라, 천사들이여.
우리의 왕, 예수 그리스도께서 부활하셨다.
거룩한 교회여, 기뻐하라, 영광 가운데 매우 기뻐하라. 부활하신 구세주께서 여러분에게 빛을 비추십니다. 이 자리가 기쁨으로 가득 차며 모든 하나님의 백성들이 부르는 권능의 찬송으로 울려 퍼지게 합시다.
기뻐하라, 천군 천사들아. 찬양하라, 천사들이여.
우리의 왕, 예수 그리스도께서 부활하셨다.
전능하시고 영원하신 하나님과 독생 성자 예수 그리스도를 찬양하는 것이 참으로 올바른 일입니다. 그리스도께서 우리를 위해 피를 흘리셨고 믿음의 백성들을 구원하시기 위해 아담의 죄값을 치르셨기 때문입니다.
기뻐하라, 천군 천사들아. 찬양하라, 천사들이여.
우리의 왕, 예수 그리스도께서 부활하셨다.
이날은 참된 어린양이신 그리스도께서 죽임을 당한 유월절입니다. 이날 밤에 주님께서는 먼저 믿음의 조상들을 구원하셨으며 노예 생활을 하던 백성을 자유롭게 하셨고 바다를 건너게 하셨습니다.
기뻐하라, 천군 천사들아. 찬양하라, 천사들이여.
우리의 왕, 예수 그리스도께서 부활하셨다.
이날은 불기둥이 죄의 어두움을 부숴뜨린 그 밤입니다. 이날은 죄를 깨끗이 씻고 죄악에서 벗어난 모든 그리스도인들이 은혜를 회복하고 거룩함으로 함께 성장해 가는 밤입니다.
기뻐하라, 천군 천사들아. 찬양하라, 천사들이여.
우리의 왕, 예수 그리스도께서 부활하셨다.

이날은 예수 그리스도께서 죽음의 사슬을 끊고 무덤에서 일어나신 밤입니다. 하늘이 땅과 결합하고 우리가 주님과 화해를 하였으니 참으로 복된 밤입니다.
기뻐하라, 천군 천사들아. 찬양하라, 천사들이여.
우리의 왕, 예수 그리스도께서 부활하셨다.
어두워지지 않는 불꽃이며 주님의 영광으로 타오르는 불기둥인 부활절 촛불을 받아들입시다. 이 빛이 천국의 빛과 섞여서 밤의 어두움을 몰아내기 위해 계속 용감하게 타오르도록 합시다.
기뻐하라, 천군 천사들아. 찬양하라, 천사들이여.
우리의 왕, 예수 그리스도께서 부활하셨다.
결코 지지 않는 새벽별께서 이 불꽃이 계속 타오르도록 하시옵소서. 죽음에서 돌아오신 그 새벽별이신 그리스도께서 모든 피조물에게 평화의 빛을 비추시옵소서.
기뻐하라, 천군 천사들아. 찬양하라, 천사들이여.
우리의 왕, 예수 그리스도께서 부활하셨다. 아멘.

찬송

(2) 말씀의 선포(The Service of the Word)

집례자: 사랑하는 성도 여러분, 역사 가운데 하나님께서 행하신 구원의 일들을 기억하면서 하나님의 말씀을 경청하여 하나님께서 우리의 구세주로 독생 성자를 어떻게 보내셨는지 들으시기 바랍니다. 이 말씀을 듣는 가운데 우리의 영혼과 마음이 밝아지도록 성령께서 인도하시기를 바랍니다. 여러분 각자 풍성한 은혜를 받을 수 있도록 기도하시기 바랍니다.

구약의 말씀

(예배의 시간에 따라 읽는 부분은 조정할 수 있다. 그러나 출애굽기 14장을 포함하여 최소한 세 부분 이상은 읽는 것이 좋다. 각 부분의 성서 말씀은 소개의 말 다음에 읽으며, 말씀 낭독 뒤에는 시편교독, 잠시 동안 침묵, 기도가 따른다.)

[창조]

태초에 혼돈으로부터 하나님께서 말씀으로 질서를 창조하셨습니다. 하나님의 선하신 창조는 하나님의 형상을 가진 인간을 지으심으로 절정에 이르렀습니다.

말　씀 창세기 1:1-2:2
시편교독 시편 33:1-22
기도합시다.
전능하신 하나님, 주님께서는 인간을 존귀하게 창조하셨고 그 존귀함을 더욱 아름답게 회복시키십니다. 저희가 인간의 육신을 입고 자신을 낮추신 그리스도의 거룩한 삶을 나눌 수 있도록 하시옵소서. 우리 주 예수 그리스도의 이름으로 기도합니다. 아멘.

[하나님과 맺은 언약]

하나님께서는 이 땅이 죄로 넘쳐남을 보시고 큰물로 쓸어 버리셨습니다. 그러나 노아와 그의 가족은 하나님께서 남기시고 구원하셔서 무지개를 통해 언약을 주셨습니다.

말　씀 창세기 7:1-5, 11-18, 8:6-18, 9:8-13
시편교독 시편 46:1-11
기도합시다.
천지를 다스리시는 거룩하신 하나님, 주님은 구름을 흩으시고 무지개를 만드셔서 모든 살아있는 생명들과 언약을 맺으셨습니다. 저희가 하나님께서 이 땅 위에서 맡겨주신 청지기의 직분을 충실히 행하며 지켜갈 수 있게 하시옵소서. 크신 은혜를 주신 우리 주 예수 그리스도의 이름으로 기도합니다. 아멘.

[아브라함의 순종]

하나님께서는 아브라함의 아들을 바치라는 명령을 하시며 아브라함을 시험하셨습니다. 하나님께서 산에서 준비하심을 통해서 복을 내리셨습니다.

말　　씀 창세기 22:1-19
시편교독 시편 16:1-11
기도합시다.
모든 믿는 자에게 자비를 베푸시는 하나님, 아브라함의 복종을 통하여 주님께서는 수많은 사람들에게 주님의 신실한 사랑을 드러내 보이셨습니다. 그리스도께서 희생당하시며 주신 그 은혜로 교회와 모든 피조물에게 새로운 언약을 받은 기쁨이 넘쳐나게 하시옵소서. 우리 주 예수 그리스도의 이름으로 기도합니다. 아멘.

[홍해에서 구원하심]

하나님의 백성을 노예로 부렸던 바로가 홍해까지 하나님의 백성들을 추격해 왔습니다. 절망적인 상황임에도 불구하고, 하나님께서 바다를 갈라 하나님의 백성들을 마른 땅으로 인도하시고 애굽 군사들을 물로 덮어서 하나님의 백성들을 구원하셨습니다. 그래서 미리암이 하나님께서 하신 놀라운 구원의 사건을 찬양하였습니다.

말　　씀 출애굽기 14:10-31, 15:20-21
시편교독 시편 114:1-8

기도합시다.

우리를 구원하시는 하나님, 주님께서 전능하신 팔의 능력으로 택하신 이스라엘 백성을 바닷물 속에서 구원하셨던 것처럼, 이제 주님의 교회와 질고와 억압에 시달리는 이 땅의 백성들을 구원하시사, 모든 사람들이 자유를 누리는 가운데 기뻐하게 하고 주님을 섬기게 하시옵소서. 우리 주 예수 그리스도의 이름으로 기도합니다. 아멘.

[모든 사람에게 주어지는 구원]

예언자 이사야는 굶주리고 목마른 사람들을 풍성한 삶으로 초대합니다.

말　씀 이사야 55:1-11
시편교독 시편 67:1-7

기도합시다.

만물의 창조주 하나님, 주님은 목마른 자에게는 물을, 배고픈 자에게는 먹을 것을 기꺼이 주십니다. 저희를 세례의 물로 새롭게 하시고 성찬대의 떡과 포도주로 저희를 먹이시사, 주님의 말씀이 저희들 삶 가운데에서 열매를 맺고 모두 주님의 영광스러운 나라에 들어갈 수 있게 하시옵소서. 우리 주 예수 그리스도의 이름으로 기도합니다. 아멘.

[새 영과 새 마음]

하나님께서 하나님의 백성들을 새롭게 하실 것이라고 예언자는 약속했습니다. 하나님은 백성들의 굳은 마음을 새로운 마음으로 바꾸어 놓으실 것입니다.

말　씀 에스겔 36:24-28
시편교독 시편 42:1-11

기도합시다.

거룩하시고 빛이 되시는 하나님, 그리스도께서 죽으시고 부활하시는 신비 속에 주님은 화해의 새 언약을 세워 놓으셨습니다. 저희의 마음을 깨끗하게 하시고 새로운 영을 주시사, 주님의 구원하시는 은총을 증거하고 온 세상에 알리게 하시옵소서. 우리 주 예수 그리스도의 이름으로 기도합니다. 아멘.

[하나님의 백성들을 위한 새로운 생명]

에스겔 예언자는 하나님께서 백성들의 마른 뼈를 취하셔서 연결하고 생기를 불어넣어 다시 살리시는 환상을 보았습니다.

말　씀 에스겔 37:1-14

시편교독 시편 143:1-12

기도합시다.

영원하신 하나님, 주님은 우리 주 예수 그리스도를 죽음에서 부활시키셨으며 성령을 통해 교회에 생명을 주셨습니다. 다시 한번 성령을 저희에게 불어넣어 주시고 새로운 생명을 주님의 백성들에게 주시옵소서. 우리 주 예수 그리스도의 이름으로 기도합니다. 아멘.

[하나님의 백성을 모으심]

하나님께서 곤고한 중에 있는 백성을 구원하시고 쫓겨난 자들을 모아 칭찬과 명성을 얻게 하십니다.

말　씀 스바냐 3:14-20

시편교독 시편 98:1-9

기도합시다.

영원히 살아계시는 능력과 빛의 하나님, 주님의 교회 위에 자비로운 눈길을 주시고 주님의 마지막 구원을 완성하시어, 낮은 자가 높임을 받게 하시며 옛것이 새것이 되게 하시고 만물이 온전하게 되도록 하시옵소서. 우리 주 예수 그리스도의 이름으로 기도합니다. 아멘.

신약의 말씀
로마서 6:3-11   (모든 해 공통)

시편교독
시편 118:14-29   (모든 해 공통)

복음서 봉독
마태복음 28:1-10   (A 해: 2002, 2005, 2008, 2011)
마가복음 16:1-8   (B 해: 2003, 2006, 2009, 2012)
누가복음 24:1-12   (C 해: 2004, 2007, 2010, 2013)

설교
(이 예배에서 말씀을 읽는 것 자체가 말씀의 선포이므로 설교를 길지 않게 하는 것이 좋다.)

(3) 세례식(The Service of the Baptismal Covenant)
(유아 세례, 성인 세례와 입교식을 거행한다.)

(4) 성찬식(The Service of the Table)

봉헌
(부활절 찬송이나 찬양을 부르는 동안 떡과 포도주를 봉헌한다. 헌금을 봉헌하는 것과 함께 바치며, 성찬대에 준비가 되면 집례자는 이렇게 말한다.)

그리스도 안에서 사랑을 누리는 여러분, 우리는 주님의 하늘 잔치에 참여하기 위해 동서남북 사방에서 모였습니다. 우리의 부활절 어린 양 그리스도께서 희생당하셨습니다. 우리 모두 이 잔치를 축하하며 참여합시다. 할렐루야.

성찬 기도

[수르숨 코르다(Sursum Corda)]

('마음을 높이 들다.' 라는 뜻의 라틴어로 성찬기도의 중요한 요소)
주님께서 여러분과 함께 하시기를 빕니다.
목사님과도 함께 하시기를 빕니다.
여러분의 마음을 높이 드십시오.
주님을 향해 우리의 마음을 높이 듭니다.
주님께 감사를 드립시다.
이는 주의 백성들이 마땅히 해야 할 바입니다.

[감사 기도(Preface)]

전능하신 하나님, 하늘과 땅의 창조주 하나님, 언제나 어디서나 주님께 감사드림이 마땅하고 옳으며 기쁜 일입니다.
주님께서는 주의 형상대로 저희를 지으시고 생명의 숨을 불어넣으셨습니다. 저희가 주님과 멀리 떨어져 사랑을 잃어버렸어도, 주님의 사랑은 변함없이 굳건히 남아있습니다. 주님께서는 종살이에서 저희를 해방시켰으며 저희의 주권자가 되심을 언약을 통해 밝히셨고 젖과 꿀이 흐르는 땅으로 저희를 인도하셨으며 저희 앞에 생명의 길을 열어 놓으셨습니다.
그러기에 땅 위에 있는 주님의 백성들과 하늘에 있는 모든 천사들의 영원한 찬송에 합하여 주님의 이름을 찬양합니다. 영광과 찬양을 영원히 받으시기를 바라며 우리 주 예수 그리스도의 이름으로 기도합니다. **아멘.**

[상투스(Sanctus)] (다같이)

거룩하시다, 거룩하시다, 거룩하시다. 만군의 주님, 하늘과 땅에 그의 영광이 가득하시다. 지극히 높은 곳에서 호산나. 찬양받으소서, 주의 이름으로 오시는 분이시여. 지극히 높은 곳에서 하나님을 찬양하도다.

[상투스 후 기도]

거룩하신 하나님, 독생 성자 예수 그리스도를 찬양합니다.
주의 성령이 그리스도에게 임하셔서, 가난한 자에게 복음을 전하게 하시고, 포로 된 자에게 자유를, 눈먼 자에게 다시 보게 함을 전파하시며, 눌린 자를 자유하게 하시고 주의 백성이 구원받을 때가 왔음을 알리셨습니다. 그리스도께서는 병든 자들을 고치셨고 배고픈 자들을 먹이셨고 죄인들과 함께 잡수셨습니다.
그리스도는 고난과 죽음과 부활의 세례로써 교회를 탄생시키셨으며, 저희를 죄와 죽음의 노예 상태에서 인도하시고 물과 성령으로 새 언약을 저희에게 주셨습니다.
주님의 크신 자비로 저희가 독생 성자의 죽음으로부터의 부활을 통해 산 소망으로 새롭게 태어났으며 멸하지 않고 시들지 않고 더럽혀지지 않는 상속자들이 되었습니다.

[성찬 제정사]

전능하신 하나님, 저희를 구원하시려고 독생 성자 예수 그리스도를 십자가에서 고난당하게 하셨습니다. 자비하신 주님, 그리스도께서 온 세상의 죄를 위하여 완전한 속죄 제물이 되시고, 성례를 정하시어 저희에게 명하사, 주님께서 강림하실 때까지 주님의 귀하신 죽음을 기념하라 하셨습니다.
(집례자는 빵을 들어 올리며)
예수께서 잡히시던 밤에 떡을 가지사 축사하시고 떼어 가라사대 이것은 너희를 위하는 내 몸이니 이것을 행하여 나를 기념하라 하셨습니다.
(빵을 내려놓는다. 그리고 잔을 들어 올리며)
식후에 또한 이와 같이 잔을 가지시고 가라사대 이 잔은 내 피로 세운 새 언약이니 이것을 행하여 마실 때마다 나를 기념하라 하셨습니다. (잔을 내려놓는다.)

[기념사]

거룩하신 하나님, 예수 그리스도를 통해 행하신 전능하신 일들을 기억하면서, 그리스도와 연합하여 저희 자신을 거룩하고 산 제물로 찬양과 감사 가운데 드립니다. 저희가 모두 성찬에 참여하여 그리스도께서 저희를 위해 죽으셨고 부활하셨으며, 저희를 감사와 믿음으로 성장하도록 양육하고 계심을 기억하게 하시옵소서.
그리스도께서 죽으셨으며, 그리스도께서는 부활하셨으며, 그리스도께서는 다시 오실 것입니다.

[성령 임재의 기도]

전능하신 하나님, 성령께서 이 자리에 모인 저희들 위에 임하시고, 주님의 거룩한 식탁 위에 놓인 떡과 포도주 위에 임하시기를 기도합니다. 이 성찬에 함께 하셔서, 하늘의 떡과 구원의 잔을 먹고 마시는 저희가 그리스도의 새로운 몸을 입어 세상을 변화하는 힘이 되게 하시옵소서. 예수 그리스도께서 최후 승리를 거두며 다시 오실 때까지, 저희가 모두 하나님 나라의 잔치에 참여할 때까지 성령께서 임하셔서, 저희가 그리스도와 하나가 되게 하시며, 저희들이 서로 하나되게 하시고, 온 교회가 하나되게 하시옵소서. 전능하신 하나님 아버지께 모든 존귀와 영광이 영원토록 있기를 간구하며 우리 주 예수 그리스도의 이름으로 기도합니다. 아멘.

[영광 찬양(Doxology)]
(찬송가 3장, "이 천지간 만물들아"를 부른다.)

주님이 가르치신 기도

분급 (분급하는 동안 기쁨에 넘친 부활 찬송을 부른다.)

성찬 후 기도

주님께서는 저희들에게 주님 자신을 주셨습니다.
이제는 저희들이 우리 자신을 다른 사람에게 주겠습니다.
주님께서는 그리스도와 함께 저희가 부활하도록 하셨으며 저희를 새로운 백성으로 만드셨습니다.
부활한 백성으로서, 저희가 주님을 기쁨으로 섬기겠습니다.
주님의 영광이 저희 마음을 가득 채웁니다.
모든 일 속에서 저희가 주님께 영광돌릴 수 있도록 도와주시옵소서. 아멘.

찬송

축도

주님을 사랑하고 섬기기 위하여 평화를 누리며 나아가십시오.
저희는 그리스도의 부활의 능력으로 보냄을 받습니다. 할렐루야.
성부, 성자, 성령 삼위일체이신 하나님께서 주시는 복이 여러분에게 항상 함께 하기를 간구합니다. 아멘.
아멘. 할렐루야, 할렐루야.

10) 부활절 예배

부활절 오전 예배는 큰 기쁨과 다시 새롭게 됨을 나타내는 예배이다. 교회에 따라 많은 행사들이 있을 수 있으며 특히 칸타타와 같은 특별한 음악 순서를 행하기도 한다. 예배는 부활절에 갖는 회중의 기대를 충족시키는 형태를 취하며, 하나님의 말씀을 강화하고 예수 그리스도와 함께 죽고 부활한다는 신학적 의미를 부여하는 것으로 구상해야 한다. 시각적인 것으로 기쁨을 강하게 고양시키는 것이 좋으며 전통적으로 아름다운 꽃들로 장식을 한다. 그러나 이 경우 성단소의 기본적인 가구들인 성찬대, 설교대, 세례반, 십자가 등이 가려지거나 주의를 산만하게 할 정도로 지나쳐서는 안 된다. 사순절과는 달리 배너 등을 사용하여 장식할 수 있으며 천의 질감과 색조도 우아하고 좋으며 밝은 것을 사용하는 것이 바람직하고 부활과 관계되는 상징이나 문자, 글 등을 그려놓는 것이 좋다.

부활절 초(Paschal Candle)는 시각적인 상징으로서 아주 중요하다. 이 초는 하얀색으로 지름은 최소 5cm 이상이고 길이는 50cm 이상의 큰 것을 사용한다. 부활절 초는 4세기에 북부 이탈리아에서 사용한 것으로 알려져 있으나 언제 어디에서 그 기원이 유래했는지는 확실하지가 않다. 중세 말기 영국의 솔즈베리(Salisbury) 대성당에 사용되었던 초는 그 크기가 11미터가 이르렀으며 그 당시 웨스트민스터 수도원에서 사용되었던 초의 무게는 740킬로그램에 이르렀다고 한다. 이 초는 결코 지지 않는 새벽별처럼 그리스도께서 영원히 빛을 발하심을 뜻했다. 이 초는 부활절 철야 예배나 부활절 첫 예배 때에 불을 밝혀 오순절에 이르는 위대한 오십 일 동안에 드리는 모든 예배 시간에 켜져 있었다. 부활절 초와 촛대는 오순절 이후에는 치웠다가 다음 해의 부활절에 다시 등장하였으며, 그 사이에 교회에서 행하는 세례식이나 장례식 그리고 추도식 등 부활을 의미하는 의식에 사용하였다. 부활절 철야 예배나 부활절 첫 예배에서 세례식과 세례언약의 재확인을 하지 않았다면 이 예배 순서에 첨가하여 진행하는 것이 좋다.

†부활절 예배†

예배로 부름

그리스도께서 부활하셨습니다.
그리스도께서 참으로 부활하셨습니다.
영광과 존경, 권세와 능력을 하나님께 영원히 돌립니다.
그리스도께서 부활하셨습니다. 할렐루야.

찬송

기도

하나님, 저희의 구원을 위해 독생 성자를 십자가에 달려 돌아가게 하시고, 영광스러운 부활로써 저희를 죽음의 세력에서 구해주셨습니다. 저희가 날마다 죄에 대해 죽음으로써 그리스도의 부활의 기쁨을 누리며 그리스도와 함께 영원히 살게 하시옵소서. 성부와 성령과 함께 살아 계시고 영원히 다스리시는 우리 주 예수 그리스도의 이름으로 기도합니다. 아멘.

(또는)
하나님 아버지, 독생 성자 예수 그리스도의 부활로써 죽음의 세력을 물리치시고 저희에게 영원한 생명의 문을 열어 주시니 감사를 드립니다. 저희 안에 거하시는 성령의 도우심으로 오늘 드리는 예배가 저희를 새롭게 일으키고 저희의 삶이 다시 새로워지게 하시옵소서. 우리 주님 예수 그리스도의 이름으로 기도합니다. 아멘.

첫 번째 성서봉독
사도행전 10:34-43 (모든 해 공통)

시편 교독
시편 118:14-24 (모든 해 공통)

두 번째 성서봉독
골로새서 3:1-4 (A 해: 2002, 2005, 2008, 2011)
고린도전서 15:1-11 (B 해: 2003, 2006, 2009, 2012)
고린도전서 15:19-26 (C 해: 2004, 2007, 2010, 2013)

찬양

복음서 봉독
요한복음 20:1-18 또는 마태복음 28:1-10 (A 해)

요한복음 20:1-18 또는 마가복음 16:1-8   (B 해)

요한복음 20:1-18 또는 누가복음 24:1-12   (C 해)

설교
사도신경(또는 세례의 재확증)
중보기도(목회기도)
평화의 인사
봉헌
(성찬식을 거행하지 않을 경우 헌금만 봉헌하고 감사기도를 한다.)

감사 기도
주님이 가르치신 기도
찬송
축도
기쁨에 넘쳐 모든 일에서 하나님을 사랑하고 섬기기 위해 나아가십시오.

부활하신 그리스도의 이름으로 우리는 보냄을 받았습니다.

주님을 찬양합시다.

하나님께 감사를 드립니다. 할렐루야.

양떼들의 큰 목자를 부활하게 하신 하나님의 평화가 우리에게 임하여 모든 선한 일 가운데에서 주님의 뜻을 행할 수 있게 하시옵소서. 성부와 성자와 성령께 영광이 영원토록 있습니다.

아멘. 할렐루야.

(성찬식을 거행할 경우에는 봉헌 후에 성찬 기도를 시작하며 그 내용은 부활절 철야 예배의 성찬식을 사용한다. 성찬 후 기도는 다음과 같이 한다.
주님, 구원을 위해 베푸신 이 부활절 식탁으로 저희를 양육하여 주심을 찬양하고 영광을 돌립니다. 성령으로 저희를 채워 주시사 저희가 모두 주님의 크신 사랑의 살아있는 징표가 되게 하시옵소서. 우리 주님 예수 그리스도의 이름으로 기도합니다. 아멘.)

11) 부활절 이후 둘째 주일부터 여섯째 주일까지

부활절에서 오순절에 이르는 위대한 오십 일(Great Fifty Days)은 교회력의 절기 가운데 가장 큰 축제의 기간으로 부활절 날의 기쁨과 잔치같은 분위기가 그 후에 뒤따르는 주일에도 계속된다. 이 기간의 주일들은 일 년을 한 주기로 볼 때 주일에 해당하는 오십 일의 중심에 있는 것으로 비유된다. 성서일과에 따른 성서의 말씀은 이 절기가 담고 있는 풍성하고 다양한 의미를 드러낸다. 부활과 승천 사이의 사십 일 동안 예수께서 제자들과 함께 하셨다는 것과 오순절에 성령이 임하시기를 십 일 동안 기다렸다는 것이 명확하게 기억되지만, 그 위에 더 나아가 더욱 많은 것을 내포한다. 이 때는 성령에 관한 것과 성령으로 능력을 받은 초대교회의 삶에 관한 성서 구절을 읽는 때이기도 하다. 우리 가운데에 현존하시는 살아 계신 그리스도를 기억하고 성령의 역사하심을 통하여 우리가 부활하신 그리스도를 알 수 있게 되는 것이다. 시기로 보면 북반구에 살고 있는 우리들에게는 봄의 계절이어서 하나님의 새로운 창조의 계절이라고 여겨지는 때이기도 하다.

예배의 분위기는 이 절기의 정신과 의미를 잘 반영해야 한다. 부활절에 제시한 시각 요소들은 이 절기 동안 계속 사용한다. 부활절 초도 계속 켜서 이 절기가 일 년 중에 가장 중요한 시기임을 나타낸다. 성단소에 사용되는 색깔은 가장 보편적이고 전통적으로 흰색을 사용하며, 오순절에는 성령의 불을 상징하는 밝은 빨간색을 사용한다. 그리고 황금색이 축제 분위기와 기쁨을 나타내는 것이므로 부활절기에 흰색과 더불어 사용하기도 하며, 오순절에 붉은 색과 함께 사용할 수도 있다. 이러한 주일들의 예배에 사용하는 음악은 기쁘고 축제의 분위기가 넘치는 것이어야 하며 찬송과 찬양이 탁월하게 우세해 보이는 것이 좋다. 성찬식도 기쁨에 넘치는 감사가 될 수 있으며 살아 계신 그리스도와 부활의 식탁을 함께 하는 것이 될 수 있다. 성찬식을 자주 행하지 않거나 한 달에 한 번 하는 교회의 경우 이 기간의 주일들에 매주 성찬식을 거행한다면 회중이 부활절 신비를 구체적으로 경험할 수 있는 또다른 기회가 될 것이다. 성찬식의 성찬 기도는 부활절에 행하는 성찬 기도를 사용하는 것이 무난하다.

† 예배로 부름과 기도문 †

예배로 부름

할렐루야. 하늘에서 여호와를 찬양하며 높은 데서 그를 찬양할지어다. **여호와의 이름을 찬양할지어다. 그의 이름이 홀로 높으시며 그의 영광이 땅과 하늘 위에 뛰어나심이로다.** (시편 148:1, 13)

(또는)
하늘이여 노래하라. 땅이여 기뻐하라. 산들이여 즐거이 노래하라. **여호와께서 그의 백성을 위로하였은즉 그의 고난 당한 자를 긍휼히 여기실 것임이라.** (이사야 49:13)

(또는)

보라. 하나님은 나의 구원이시라. 내가 신뢰하고 두려움이 없으리니,
주 여호와는 나의 힘이시며 나의 노래시며 나의 구원이심이라.
(이사야 12:2)

(또는)
예수께서 이르시되 나는 부활이요 생명이니
나를 믿는 자는 죽어도 살겠고, 무릇 살아서 나를 믿는 자는 영원히 죽지 아니하리라.
(요한복음 11:25)

(또는)
이제 그리스도께서 죽은 자 가운데서 다시 살아나사 잠자는 자들의 첫 열매가 되셨도다.
사망이 한 사람으로 말미암았으니 죽은 자의 부활도 한 사람으로 말미암는도다. 아담 안에서 모든 사람이 죽은 것같이 그리스도 안에서 모든 사람이 삶을 얻으리라.
(고린도전서 15:20-22)

(또는)
우리에게 큰 대제사장이 있으니 승천하신 자 곧 하나님 아들 예수시라.
그러므로 우리가 긍휼하심을 받고 때를 따라 돕는 은혜를 얻기 위하여 은혜의 보좌 앞에 담대히 나아갈 것이니라.
(히브리서 4:14, 16)

(또는)
죽임을 당하신 어린 양은 능력과 부와 지혜와 힘과 존귀와 영광과 찬송을 받으시기에 합당하도다.
보좌에 앉으신 이와 어린 양에게 찬송과 존귀와 영광과 권능을 세세토록 돌릴지어다.
(요한계시록 5:12, 13)

(또는)
그리스도께서 부활하셨습니다.
참으로 그리스도께서 부활하셨습니다. 할렐루야.

(또는)
고귀하신 머리가 되시는 그리스도를 따라 이제 주께서 인도하시는 곳으로 날아오릅니다.
그리스도를 닮은 우리는 그리스도와 같이 부활합니다. 십자가와 죽음, 그리고 천국이 우리에게 주어졌습니다.

(또는)
그리스도의 십자가로 주님께서는 나무에 달려 받으신 저주를 부숴뜨렸습니다.
그리스도의 십자가로 주님께서는 죽음의 지배를 흩으셨습니다.
그리스도의 부활로 주님께서는 저희에게 빛을 주셨습니다.
은혜를 베푸시는 그리스도께 영광을 돌립니다.

(또는)
성령께서 오셔서, 주님의 신실한 백성들의 마음을 채워 주시옵소서.
또한 그 마음 속에 주의 사랑의 불을 지펴주시옵소서.
주께서 성령을 보내시사 모두 새 생명을 얻게 하시옵소서.
또한 주님께서 이 땅의 만물을 새롭게 하시옵소서.

(또는)
하나님께 영광을 돌리어라.
하나님께서는 부활을 위한 영광의 옷을 짜셨도다.
독생 성자께 예배하라.

예수 그리스도께서 부활하실 때 그 영광의 옷을 입었도다.
성령께 감사하라.
성령께서 모든 성도를 위해 그 영광의 옷을 지키시도다.

기도문

주님, 저희가 다시 태어나지 않는다면 주님의 놀라우신 탄생이 아무 의미가 없으며, 저희가 죄에 대하여 죽지 않는다면 주님의 죽음과 희생이 아무 의미가 없으며, 주님께서 홀로 부활하신다면 주님의 부활은 의미가 없습니다. 구세주가 되시는 주님, 저희를 부활시키시고 높이 들어올리사 은총과 영광의 단계에 다다르게 하시옵소서. 성부와 성령과 함께 살아계시고 영원히 다스리시는 우리 주님 예수 그리스도의 이름으로 기도합니다. 아멘.

(또는)

전능하신 하나님, 독생 성자를 통하여 죽음을 물리치시고 저희들에게 영원한 생명의 문을 열어주셨습니다. 우리 주님의 부활을 찬양하는 저희들을 성령께서 새롭게 하시어 죄의 죽음에서 의의 생명으로 일어나게 하시옵소서. 우리 주님 예수 그리스도의 이름으로 기도합니다. 아멘.

(또는)

생명의 주님, 죽음에게 스스로를 내어주심으로 죽음을 이기셨습니다. 십자가에 높이 달리심으로 모든 백성들을 주님께로 이끄셨고, 죽음에서 부활하심으로 저희들이 죄로 인해 잃어버렸던 것을 회복시켜 주셨습니다. 이 부활절기의 오십 일을 통하여 저희가 죽음과 부활의 놀라운 신비를 선포하게 하시옵소서. 지금부터 영원까지 모든 찬양과 영광은 주님의 것입니다. 우리 주님 예수 그리스도의 이름으로 기도합니다. 아멘.

†부활절 이후 둘째 주일†

첫 번째 성서봉독
    사도행전 2:22-32   (A 해: 2002, 2005, 2008, 2011)
    사도행전 4:32-35   (B 해: 2003, 2006, 2009, 2012)
    사도행전 5:27-32   (C 해: 2004, 2007, 2010, 2013)

시편교독
    시편 16:1-11   (A 해)
    시편 133:1-3   (B 해)
    시편 150:1-6   (C 해)

두 번째 성서봉독
    베드로전서 1:3-9   (A 해)
    요한1서 3:1-7   (B 해)
    요한계시록 1:4-8   (C 해)

복음서 봉독
    요한복음 20:19-31   (모든 해 공통)

†부활절 이후 셋째 주일†

첫 번째 성서봉독

    사도행전 2:36-41   (A 해)
    사도행전 3:12-19   (B 해)
    사도행전 9:1-20   (C 해)

시편교독

    시편 116:1-4, 12-19   (A 해)
    시편 4:1-8   (B 해)
    시편 30:1-12   (C 해)

두 번째 성서봉독

    베드로전서 1:17-23   (A 해)
    요한1서 3:1-7   (B 해)
    요한계시록 5:11-14   (C 해)

복음서 봉독

    누가복음 24:13-35   (A 해)
    누가복음 24:36-48   (B 해)
    요한복음 21:1-19   (C 해)

†부활절 이후 넷째 주일†

첫 번째 성서봉독
    사도행전 2:42-47   (A 해)
    사도행전 4:5-12   (B 해)
    사도행전 9:36-43   (C 해)

시편교독
    시편 23:1-6   (모든 해 공통)

두 번째 성서봉독
    베드로전서 2:19-25   (A 해)
    요한1서 3:16-24   (B 해)
    요한계시록 7:9-17   (C 해)

복음서 봉독
    요한복음 10:1-10   (A 해)
    요한복음 10:11-18   (B 해)
    요한복음 10:22-30   (C 해)

†부활절 이후 다섯째 주일†

첫 번째 성서봉독
    사도행전 7:55-60   (A 해)

사도행전 8:26-40 (B 해)
사도행전 11:1-18 (C 해)

시편교독

시편 31:1-5, 15-26 (A 해)
시편 22:25-31 (B 해)
시편 148:1-14 (C 해)

두 번째 성서봉독

베드로전서 2:2-10 (A 해)
요한1서 4:7-21 (B 해)
요한계시록 21:1-6 (C 해)

복음서 봉독

요한복음 14:1-14 (A 해)
요한복음 15:1-8 (B 해)
요한복음 13:31-35 (C 해)

†부활절 이후 여섯째 주일†

첫 번째 성서봉독

사도행전 17:22-31 (A 해)
사도행전 10:44-48 (B 해)
사도행전 16:9-15 (C 해)

시편교독

    시편 66:8-20   (A 해)
    시편 98:1-9   (B 해)
    시편 67:1-7   (C 해)

두 번째 성서봉독

    베드로전서 3:13-22   (A 해)
    요한1서 5:1-6   (B 해)
    요한계시록 21:10, 22-22:5   (C 해)

복음서 봉독

    요한복음 14:15-21   (A 해)
    요한복음 15:9-17   (B 해)
    요한복음 14:23-29   (C 해)

† 부활절 이후 일곱째 주일 †

첫 번째 성서봉독

    사도행전 1:6-14   (A 해)
    사도행전 1:15-17, 21-26   (B 해)
    사도행전 16:16-34   (C 해)

시편교독

    시편 68:1-10, 32-35   (A 해)

시편 1:1-6 (B 해)
시편 97:1-12 (C 해)

두 번째 성서봉독
베드로전서 4:12-14, 5:6-11 (A 해)
요한1서 5:9-13 (B 해)
요한계시록 22:12-14, 16-17, 20-21 (C 해)

복음서 봉독
요한복음 17:1-11 (A 해)
요한복음 17:6-19 (B 해)
요한복음 17:20-26 (C 해)

12) 승천일(Ascension Day)과 승천 주일

교회는 전통적으로 그리스도께서 하늘에 승천하셔서 하나님 아버지의 오른편에 앉아 계신다고 하는 성서적 실재를 특별하게 표시해 왔다. 우리가 승천일을 부활절 이후 사십 일째 되는 날, 즉 여섯 번째 목요일로 잡고 있지만 그것은 예수께서 부활 이후 사십 일 동안 제자들에게 보이셨다고 하는 것(행 1:3)을 역사적으로 기념하는 날이다. 그러나 그 의미에 있어서 초대 교회의 전통에 따라 부활절 사건에서 필수적인 부분을 보다 더 중요하게 드러낸다. 디모데전서 3:16에서 "영광 가운데서 올려지셨느니라."고 증거한 것과 같이 어떤 방법으로 승천하였는가가 아니라 그 신학적인 의미에 강조점을 두었다. 많은 교회들이 목요일에 특별한 예배를 드리기는 실행하기 어려우므로 승천일 뒤의 주일, 즉 부활절 이후 일곱 번째 주일에 예수 그리스도의 승천을 기념하게 된다. 예배는 부활과 승천의 연관성을 명확하게 드러내야 한다. 그리스도께서 죽으시고 부활하셔서 우리가 영원한 생명을 얻게 되었고, 그리스도께서 승천하심으로 우리가 그리스도의 거룩함을 나누어 받았다. 우리는 그와 함께 계속 임재하신다는 약속을 받았으므로 하나님과 함께 하는 삶을 살 수 있게 되었다. 중심에 오는 예배의 주제는 '만물 가운데 충만하신 그리스도' 이다.

　이러한 예배 주제는 다음과 같은 핵심적인 성서 이미지에 중점을 두고 여러 방법으로 표현할 수 있다. ①그리스도께서 승리하신 가운데 하나님의 오른 편에 앉아 계심(막 16:9) ②하늘과 땅에서의 모든 권위가 그리스도에게 주어짐 ③세상 끝날까지 그리스도께서 우리와 함께 하심 ④"내가 떠나가는 것이 너희에게 유익이라. 내가 떠나가지 아니하면 보혜사가 너희에게 오시지 아니할 것이요 가면 내가 그를 너희에게로 보내리라."(요 16:7) ⑤"오직 성령이 너희에게 임하시면 너희가 권능을 받고 예루살렘과 온 유대와 사마리아와 땅 끝까지 이르러 내 증인이 되리라 하시니라."(행 1:8) ⑥"어찌하여 서서 하늘을 쳐다 보느냐 너희 가운데서 하늘로 올려지신 이 예수는 하늘로 가심을 본 그대로 오시리라." (행 1:11) 예배는 우리와 함께 하시겠다고 약속한 그리스도의 약속이 오늘날 증거자의 사명과 선교의 사명을 간직한 교회의 구체적인 삶 가운데 의미가 있음을 반영한다. 따라서 교회 공동체의 증거자와 선교자로서의 사명에 초점을 맞출 수도 있다. 예배의 분위기는 기쁜 축제를 벌이는 것과 같아야 한다. 승천일이 위대한 오십 일 가운데 있음을 잊지 말아 승천에 대한 예배가 단지 따로 떨어져 있는 사건이 아니라 성령이 충만한 절기로서의 위대한 오십 일의 의미를 더욱 강화해야 할 것이다. 예배를 목요일에 드리지 않고 주일에 드릴 경우에는 성서일과를 '부활절 이후 일곱째 주일'의 본문을 사용하면 된다.

†승천일 예배†

예배로 부름

그리스도와 함께 부활하여 성령의 충만함을 입으십시오.
저희의 생명은 그리스도와 함께 하나님 안에 있습니다.
이 땅에 오셨던 그리스도께서 또한 하늘 위에 오르사 만물을 충만케 하실 것입니다.
저희의 생명이신 그리스도께서 나타나실 때 저희도 그리스도와 함께 영광 중에 나타날 것입니다. 할렐루야.

찬송

기도

전능하신 하나님, 저희의 구세주 독생 성자께서 하늘 위에 오르시어 모든 만물을 충만케 하셨습니다. 주님의 크신 자비를 베푸시어 그리스도께서 이 세상 끝날까지 주의 백성들과 항상 함께 하심을 깨닫게 하여 주시옵소서. 오직 한 분이신 하나님과 성령과 함께 영광 가운데 영원히 살아계시고 다스리시는 우리 주님 예수 그리스도의 이름으로 기도합니다. 아멘.

(또는)

사랑이 영원하신 하나님, 독생 성자를 하늘로 올리시어 저희들이 거할 처소를 마련하게 하시고 진리의 성령을 보내주신 은혜에 찬양을 드립니다. 그리스도께서 하늘로 올라가심에 대해 저희들이 기뻐하게 하시어 저희가 그 영광 가운데 예배하게 하시옵소서. 저희의 마음과 영혼을 성령의 능력으로 밝히 비춰 주셔서 이 시대를 살아가는 저희들에게 성서의 말씀이 살아있는 말씀이 되도록 하시옵소서. 우리 주님 예수 그리스도의 이름으로 기도합니다. 아멘.

첫 번째 성서봉독
   사도행전 1:1-11   (모든 해 공통)

시편교독
   시편 47:1-9   (모든 해 공통)

두 번째 성서봉독
   에베소서 1:15-23   (모든 해 공통)

찬양

복음서 봉독
   누가복음 24:44-53   (모든 해 공통)

설교

말씀에 대한 응답(사도신경)

중보기도(또는 목회기도)

평화의 인사

봉헌

(성찬식을 거행할 경우에는 '부활절 철야 예배 순서'에 있는 성찬기도를 사용하면 되고, 성찬식을 거행하지 않을 경우에는 다음과 같은 순서로 예배를 마친다.)

감사기도

우리 주님 예수 그리스도의 하나님 아버지, 찬양을 받으시옵소서. 하나님의 자비로 저희가 산 소망을 가진 자들로 거듭났습니다. 홍해를 통해 주의 백성들을 구원하신 것과 같이 그리스도와 함께 저희들을 일으키셨습니다.

저희가 이전에는 주의 백성이 아니었으나 이제는 주의 백성입니다. 하나님의 새로운 언약을 받은 백성들인 저희들이 그리스도께서 주신 생명의 충만함에 다다르도록 성장하게 하시옵소서.

하나님께서 주신 많은 은사들과 생명을 받아들여서 저희가 항상 성령과 함께 살아갈 수 있도록 하시옵소서. 우리 주님 예수 그리스도의 이름으로 기도합니다. 아멘.

주님이 가르치신 기도

찬송

축도

하나님과 이웃을 섬기기 위해 그리스도의 평화를 누리며 나아가십시오. **저희가 부활하시고 영광을 받으시는 주님의 이름으로 보냄을 받습니다.**

전능하신 성부 하나님, 성자, 그리고 성령의 은혜가 여러분에게 지금부터 영원토록 있기를 축원합니다.

아멘. 할렐루야.

13) 오순절(Pentecost)

부활절에서 오순절에 이르는 위대한 오십 일 간의 기간에서 가장 절정에 이르는 때이다. 이 날에 우리는 예수 그리스도 안에서 하나님의 약속이 온전히 성취되었음을 기억하고 기뻐한다. 이날은 그리스도의 죽음과 부활, 승천, 그리고 하나님의 모든 은사와 우리가 감당해야 할 사역의 능력을 주시는 성령의 보내심까지 모두 아우르는 의미있는 날이다. 예배에서 성찬식을 큰 기쁨으로 거행하는 것이 특별히 적합하며, 시각적인 환경도 이 날의 큰 기쁨과 축제의 분위기를 반영하여야 한다. 불꽃을 상징하는 밝은 빨간색이 가장 적절한 색이며 상징으로는 비둘기가 내려옴, 불의 혀, 방주와 무지개와 같이 교회를 상징하는 것, 그리고 내려꽂히는 화살 등을 사용할 수 있다. 금관 악기로 팡파르를 높은 곳에서 울리는 것도 좋은 방법이며 예배의 입장 행진은 부활절 초를 앞세우고 들어가게 된다. 설교 후에 말씀에 대한 응답으로 다양한 모습을 취할 수 있는데 간증과 신앙을 증언하는 순서를 행할 수 있다. 또한 이 날의 예배는 세례식과 세례 언약을 갱신하는 의식을 거행하기에 알맞다.

† 오순절 예배 †

예배로 부름

하나님이 가라사대 말세에 내가 내 영으로 모든 육체에 부어 주리니 **너희 자녀들은 예언할 것이요 너희 젊은이들은 환상을 보고 너희 늙은이들은 꿈을 꾸리라.**
오순절이 이미 이르매 저희가 다 같이 한 곳에 모였더니, **홀연히 하늘로부터 강한 바람 같은 소리가 있어 저희 앉은 온 집에 가득하며**
불의 혀 같이 갈라지는 것이 저희에게 보여 각 사람 위에 임하여 있

더니
저희가 다 성령의 충만함을 받았느니라.

(또는)
우리의 도움이 천지를 지으신 주님께 있도다.
이 땅의 나라들이여 하나님께 경배하라. 주님께 찬양을 드리어라. 할렐루야.
하늘에 좌정하신 하나님께서 능력의 말씀을 보내주시도다.
주님께 찬양을 드리어라. 할렐루야.
하나님께서 거룩한 곳에서 그의 백성들에게 능력과 힘을 주시도다.
주님께 찬양을 드리어라. 할렐루야.
하나님의 영으로 인도함을 받는 사람은 모두 하나님의 자녀라. 주님께서 성령을 보내시사 이 땅의 모습을 새롭게 하시는도다.
주님께 찬양을 드리어라. 할렐루야.

찬송

기도

전능하신 하나님, 이 날에 성령의 은사를 약속하심으로써 모든 민족과 나라들에게 영원한 생명의 길을 열어 놓으셨습니다. 복음 가운데 이 은사들을 온 땅에 널리 펼치셔서 이 세상 끝날까지 하나님의 크신 은혜가 충만하도록 하시옵소서. 하나님과 성령과 함께 영원히 살아계셔서 다스리시는 우리 주님 예수 그리스도의 이름으로 기도합니다. **아멘.**

(또는)
살아계신 하나님의 성령이시여, 오순절 날과 같이 저희에게 다시 찾아와 주시옵소서.
성령이시여, 오시옵소서.
모든 장벽을 쓸어 넘어뜨리는 강한 바람과 같이 저희를 찾아와 주시옵소서.
성령이시여, 오시옵소서.
저희 마음에 불꽃을 일으키는 불의 혀와 같이 저희를 찾아와 주시옵소서.
성령이시여, 오시옵소서.
바벨탑에서 산산히 흩어져 버렸던 저희의 말을 하나로 만드신 것같이 저희를 찾아와 주시옵소서.
성령이시여, 오시옵소서.
인종과 국가와 차별을 뛰어넘는 사랑과 같이 저희를 찾아와 주시옵소서.
성령이시여, 오시옵소서.
약한 저희를 강하게 하는 하늘로부터 오는 능력과 같이 저희를 찾아와 주시옵소서.
성령이시여, 오시옵소서.
우리 주님 예수 그리스도의 이름으로 기도합니다.
아멘.

첫 번째 성서봉독

    사도행전 2:1-21 　　　　　　(모든 해 공통)

시편교독

    시편 1-4:24-35 　　　　　　(모든 해 공통)

두 번째 성서봉독

　　　고린도전서 12:3-13　　(A 해: 2002, 2005, 2008, 2011)
　　　로마서 8:22-27　　　 (B 해: 2003, 2006, 2009, 2012)
　　　로마서 8:14-17　　　 (C 해: 2004, 2007, 2010, 2013)
　　　요한복음 7:37-39　　　(A 해)
　　　요한복음 15:26-27, 16:4-15　(B 해)
　　　요한복음 14:8-17, 25-27　(C 해)

찬양

복음서 봉독

말씀에 대한 응답

세례식, 세례언약의 갱신

목회기도(또는 중보기도)

평화의 인사

예수께서 "나의 평안을 너희에게 주노라. 내가 너희에게 주는 것은 세상이 주는 것 같지 아니하니라."고 말씀하셨습니다.
주님의 평화가 여러분과 함께 하길 빕니다.
목사님에게도 함께 하길 빕니다.
화해와 평화의 인사를 서로 나누시기 바랍니다.

봉헌

(성찬식을 거행하지 않을 경우에는 봉헌 이후에 감사기도와 주님이 가르치신 기도, 찬송, 축도의 순서로 예배를 마친다.)

감사의 기도

지극히 자비로우신 하나님, 그리스도를 따르는 저희들에게 성령을 보내셔서 약속하신 은사들을 기다릴 수 있는 열정을 갖게 하심을 감사드립니다. 우리의 마음 가운데 복음의 능력을 다시 일으켜 주셔서 구원의 기쁜 소식을 널리 펼칠 수 있게 하시옵소서. 십자가를 담대히 지고 따라가는 저희들을 보호하시고 힘과 용기를 주시며 복을 주셔서 그리스도의 영광을 이 세상에 나타낼 수 있게 하시고 행하는 말과 일에 있어서 좋은 열매를 많이 맺을 수 있게 하시옵소서. 우리 주님 예수 그리스도의 이름으로 기도합니다. 아멘.

주님이 가르치신 기도

축도

성령의 능력 가운데 나가서 복음을 이 땅에 선포하십시오. 기쁨으로 주님을 섬기고, 의로움과 자비로움을 가지고 주님을 섬기십시오.
주님의 이름과 능력으로 우리는 보냄을 받습니다.
예수 그리스도를 죽음에서 일으키신 하나님께서 여러분에게 복주시기를 간구합니다.
아멘.
그리스도를 하늘로 올리신 하나님께서 여러분에게 얼굴을 향하여 드사 기쁨을 주시기를 간구합니다.
아멘.
사랑과 은혜가 충만하신 성부, 성자, 성령 삼위일체 하나님께서 여러분에게 영원토록 평화를 내려주시기를 간구합니다.
아멘. 하나님께 감사를 드립니다.

(성찬식을 거행할 경우에는 봉헌 순서에 떡과 포도주를 봉헌예물과 함께 앞으로 들고 나온다. 그리고 성찬기도를 시작한다.)

성찬 기도

[수르숨 코르다(Sursum Corda)]

('마음을 높이 들다.' 라는 뜻의 라틴어로 성찬기도의 중요한 요소)
주님께서 여러분과 함께 하시기를 빕니다.
목사님과도 함께 하시기를 빕니다.
여러분의 마음을 높이 드십시오.
주님을 향해 우리의 마음을 높이 듭니다.
주님께 감사를 드립시다.
이는 주의 백성들이 마땅히 해야 할 바입니다.

[감사 기도(Preface)]

전능하신 하나님, 하늘과 땅의 창조주 하나님, 언제나 어디서나 주님께 감사드림이 마땅하고 옳으며 기쁜 일입니다.
태초에 하나님의 영이 수면 위를 운행하셨습니다. 주님께서는 주의 형상대로 저희를 지으시고 생명의 숨을 불어넣으셨습니다. 저희가 주님과 멀리 떨어져 사랑을 잃어버렸어도, 주님의 사랑은 변함없이 굳건히 남아있습니다. 주님의 성령께서 예언자들과 선지자들에게 임하셔서 그들에게 기름을 부으시어 주님의 말씀을 선포하게 하셨습니다.
그러기에 땅 위에 있는 주님의 백성들과 하늘에 있는 모든 천사들과 함께, 그들의 영원한 찬송에 합하여 주님의 이름을 찬양합니다. 영광과 찬양을 영원히 받으시기를 바라며 우리 주 예수 그리스도의 이름으로 기도합니다. 아멘.

[상투스(Sanctus)] (다같이)
거룩하시다, 거룩하시다, 거룩하시다. 만군의 주님, 하늘과 땅에 그의 영광이 가득하시다. 지극히 높은 곳에서 호산나. 찬양 받으소서, 주의 이름으로 오시는 분이시여. 지극히 높은 곳에서 하나님을 찬양하도다.

[상투스 후 기도]
거룩하신 하나님, 독생 성자 예수 그리스도를 찬양합니다.
그리스도께서 요단 강에서 세례를 받으실 때 성령께서 강림하셔서 예수 그리스도께서 하나님의 사랑하는 아들임을 알리셨습니다.
주의 성령이 그리스도에게 임하셔서, 가난한 자에게 복음을 전하게 하시고, 포로 된 자에게 자유를, 눈먼 자에게 다시 보게 함을 전파하시며, 눌린 자를 자유케 하시고 주의 백성이 구원받을 때가 왔음을 알리셨습니다. 그리스도께서는 병든 자들을 고치셨고 배고픈 자들을 먹이셨고 죄인들과 함께 잡수셨습니다.
그리스도의 고난과 죽음과 부활의 세례로써 교회를 탄생시키셨으며, 저희를 죄와 죽음의 노예 상태에서 인도하시고 물과 성령에 의해 새 언약을 저희에게 주셨습니다.
우리 주님 예수 그리스도께서 하늘로 올라가실 때, 오순절 날의 모습과 같이 성령과 불로 세례를 베푸시며 우리와 항상 함께 계시겠다고 약속하셨습니다.

[성찬 제정사]
전능하신 하나님, 저희를 구원하시려고 독생 성자 예수 그리스도를

십자가에서 고난당하게 하셨습니다. 자비하신 주님, 그리스도께서 온 세상의 죄를 위하여 완전한 속죄 제물이 되시고, 성례를 정하시어 저희에게 명하사, 주님께서 강림하실 때까지 주님의 귀하신 죽음을 기념하라 하셨습니다.
(집례자는 빵을 들어올리며)
예수께서 잡히시던 밤에 떡을 가지사 축사하시고 떼어 가라사대 이것은 너희를 위하는 내 몸이니 이것을 행하여 나를 기념하라 하셨습니다.
(빵을 내려놓는다. 그리고 잔을 들어올리며)
식후에 또한 이와 같이 잔을 가지시고 가라사대 이 잔은 내 피로 세운 새 언약이니 이것을 행하여 마실 때마다 나를 기념하라 하셨습니다. (잔을 내려 놓는다)

[기념사]

거룩하신 하나님, 예수 그리스도를 통해 행하신 전능하신 일들을 기억하면서, 그리스도와 연합하여 저희 자신을 거룩하고 산 제물로 찬양과 감사 가운데 드립니다. 저희 모두가 성찬에 참여하여, 그리스도께서 저희를 위해 죽으셨고 부활하셨으며, 저희를 감사와 믿음으로 성장하도록 양육하고 계심을 기억하게 하시옵소서.
그리스도께서는 죽으셨으며, 그리스도께서는 부활하셨으며, 그리스도께서는 다시 오실 것입니다.

[성령 임재의 기도]

전능하신 하나님, 성령께서 이 자리에 모인 저희들 위에 임하시고, 주님의 거룩한 식탁 위에 놓인 떡과 포도주 위에 임하시기를 기도합니다. 이 성찬에 함께 하셔서, 하늘의 떡과 구원의 잔을 먹고 마시는 저희가 그리스도의 새로운 몸을 입어 세상을 변화하는 힘이 되게 하시옵소서. 예수 그리스도께서 최후 승리를 거두며 다시 오실 때까지, 저희가 모두 하나님 나라의 잔치에 참여할 때까지, 성령께서 임하셔서, 저희가 그리스도와 하나가 되게 하시며, 저희들이 서로 하나되게 하시고, 온 교회가 하나되게 하시옵소서. 전능하신 하나님 아버지께 모든 존귀와 영광이 영원토록 있기를 간구하며 우리 주 예수 그리스도의 이름으로 기도합니다. **아멘.**

[영광 찬양(Doxology)]
(찬송가 3장, "이 천지간 만물들아"를 부른다.)

주님이 가르치신 기도

분급 (분급하는 동안 기쁜 찬송을 부른다.)

성찬 후 기도

은혜의 하나님, 성령을 보내셔서 저희에게 빛과 능력을 주심으로 거룩하신 주의 이름을 찬양하고 감사를 드립니다. 하나님의 자녀들에게 부어주신 성령의 모든 은사에 감사를 드리며, 이 은사를 받은 저희들이 주님께 진정한 찬양과 영광을 돌리고 이 땅의 모든 사람들에게 주님의 사랑을 증거하게 하시옵소서. 우리 주님 예수 그리스도의 이름으로 기도합니다. 아멘.

찬송

축도

성령의 능력을 기뻐하며 세상으로 나아가십시오.
하나님께 감사를 드립니다. 할렐루야.

성부, 성자, 성령 삼위일체되신 하나님께서 주시는 복이 여러분에게 항상 함께 하기를 간구합니다. 아멘.
아멘. 할렐루야, 할렐루야.

3. 일상적인 기간(Ordinary Time)의 주일들

오순절 이후의 절기는 일상적인 기간(Ordinary Time)이라고 부르며 오순절 이후에 시작하여 강림절 첫째 주일 이전에 끝을 맺는다. 이 기간은 부활절의 날짜에 따라 차이는 있지만 스물 셋에서 스물 여섯 번의 주일을 포함하게 되며, 이 기간의 첫째 주일은 언제나 삼위일체 주일(Trinity Sunday)이 되며 마지막 주일은 언제나 그리스도께서 왕이심을 기념하는 주일(Christ the King Sunday)이 된다. 또한 이 기간에 만성절(All Saints Day)과 추석감사절, 그리고 한국의 국가 기념일 등이 들어가게 된다. 미연합감리교회에서는 이 기간을 왕국절(Kingdomtide)이란 이름으로 1937년부터 사용하여 이 기간 동안 하나님의 나라에 관한 예수 그리스도의 가르침을 강조하는 것을 드러내 왔으며 1945년과 1965년의 예배서에는 3개월로 줄인 형태를 채택해 왔다. 그러나 다른 교파에서는 이 왕국절이라는 용어를 사용하지 않는다. 이 기간 동안 사용되는 색깔은 녹색이지만 첫째 주일인 삼위일체 주일과 마지막 주일인 그리스도께서 왕이심을 기념하는 주일에는 흰색을 사용하는데, 이는 이 주일들이 기독교 절기에서 위대한 날들의 첫 번째 서열에 들지는 못하지만 큰 절기와 일상적인 기간의 사이에 위치하여 과도적 시기의 주일들로서 중요한 역할을 하고 있기 때문이다.

1) 삼위일체 주일(Trinity Sunday)

오순절 이후 첫째 주일인 삼위일체 주일에는 삼위일체되시는 하나님의 거룩한 신비를 기념하는 것이다. 종종 삼위일체에 대한 추상적인 개념이나 교리를 강조하여 삼위일체에 대해 해석하거나 설명하는 것이 주를 이루게 되나, 기독교 절기에서는 이 날을 하나님 '존재'의 무한하고 측량할 수 없는 신비를 찬양하고 경배하는 날로 삼는 것이 좋다. 부활절기를 축하하는 것이 삼위일체되신 하나님의 전능하신 '행위'에 근거하고 있으며 또한 주일을 거룩하게 지키는 것이 삼위일체 되신 하나님의 전능하신 '행위'에 근거하고 있기 때문에, 이 날은 삼위일체되신 하나님의 '존재'에 대해 찬양과 경배를 드리는 날로 잠깐 멈춘다고 이해하는 것이 바람직하다. 시각적인 요소로 흰색을 사용하며 삼위일체를 상징하는 정삼각형, 세 꽃잎무늬 장식, 붓꽃 문장(fleur-de-lis), 삼각형 모양으로 겹쳐진 원들 등을 사용할 수 있다. 또한 이 날에 '신경(creed)'을 사용하는 것이 적합하며, 우리들이 거의 대부분 사도신경(Apostles' Creed)을 사용하나 니케아신경(Nicene Creed)이 보다 풍성하게 삼위일체에 대한 교회의 신앙을 증거하고 있으므로 니케아신경을 주보에 인쇄하여 사용하는 것도 바람직하다.

†삼위일체 주일†

예배로 부름

지금까지 하나님을 본 사람은 없습니다.
우리가 서로 사랑하면 하나님께서 우리 가운데 계시고 또 하나님의 사랑이 우리 가운데서 완성되는 것입니다. (요한1서 4:12)

(또는)
성부와 성자와 성령의 이름으로 찬양과 경배를 드립니다.
아멘. 삼위일체되신 하나님께서 임재하시어 거룩한 신비를 드러내시옵소서.

기도

하나님 아버지, 말씀을 보내시어 저희를 진리 가운데 거하게 하시고 성령을 보내시어 저희를 거룩하게 하시오니, 찬양과 영광을 주께 드립니다. 말씀과 성령을 통하여 하나님의 신비를 깨닫도록 하시니 감사를 드립니다. 저희가 살아있는 믿음을 가지고 그 믿음을 바르게 고백하고 선포함으로써 삼위일체되신 오직 한 분이신 하나님을 예배하도록 도와주시옵소서. 주님께서는 크신 영광을 받으시고 저희에게는 하늘의 신령한 은혜가 넘치기를 원하오며 우리 주님 예수 그리스도의 이름으로 기도합니다. 아멘.

(또는)
하나님 아버지, 하나님께서는 만물을 창조하시고 그리스도를 통하여 주의 구원을 온 세상에 계시하셨습니다. 저희에게 하나님의 영광에 대한 소망을 주시고 성령을 통해 저희에게 생명과 사랑을 넘치게 채워주시어 저희가 하나님을 찬양하고 섬기도록 하여 주시옵소서. 성령과 연합하시는 가운데 한 분이신 하나님과 함께 살아계시어 영원히 다스리시는 우리 주님 예수 그리스도의 이름으로 기도합니다. 아멘.

(또는)
전능하시고 영원하신 하나님, 주께서는 주의 종들에게 은혜를 주시어, 저희가 참된 신앙을 고백함으로써 삼위일체되신 하나님의 영광을 깨닫고, 거룩하신 주권자의 능력 가운데 삼위일체 하나님을 예배하게 하십니다. 이 믿음 가운데 저희를 굳건히 세워주시어 온갖 사악한 주장과 유혹으로부터 잘 지켜나갈 수 있도록 도와주시옵소서. 한 분이신 하나님, 그리고 성령과 함께 살아계셔서 영원히 다스리시는 우리 주님 예수 그리스도의 이름으로 기도합니다. 아멘.

첫 번째 성서봉독

창세기 1:1-2:4 (A 해)
이사야 6:1-8 (B 해)
잠언 8:1-4, 22-31 (C 해)

시편교독

시편 8편 또는 시편 33:1-12 (A 해)
시편 29:1-11 (B 해)
시편 8:1-9 (C 해)

두 번째 성서봉독

고린도후서 13:11-13 (A 해)
로마서 8:12-17 (B 해)
로마서 5:1-5 (C 해)

복음서 봉독

마태복음 28:16-20 (A 해)
요한복음 3:1-7 (B 해)
요한복음 16:12-15 (C 해)

이 일상적인 기간의 주일을 표시할 때, 현재 '오순절(혹은 성령강림절) 이후 몇째 주일'이라고 부르는 경우가 많은데, 이 기간은 오순절 절기에 해당하는 것이 아니므로 오순절과 연관지어 명칭을 붙이는 것보다는 달력의 날짜에 맞추어 표시하는 것이 더욱 바람직하다. 다만 부활절과 오순절의 날짜가 고정되어 있지 않고 매년 변한다는 사실만 염두에 두고 있으면 된다. 오순절 이후 강림절까지 약 반 년 동안은 전통적으로 비교적 덜 구조화된 주일들이므로 개체교회가 창조적이 되도록 도전을 받을 수 있는 시기이기도 하다. 일반적으로 색깔은 녹색을 사용하지만 개체교회의 상황에 따라 특별한 의미가 있는 주일에는 다른 색을 사용할 수도 있다. 녹색은 성장을 상징하며, 그래서 이 기간에는 영적인 성장을 할 수 있도록 이끌어가는 것이 중요하다.

삼위일체 주일이 지난 다음 주일이 5월 24일부터 28일까지에 해당될 때는 주현절 이후 여덟 번째 주일의 성서일과를 이 주일에 사용한다.

2) 5월 29일부터 11월 19일까지의 주일들

†5월 29일부터 6월 4일까지의 주일†

(삼위일체 주일 이후에 해당될 경우)

첫 번째 성서봉독

창세기 6:11-22, 8:14-19   (A 해: 2002, 2005, 2008, 2011)
사무엘상 3:1-20   (B 해: 2003, 2006, 2009, 2012)

열왕기상 18:20-39　　　(C 해: 2004, 2007, 2010, 2013)

시편교독

시편 46:1-11　　　　　　(A 해)
시편 139:1-6, 13-18　　(B 해)
시편 96:1-13　　　　　　(C 해)

두 번째 성서봉독

로마서 1:16-17, 3:21-28　(A 해)
고린도후서 4:5-12　　　　(B 해)
갈라디아서 1:1-10　　　　(C 해)

복음서 봉독

마태복음 7:21-29　　　(A 해)
마가복음 2:23-3:6　　　(B 해)
누가복음 7:1-10　　　　(C 해)

†6월 5일부터 11일까지의 주일†

(삼위일체 주일 이후에 해당될 경우)

첫 번째 성서봉독

창세기 12:1-9　　　　(A 해)
사무엘상 8:4-20　　　(B 해)
열왕기상 17:8-24　　(C 해)

교회력에 따라 예배하기

시편교독

    시편 33:1-12   (A 해)
    시편 138:1-8   (B 해)
    시편 146:1-10   (C 해)

두 번째 성서봉독

    로마서 4:13-25   (A 해)
    고린도후서 4:13-5:1   (B 해)
    갈라디아서 1:11-24   (C 해)

복음서 봉독

    마태복음 9:9-13, 18-26 (A 해)
    마가복음 3:20-35   (B 해)
    누가복음 7:11-17   (C 해)

† 6월 12일부터 18일까지의 주일 †

(삼위일체 주일 이후에 해당될 경우)

첫 번째 성서봉독

    창세기 18:1-15   (A 해)
    사무엘상 15:34-16:13   (B 해)
    열왕기상 21:1-21   (C 해)

시편교독

시편 116:1-2, 12-19	(A 해)
시편 20편 혹은 72편	(B 해)
시편 5:1-8	(C 해)

두 번째 성서봉독

로마서 5:1-8	(A 해)
고린도후서 5:6-17	(B 해)
갈라디아서 2:15-21	(C 해)

복음서 봉독

마태복음 9:35-10:8	(A 해)
마가복음 4:26-34	(B 해)
누가복음 7:36-8:3	(C 해)

†6월 19일부터 25일까지의 주일†

(삼위일체 주일 이후에 해당될 경우)

첫 번째 성서봉독

창세기 21:8-21	(A 해)
사무엘상 17:32-49	(B 해)
열왕기상 19:1-15	(C 해)

시편교독

시편 86:1-10, 16-17 혹은 17편 (A 해)

시편 9:9-20 (B 해)
시편 42:1-11 (C 해)

두 번째 성서봉독
로마서 6:1-11 (A 해)
고린도후서 6:1-13 (B 해)
갈라디아서 3:23-29 (C 해)

복음서 봉독
마태복음 10:24-39 (A 해)
마가복음 4:35-41 (B 해)
누가복음 8:26-39 (C 해)

† 6월 26일부터 7월 2일까지의 주일 †

첫 번째 성서봉독
창세기 22:1-14 (A 해)
사무엘하 1:1, 17-27 (B 해)
열왕기하 2:1-2, 6-14 (C 해)

시편교독
시편 13:1-6 (A 해)
시편 130:1-8 (B 해)
시편 77:1-2, 11-20 (C 해)

두 번째 성서봉독

    로마서 6:12-23   (A 해)

    고린도후서 8:7-15   (B 해)

    갈라디아서 5:1, 13-25 (C 해)

복음서 봉독

    마태복음 10:40-42   (A 해)

    마가복음 5:21-43   (B 해)

    누가복음 9:51-62   (C 해)

†7월 3일부터 9일까지의 주일†

첫 번째 성서봉독

    창세기 24:34-38, 42-49, 58-67 (A 해)

    사무엘하 5:1-5, 9-10   (B 해)

    열왕기하 5:1-14   (C 해)

시편교독

    시편 45:10-17 혹은 72편 (A 해)

    시편 48:1-14   (B 해)

    시편 30:1-12   (C 해)

두 번째 성서봉독

    로마서 7:15-25   (A 해)

고린도후서 12:2-10　　　(B 해)
갈라디아서 6:1-16　　　(C 해)

복음서 봉독

마태복음 11:16-19, 25-30　(A 해)
마가복음 6:1-13　　　　(B 해)
누가복음 10:1-11, 16-20　(C 해)

†7월 10일부터 16일까지의 주일†

첫 번째 성서봉독

창세기 25:19-34　　　(A 해)
사무엘하 6:1-5, 12-19　(B 해)
아모스 7:7-17　　　　(C 해)

시편교독

시편 119:105-112 혹은 25편　(A 해)
시편 24:1-10　　　　(B 해)
시편 82:1-8　　　　　(C 해)

두 번째 성서봉독

로마서 8:1-11　　　(A 해)
에베소서 1:3-14　　(B 해)
골로새서 1:1-14　　(C 해)

복음서

　　마태복음 13:1-9, 18-23　　(A 해)
　　마가복음 6:14-29　　(B 해)
　　누가복음 10:25-37　　(C 해)

†7월 17일부터 23일까지의 주일†

첫 번째 성서봉독

　　창세기 28:10-19　　(A 해)
　　사무엘하 7:1-14　　(B 해)
　　아모스 8:1-12　　(C 해)

시편교독

　　시편 139:1-12, 23-24　　(A 해)
　　시편 89:20-37　　(B 해)
　　시편 52편 혹은 82편　　(C 해)

두 번째 성서봉독

　　로마서 8:12-25　　(A 해)
　　에베소서 2:11-22　　(B 해)
　　골로새서 1:15-28　　(C 해)

복음서 봉독

　　마태복음 13:24-30, 36-43　　(A 해)

마가복음 6:30-34, 53-56   (B 해)
누가복음 10:38-42   (C 해)

†7월 24일부터 30일까지의 주일†

첫 번째 성서봉독

창세기 29:15-28   (A 해)
사무엘하 11:1-15   (B 해)
호세아 1:2-10   (C 해)

시편교독

시편 105:1-11, 45   (A 해)
시편 14:1-7   (B 해)
시편 85:1-13   (C 해)

두 번째 성서봉독

로마서 8:26-39   (A 해)
에베소서 3:14-21   (B 해)
골로새서 2:6-19   (C 해)

복음서 봉독

마태복음 13:31-33, 44-52   (A 해)
요한복음 6:1-21   (B 해)
누가복음 11:1-13   (C 해)

†7월 31일부터 8월 6일까지의 주일†

첫 번째 성서봉독
    창세기 32:22-31　　　　(A 해)
    사무엘하 11:26-12:13　　(B 해)
    호세아 11:1-11　　　　　(C 해)

시편교독
    시편 17:1-7, 15　　　　(A 해)
    시편 51:1-12　　　　　 (B 해)
    시편 107:1-9, 43　　　 (C 해)

두 번째 성서봉독
    로마서 9:1-5　　　　　(A 해)
    에베소서 4:1-16　　　 (B 해)
    골로새서 3:1-11　　　 (C 해)

복음서 봉독
    마태복음 14:13-21　　(A 해)
    요한복음 6:24-35　　　(B 해)
    누가복음 12:13-21　　(C 해)

†8월 7일부터 13일까지의 주일†

첫 번째 성서봉독

    창세기 37:1-4, 12-28　　(A 해)
    사무엘하 18:5-9, 15, 31-33　　(B 해)
    이사야 1:1, 10-20　　(C 해)

시편교독

    시편 105:1-6, 16-22, 45　　(A 해)
    시편 130:1-8　　(B 해)
    시편 50:1-8, 22-23　　(C 해)

두 번째 성서봉독

    로마서 10:5-15　　(A 해)
    에베소서 4:25-5:2　　(B 해)
    히브리서 11:1-3, 8-16　　(C 해)

복음서 봉독

    마태복음 14:22-33　　(A 해)
    요한복음 6:35, 41-51　　(B 해)
    누가복음 12:32-40　　(C 해)

†8월 14일부터 20일까지의 주일†

첫 번째 성서봉독
    창세기 45:1-15 　　　　　(A 해)
    열왕기상 2:10-12, 3:3-14 　(B 해)
    이사야 5:1-7 　　　　　　(C 해)

시편교독
    시편 133:1-3 　　　　　　(A 해)
    시편 111:1-10 　　　　　(B 해)
    시편 80:1-2, 8-19 　　　(C 해)

두 번째 성서봉독
    로마서 11:1-2, 29-32 　　(A 해)
    에베소서 5:15-20 　　　　(B 해)
    히브리서 11:29-12:2 　　(C 해)

복음서 봉독
    마태복음 15:10-28 　　　(A 해)
    요한복음 6:51-58 　　　　(B 해)
    누가복음 12:49-56 　　　(C 해)

†8월 21일부터 27일까지의 주일†

첫 번째 성서봉독

    출애굽기 1:8-2:10 　　　　(A 해)
    열왕기상 8:22-30, 41-43 　(B 해)
    예레미야 1:4-10 　　　　　(C 해)

시편교독

    시편 124:1-8 　(A 해)
    시편 84:1-12 　(B 해)
    시편 71:1-6 　　(C 해)

두 번째 성서봉독

    로마서 12:1-8 　　(A 해)
    에베소서 6:10-20 　(B 해)
    히브리서 12:18-29 　(C 해)

복음서 봉독

    마태복음 16:13-20 　(A 해)
    요한복음 6:56-69 　(B 해)
    누가복음 13:10-17 　(C 해)

†8월 28일부터 9월 3일까지의 주일†

첫 번째 성서봉독
    출애굽기 3:1-15 　　　(A 해)
    아가 2:8-13 　　　　　(B 해)
    예레미야 2:4-13 　　　(C 해)

시편교독
    시편 105:1-6, 23-26, 45 　(A 해)
    시편 45:1-2, 6-9 혹은 72편 (B 해)
    시편 81:1, 10-16 　　　(C 해)

두 번째 성서봉독
    로마서 12:9-21 　　　(A 해)
    야고보서 1:17-27 　　(B 해)
    히브리서 13:1-8, 15-16 (C 해)

복음서 봉독
    마태복음 16:21-28 　　(A 해)
    마가복음 7:1-8, 14-15, 21-23 (B 해)
    누가복음 14:1, 7-14 　(C 해)

†9월 4일부터 10일까지의 주일†

첫 번째 성서봉독

    출애굽기 12:1-14　　　　(A 해)
    잠언 22:1-2, 8-9, 22-23　(B 해)
    예레미야 18:1-11　　　　(C 해)

시편교독

    시편 149편 혹은 148편　(A 해)
    시편 125편 혹은 124편　(B 해)
    시편 139:1-6, 13-18　　(C 해)

두 번째 성서봉독

    로마서 13:8-14　(A 해)
    야고보서 2:1-17　(B 해)
    빌레몬서 1:1-21　(C 해)

복음서 봉독

    마태복음 18:15-20　(A 해)
    마가복음 7:24-37　(B 해)
    누가복음 14:25-33　(C 해)

†9월 11일부터 17일까지의 주일†

첫 번째 성서봉독

    출애굽기 14:19-31　　　(A 해)
    잠언 1:20-33　　　　　(B 해)
    예레미야 4:11-12, 22-28　(C 해)

시편교독

    출애굽기 15:1-11, 20-21　(A 해)
    시편 19:1-14　　　　　(B 해)
    시편 14:1-7　　　　　 (C 해)

두 번째 성서봉독

    로마서 14:1-12　　　　(A 해)
    야고보서 3:1-12　　　 (B 해)
    디모데전서 1:12-17　　 (C 해)

복음서 봉독

    마태복음 18:21-35　　 (A 해)
    마가복음 8:27-38　　　(B 해)
    누가복음 15:1-10　　　(C 해)

†9월 18일부터 24일까지의 주일†

첫 번째 성서봉독

    출애굽기 16:2-15　　　　　　　　(A 해)
    잠언 31:10-31　　　　　　　　　 (B 해)
    예레미야 8:18-9:1　　　　　　　 (C 해)

시편교독

    시편 105:1-6, 37-45 혹은 78편　 (A 해)
    시편 1:1-6　　　　　　　　　　 (B 해)
    시편 79:1-9 혹은 4편　　　　　　(C 해)

두 번째 성서봉독

    빌립보서 1:21-30　　　　　　　 (A 해)
    야고보서 3:13-4:3, 7-8　　　　　(B 해)
    디모데전서 2:1-7　　　　　　　 (C 해)

복음서 봉독

    마태복음 20:1-16　　　　　　　 (A 해)
    마가복음 9:30-37　　　　　　　 (B 해)
    누가복음 16:1-13　　　　　　　 (C 해)

†9월 25일부터 10월 1일까지의 주일†

첫 번째 성서봉독

    출애굽기 17:1-7　　　　　　　　(A 해)
    에스더 7:1-6, 9-10, 9:20-22　　(B 해)
    예레미야 32:1-3, 6-15　　　　　(C 해)

시편교독

    시편 78:1-4, 12-16　　　　　　(A 해)
    시편 124:1-8　　　　　　　　　(B 해)
    시편 91:1-6, 14-16　　　　　　(C 해)

두 번째 성서봉독

    빌립보서 2:1-13　　　　　　　　(A 해)
    야고보서 5:13-20　　　　　　　(B 해)
    디모데전서 6:6-19　　　　　　　(C 해)

복음서 봉독

    마태복음 21:23-32　　　　　　(A 해)
    마가복음 9:38-50　　　　　　　(B 해)
    누가복음 16:19-31　　　　　　(C 해)

† 10월 2일부터 8일까지의 주일 †

첫 번째 성서봉독

    출애굽기 20:1-4, 7-9, 12-20   (A 해)
    욥기 1:1, 2:1-10   (B 해)
    예레미야애가 1:1-6   (C 해)

시편교독

    시편 19:1-14   (A 해)
    시편 26편 혹은 25편   (B 해)
    시편 137:1-9   (C 해)

두 번째 성서봉독

    빌립보서 3:4-14   (A 해)
    히브리서 1:1-4, 2:5-12   (B 해)
    디모데후서 1:1-14   (C 해)

복음서 봉독

    마태복음 21:33-46   (A 해)
    마가복음 10:2-16   (B 해)
    누가복음 17:5-10   (C 해)

†10월 9일부터 15일까지의 주일†

첫 번째 성서봉독

  출애굽기 32:1-14   (A 해)
  욥기 23:1-9, 16-17   (B 해)
  예레미야 29:1, 4-7   (C 해)

시편교독

  시편 106:1-6, 19-23   (A 해)
  시편 22:1-15   (B 해)
  시편 66:1-12   (C 해)

두 번째 성서봉독

  빌립보서 4:1-9   (A 해)
  히브리서 4:12-16   (B 해)
  디모데후서 2:8-15   (C 해)

복음서 봉독

  마태복음 22:1-14   (A 해)
  마가복음 10:17-31   (B 해)
  누가복음 17:11-19   (C 해)

†10월 16일부터 22일까지의 주일†

첫 번째 성서봉독

    출애굽기 33:12-23　　　　(A 해)
    욥기 38:1-7, 34-41　　　　(B 해)
    예레미야 31:27-34　　　　(C 해)

시편교독

    시편 99:1-9　　　　　　　　(A 해)
    시편 104:1-9, 24, 35　　　(B 해)
    시편 119:97-104 혹은 19편　(C 해)

두 번째 성서봉독

    데살로니가전서 1:1-10　　(A 해)
    히브리서 5:1-10　　　　　(B 해)
    디모데후서 3:14-4:5　　　(C 해)

복음서 봉독

    마태복음 22:15-22　　　　(A 해)
    마가복음 10:35-45　　　　(B 해)
    누가복음 18:1-8　　　　　(C 해)

†10월 23일부터 29일까지의 주일†

첫 번째 성서봉독
    신명기 34:1-12　　　　　　(A 해)
    욥기 42:1-6, 10-17　　　　(B 해)
    요엘 2:23-32　　　　　　　(C 해)

시편교독
    시편 90:1-6, 13-17　　　　(A 해)
    시편 34:1-8, 19-22　　　　(B 해)
    시편 65:1-13　　　　　　　(C 해)

두 번째 성서봉독
    데살로니가전서 2:1-8　　　(A 해)
    히브리서 7:23-28　　　　　(B 해)
    디모데후서 4:6-8, 16-18　 (C 해)

복음서 봉독
    마태복음 22:34-46　　　　(A 해)
    마가복음 10:46-52　　　　(B 해)
    누가복음 18:9-14　　　　　(C 해)

†10월 30일부터 11월 5일까지의 주일†

첫 번째 성서봉독

  여호수아 3:7-17   (A 해)
  룻기 1:1-18   (B 해)
  하박국 1:1-4, 2:1-4   (C 해)

시편교독

  시편 107:1-7, 33-37   (A 해)
  시편 146:1-9   (B 해)
  시편 119:137-144   (C 해)

두 번째 성서봉독

  데살로니가전서 2:9-13   (A 해)
  히브리서 9:11-14   (B 해)
  데살로니가후서 1:1-4, 11-12   (C 해)

복음서 봉독

  마태복음 23:1-12   (A 해)
  마가복음 12:38-34   (B 해)
  누가복음 19:1-10   (C 해)

†11월 6일부터 12일까지의 주일†

첫 번째 성서봉독
    여호수아 24:1-3, 14-25   (A 해)
    룻기 3:1-5, 4:13-17   (B 해)
    학개 1:15-2:9   (C 해)

시편교독
    시편 78:1-7   (A 해)
    시편 127편 혹은 42편   (B 해)
    시편 145:1-5, 17-21   (C 해)

두 번째 성서봉독
    데살로니가전서 4:13-18   (A 해)
    히브리서 9:24-28   (B 해)
    데살로니가후서 2:1-5, 13-17   (C 해)

복음서 봉독
    마태복음 25:1-13   (A 해)
    마가복음 12:38-44   (B 해)
    누가복음 20:27-38   (C 해)

†11월 13일부터 19일까지의 주일†

첫 번째 성서봉독

사사기 4:1-7	(A 해)
사무엘상 1:4-20	(B 해)
이사야 65:17-25	(C 해)

시편교독

시편 123편 혹은 76편	(A 해)
사무엘상 2:1-10 혹은 시편 113편	(B 해)
이사야 12장 혹은 시편 118편	(C 해)

두 번째 성서봉독

데살로니가전서 5:1-11	(A 해)
히브리서 10:11-25	(B 해)
데살로니가후서 3:6-13	(C 해)

복음서 봉독

마태복음 25:14-30	(A 해)
마가복음 13:1-8	(B 해)
누가복음 21:5-19	(C 해)

3) 만성절(All Saints Day)

모든 성자의 날(영어로는 성자를 뜻하는 고대 영어의 *haelou*에서 비롯된 All-Hallows 또는 Hallowmas)로 불려지는 11월 1일은 알려지거나 알려지지 않은 모든 순교자들을 기념하는 날이다. 5세기 초에 시리아에서는 고난주간 중 성 금요일에 모든 순교자들에 대해 기념하는 의식이 있었는데, 그 기간에 행했던 것은 부활절 절기와 밀접하게 연관이 되고 그리스도의 승리와 연결이 되기 때문이었다. 로마에서는 보니파체 4세(Boniface IV)에 의해 많은 순교자들의 유물이 카타콤에서 판테온(Pantheon) 성전으로 옮겨지면서 610년 5월 13일에 처음으로 거행됨으로써 부활절과의 연관은 깨졌다. 그 후 835년 11월 1일로 바꾸어 모든 성자들을 기념하는 날로 삼았다.

모든 성자의 날과 함께 죽은 성도를 기념하는 모든 영혼들의 날(All Soul's Day)이 있으며 현재는 11월 2일을 그날로 지키고 있다. 많은 기독교인들이 순교자들과 같이 구별된 죽음을 당하지 않았다 하더라도 기독교 신앙을 간직하고 죽은 사람들을 기념하며 부활하신 그리스도의 승리에 죽은 자들이 동참할 수 있도록 하나님께 간구하는 기도를 드리며 성찬식을 매년 행하였다. 이것은 장례식이나 추도식과 달리 행하던 것으로 동방교회에서는 일찍부터 고난주간의 성 토요일(Holy Saturday)을 이미 세상을 떠난 사제들과 믿음의 사람들을 위해 기념하는 날로 정하였다. 이 또한 죽은 사람들을 위한 의식이 부활절과 연결되고 있음을 보여주는 것이다. 서방교회에서는 프랑스 예배의식과 로마 예배의식의 조화를 꾀하던 예배학자인 메츠의 아말라리우스(Amalarius of Metz, 780-850)가 모든 성자의 날 이후에 죽은 자들을 위해 기도일과를 가질 것을 주창하였다. 그 후 1000년경 베네딕트 수도사인 클러니 수도원의 대수도원장 오딜로(Odilo)에 의해 11월 2일에 모든 죽은 자들을 위한 미사가 드려졌으며 13세기에 이르러서는 서방교회에서 일반적으로 행해지게 되었다. 모든 죽은 자들에 대해 기념하는 것은 이사야 25:6-9에서 "사망을 영원히 멸하실 것이라. 주 여호와께서 모든 얼굴에서 눈물을 씻기시며 자기 백성의 수치를 온 천하에서 제하시리라."는 이사야의 예언과 같이 모든 사람들을 위해 천국의 향연이 준비되어 있고 사망이 영원히 파괴된다는 것을 강조하는 것이다.

　　신약성서에서의 '성도(saints)'는 집단적인 것으로서 부르심을 입고 하나님의 사랑하심을 받은 모든 사람들을 언급한다(롬1:6-7). 그러므로 현대의 개신교회는 순교한 성자(Saints)의 개념보다는 일반적 성도의 개념에 초점을 맞추어 예배의 내용을 정하는 것이 바람직하다. 미국의 교회에서는 11월 1일이나 11월 첫 주일을 모든 성도를 위한 날로 기념하고 있지만, 한국의 상황에서는 이를 민족의 명절인 추석과 연결시켜 추석 전 주일에 시행하는 것이 더욱 의미가 있을 것이다.

†만성절 예배†

예배로 부름

여러분에게 은혜가 넘치며, 과거와 현재와 미래에 살아계셔서 역사하시는 하나님이 주시는 평화가 있기를 간구합니다.
아멘.
십자가에 달려 죽기까지 복종한 증거자이시고, 부활하셔서 죽은 자 가운데 첫 열매가 되시며, 이 땅의 주권자가 되시는 예수 그리스도께서 주시는 평화가 넘치기를 간구합니다.
아멘.
우리 주님 예수 그리스도의 은혜가 이미 이 세상을 떠나셨거나 이 땅에서 살아가는 모든 성도와 함께 하기를 간구합니다.
아멘.

찬송

기도

거룩하신 하나님, 주님께서는 이 세상을 떠난 주님의 백성들에게 다양한 은사를 주셔서 하나님의 영광을 드러나게 하셨습니다. 그러나 이제는 이 땅에서의 수고를 마친 그 모든 영혼들이 하늘나라의 거룩한 도성에서 안식을 취하고 있음을 믿습니다. 앞서 가신 주님의 백성들이 보여주었던 믿음의 선한 모습을 저희들이 따라감으로써, 하나님을 사랑하는 모든 사람들을 위해 주님께서 예비하신 기쁨을 누릴 수 있도록 은혜를 내려주시옵소서. 우리 주님이신 독생 성자 예수 그리스도의 이름으로 기도합니다. 아멘.

첫 번째 성서봉독

요한계시록 7:9-17 (A 해: 2002, 2005, 2008, 2011)
이사야 25:6-9 (B 해: 2003, 2006, 2009, 2012)
다니엘 7:1-3, 15-18 (C 해: 2004, 2007, 2010, 2013)

시편교독

시편 34:1-10 (A 해)
시편 24:1-10 (B 해)
시편 149편 또는 시편 150편 (C 해)

두 번째 성서봉독

요한일서 3:1-3 (A 해)
요한계시록 21:1-6 (B 해)
에베소서 1:11-23 (C 해)

찬양
복음서 봉독

        마태복음 5:1-12   (A 해)
        요한복음 11:32-44   (B 해)
        누가복음 6:20-31   (C 해)

설교
돌아가신 분들을 호명

(회중은 모두 일어서며, 교인들 가운데 지난 일년간 돌아가신 분들의 이름을 부른다. 이름을 다 부른 후에 모두 침묵의 기도를 드린다.)

중보기도

거룩하신 하나님, 모든 곳에 있는 주님의 백성들의 가정을 위해 기도합니다.
주님의 사랑 안에서 하나가 되게 하시옵소서.
세례를 받고 예수 그리스도와 연합한 모든 사람들이 충성되게 하나님을 섬기게 하시옵소서.
그리하여 하나님의 이름이 하늘에서와 같이 땅에서도 영광을 받으시옵소서.
주님의 거룩한 종들인 모든 목회자와 사역자들을 위해 기도합니다.
그들을 통해 이 땅에 정의와 평화가 넘치게 하시옵소서.
저희가 일하는 모든 것 가운데 하나님의 뜻을 드러낼 수 있도록 은혜를 주시옵소서.
저희가 하는 노동이 하나님 보시기에 기뻐하시는 일들이 되게 하시옵소서.

어떤 슬픔이나 문제로 고통을 당하는 사람들에게 자비를 베풀어 주시옵소서.
그리하여 그들이 그 고난으로부터 벗어나도록 하시옵소서.
이 세상을 떠난 자들에게 영원한 안식을 허락하시옵소서.
영원히 꺼지지 않는 빛을 그들에게 비춰 주시옵소서.
주님께서 주님의 성도를 기쁨의 하늘나라로 인도하시니 찬양을 드립니다.
저희들 또한 하나님 나라의 삶을 나눌 수 있도록 도우시옵소서.
계속해서 여러분 자신이 필요한 기도와 다른 사람을 위한 기도를 드립시다.
(조용한 기도나 통성기도로 각자가 기도를 드리고 목회자가 간략한 기도를 드려 마무리를 한다.)

(또는)
(지난 일년 동안 돌아가신 분이 있으면 특별히 그들의 이름을 부르며 다음과 같이 기도한다.)
산 자와 죽은 자의 하나님, 이 땅에서 믿음을 지키며 일생을 마친 주님의 종들(돌아가신 분들의 이름)을 하늘나라로 인도하심에 주님의 거룩하신 이름을 찬양합니다. 그들과 저희가 영적으로 교제하며 용기와 힘을 얻고, 빛 가운데서 돌아가신 분들의 신앙의 유산을 물려받아 주님의 일을 감당하게 도와주시옵소서. 우리 주님 예수 그리스도의 이름으로 기도합니다. **아멘.**

평화의 인사

예수께서 "나의 평안을 너희에게 주노라. 내가 너희에게 주는 것은 세상이 주는 것 같지 아니하니라."고 말씀하셨습니다.

주님의 평화가 여러분과 함께 하길 빕니다.
목사님에게도 함께 하길 빕니다.
화해와 평화의 인사를 서로 나누시기 바랍니다.

봉헌

(성찬식을 거행하지 않을 경우에는 봉헌 이후에 감사기도와 주님이 가르치신 기도, 찬송, 축도의 순서로 예배를 마친다. 성찬식을 거행할 경우에는 봉헌 순서에 떡과 포도주를 봉헌예물과 함께 앞으로 들고 나온다. 그리고 성찬기도를 시작한다.)

성찬 기도

[수르숨 코르다(Sursum Corda)]

('마음을 높이 들다.' 라는 뜻의 라틴어로 성찬기도의 중요한 요소)
주님께서 여러분과 함께 하시기를 빕니다.
목사님과도 함께 하시기를 빕니다.
여러분의 마음을 높이 드십시오.
주님을 향해 우리의 마음을 높이 듭니다.
주님께 감사를 드립시다.
이는 주의 백성들이 마땅히 해야 할 바입니다.

[감사 기도(Preface)]

전능하신 하나님, 하늘과 땅의 창조주 하나님, 언제나 어디서나 주님께 감사드림이 마땅하고 옳으며 기쁜 일입니다.
찬양 받으시옵소서.
주님은 창조와 모든 시작의 하나님이십니다.

주님은 아브라함과 사라의 하나님이십니다.
주님은 미리암과 모세의 하나님이십니다.
주님은 여호수아와 드보라의 하나님이십니다.
주님은 룻과 다윗의 하나님이십니다.
주님은 제사장들과 예언자들의 하나님이십니다.
주님은 마리아와 요셉의 하나님이십니다.
주님은 사도들과 순교자들의 하나님이십니다.
주님은 저희들의 어머니와 아버지의 하나님이십니다.
주님은 저희 자녀들의 하나님이시며 모든 세대의 하나님이십니다.
그러기에 땅 위에 있는 주님의 백성들과 하늘에 있는 모든 천사들과 함께, 그들의 영원한 찬송에 합하여 주님의 이름을 찬양합니다. 영광과 찬양을 영원히 받으시기를 바라며 우리 주 예수 그리스도의 이름으로 기도합니다. **아멘.**

[상투스(Sanctus)] (다같이)

거룩하시다, 거룩하시다, 거룩하시다. 만군의 주님, 하늘과 땅에 그의 영광이 가득하시다. 지극히 높은 곳에서 호산나. 찬양 받으소서, 주의 이름으로 오시는 분이시여. 지극히 높은 곳에서 하나님을 찬양하도다.

[상투스 후 기도]

거룩하신 하나님, 독생 성자 예수 그리스도를 찬양합니다.
그리스도의 고난과 죽음과 부활의 세례로써 교회를 탄생시키셨으며, 저희를 죄와 죽음의 노예 상태에서 인도하시고 물과 성령에 의해 새 언약을 저희에게 주셨습니다.

[성찬 제정사]

전능하신 하나님, 저희를 구원하시려고 독생 성자 예수 그리스도를 십자가에서 고난당하게 하셨습니다. 자비하신 주님, 그리스도께서 온 세상의 죄를 위하여 완전한 속죄 제물이 되시고, 성례를 정하시어 저희에게 명하사, 주님께서 강림하실 때까지 주님의 귀하신 죽음을 기념하라 하셨습니다.
(집례자는 빵을 들어 올리며)
예수께서 잡히시던 밤에 떡을 가지사 축사하시고 떼어 가라사대 이것은 너희를 위하는 내 몸이니 이것을 행하여 나를 기념하라 하셨습니다.
(빵을 내려놓는다. 그리고 잔을 들어 올리며)
식후에 또한 이와 같이 잔을 가지시고 가라사대 이 잔은 내 피로 세운 새 언약이니 이것을 행하여 마실 때마다 나를 기념하라 하셨습니다. (잔을 내려놓는다.)

[기념사]

거룩하신 하나님, 예수 그리스도를 통해 행하신 전능하신 일들을 기억하면서, 그리스도와 연합하여 저희 자신을 거룩하고 산 제물로 찬양과 감사 가운데 드립니다. 저희 모두가 성찬에 참여하여 그리스도께서 저희를 위해 죽으셨고 부활하셨으며, 저희를 감사와 믿음으로 성장하도록 양육하고 계심을 기억하게 하시옵소서.
그리스도께서는 죽으셨으며, 그리스도께서는 부활하셨으며, 그리스도께서는 다시 오실 것입니다.

[성령 임재의 기도]

전능하신 하나님, 성령께서 이 자리에 모인 저희들 위에 임하시고,

주님의 거룩한 식탁 위에 놓인 떡과 포도주 위에 임하시기를 기도합니다. 이 성찬에 함께 하셔서, 하늘의 떡과 구원의 잔을 먹고 마시는 저희가 그리스도의 새로운 몸을 입어 세상을 변화하는 힘이 되게 하시옵소서.

모든 성도와의 교제를 새롭게 하시고 특별히 오늘 하나님 앞에서 호명한 돌아가신 분들과 교통함이 있게 하시옵소서. 저희들이 수많은 증거자들로 둘러싸여 있으니, 저희들을 강건하게 하사, 저희 앞에 놓인 길을 예수 그리스도를 바라보며 달려나가는 믿음의 선구자와 완성자가 되게 하시옵소서.

예수 그리스도께서 최후 승리를 거두며 다시 오실 때까지, 저희가 모두 하나님 나라의 잔치에 참여할 때까지 성령께서 임하셔서, 저희가 그리스도와 하나가 되게 하시며, 저희들이 서로 하나되게 하시고, 온 교회가 하나되게 하시옵소서. 전능하신 하나님 아버지께 모든 존귀와 영광이 영원토록 있기를 간구하며 우리 주 예수 그리스도의 이름으로 기도합니다. **아멘.**

[영광 찬양(Doxology)]

(찬송가 3장, "이 천지간 만물들아"를 부른다.)

주님이 가르치신 기도

분급 (분급하는 동안 찬송을 부른다.)

성찬 후 기도

주님께서는 주님 자신을 저희에게 주셨습니다.
이제 저희가 우리 자신을 다른 사람들에게 주겠습니다.
주님의 사랑이 저희를 새로운 백성으로 만드셨습니다.

사랑을 입은 백성으로서 저희가 주님을 기쁨으로 섬기겠습니다.
주님의 영광이 저희의 마음을 가득 채웁니다.
모든 일로 주님께 영광돌릴 수 있도록 저희를 도우시옵소서. 아멘.

찬송

축도
하나님과 이웃을 섬기기 위해 평화를 누리며 나아가십시오.
저희들은 그리스도의 이름으로 보냄을 받습니다.
이제는 우리 주님 예수 그리스도의 은혜와 하나님의 사랑과 성령의 교제하심이 여러분과 함께 하기를 축원합니다.
아멘.

4) 그리스도께서 왕이심을 기념하는 주일(Christ the King)

이 주일은 오순절 이후 마지막 주일이면서 교회력의 마지막 주일이 된다. 이 주일이 자체로서 어떤 절정을 간직하는 것이라기보다는 강림절로 직접 이끌어가는 과도기적인 주일이라고 할 수 있다. 사람들은 이미 성탄절에 대해 생각을 하고 관심을 기울일 것이므로 그리스도께서 왕이심을 지키는 주일은 그리스도께서 왕이 되심, 즉 그리스도의 다스리심을 기념하는 것과 강림절의 시작으로 영광 중에 그리스도께서 다시 오심을 기대하는 것 사이에 연속성이 있다. 그러므로 그 강조점을 두고 그것을 고취시켜 나가는 것이 바람직하다. 성탄절은 아기 예수의 탄생 이상의 의미가 있는데 그것은 바로 주권적으로 다스리시는 그리스도께서 오신다는 것이다. 그리스도께서 왕이심을 기념하는 주일에는 봉독되는 성서 말씀을 연구하는 것이 중요하다. 구약성서에는 그리스도께서 다스리는 것에 대한 예시가 나타나며, 서신서에는 메시야 시대의 특별한 의미 전개가 있으며 종이시면서 왕이신 그리스도의 모습이 역설적으로 그려져 있다. 이 주일의 색깔로는 흰색을 사용하며 금색 또한 적절한 색이기도 하고 때로는 충성을 나타내는 것과 강림에 대한 기대로 엷은 보라색을 사용하기도 한다.

예배로 부름

하나님께서 "나는 알파요, 오메가요, 처음과 나중이라."고 말씀하십니다. 전능하신 하나님께서 과거에도 계셨으며 현재에 살아계시며 미래에 오실 것입니다.

우리를 위해 희생하신 어린 양에게 영광과 찬양을 드립니다.

모든 민족을 그의 피로 구원하시며 그들을 하나님 나라의 백성들과 제사장들로 삼으신 그리스도는 존귀하십니다.

거룩하시고 거룩하시며 거룩하신 전능의 하나님. 이전에도 계셨으며 지금도 살아계시고 앞으로 오실 것입니다.

기도

전능하신 하나님, 하나님의 독생 성자께서 종의 형체를 띠고 이 땅에 오셨으며 이제는 하나님의 우편에 앉아 큰 영광 중에 다스리시고 계십니다. 저희 마음을 그리스도께서 왕으로 다스리실 때 그리스도의 평화로 저희가 기뻐하게 하시고, 그리스도의 공의로 영화롭게 하시며, 그리스도의 사랑으로 살아가게 하시옵소서. 성부와 성령과 함께 영원히 다스리시는 우리 주님 예수 그리스도 이름으로 기도합니다. 아멘.

첫 번째 성서봉독

에스겔 34:11-16, 20-24 (A 해: 2002, 2005, 2008, 2011)
사무엘하 23:1-7   (B 해: 2003, 2006, 2009, 2012)
예레미야 23:1-6   (C 해: 2004, 2007, 2010, 2013)

시편교독

시편 100:1-5   (A 해)
시편 132:1-12 (B 해)
누가복음 1:68-79 (시편 46편) (C 해)

두 번째 성서봉독

에베소서 1:15-23   (A 해)
요한계시록 1:4-8   (B 해)
골로새서 1:11-20   (C 해)

복음서 봉독

마태복음 25:31-46   (A 해)
요한복음 18:33-37   (B 해)
누가복음 23:33-43   (C 해)

5) 추수감사 주일

전통적인 교회력에 들어있는 것은 아니지만 사회적인 문화나 풍습에 따라 기독교회에서 기념하는 것이 있는데, 그 중에 가장 대표적인 것이 추수감사절이다. 농경사회에서는 어느 지역이든 한 해의 수확을 거둔 후 제의를 행하고 축제나 잔치를 벌이는 것이 일반적인 모습이나, 현재 한국 교회에서 지키는 추수감사절은 미국의 역사와 문화에서 유래된 것을 전적으로 받아들인 것이다.

미국은 11월 넷째 목요일을 추수감사절로 명명하여 휴일로 지키고 있고 그 기원이 종교적인 특성을 지니고 있는 것이지만 현재에는 유대인이든 다른 종교인이든 또는 비종교인이든 적게는 4일에서 많게는 일주일에서 열흘에 걸쳐 휴식을 취하는 국민적인 풍속이 되었다. 미국에서는 추수감사절인 목요일이나 그 전날 밤에 온 가족이 모여 성대한 저녁식사를 하고 추수감사 주일에 특별한 예배를 행하는 것이 일반적인 모습이나, 한국에서는 추수감사의 성격을 가진 추석을 전후하여 추수감사 주일을 지키는 것이 오히려 바람직한 모습이 될 것이다.

시각적인 장식을 하는 것이 좋으며 사용하는 색은 일반적으로 빨강과 흰색이나 상징적인 의미를 주는 녹색이나 황금색을 사용할 수도 있다. 성찬식을 함께 거행하는 것이 바람직하며, 특히 성찬이란 말의 영어인 Eucharist가 뜻하는 것이 '감사'이기 때문에 회중에게 더욱 적절한 것이 될 것이다.

†추수감사 주일 예배†

예배로 부름

하나님께서 공의로 백성들을 판단하시며 이 땅의 모든 나라들을 인도하시니, 만국 백성들이여 즐거워하고 기쁨의 찬양을 드리어라.
오 하나님, 모든 백성이 주님을 찬양하게 하소서. 모든 백성이 주님을 찬양하게 하소서.
이 땅의 소출이 날로 풍성하게 되니 우리의 하나님이 복을 내리시는도다.

오 하나님, 모든 백성이 주님을 찬양하게 하소서. 모든 백성이 주님을 찬양하게 하소서.

찬송

기도

우리의 주님이신 하나님, 그 크신 사랑은 하나님께로부터 비롯되었으며 그 사랑이 우리의 잔에 차고 넘칩니다. 주님의 셀 수 없는 은사의 풍성함으로 저희에게 은혜를 주셔서, 저희가 사랑으로 다른 사람들의 삶을 가득 채우고 주님께서 저희에게 주신 모든 것을 귀중하게 지켜나가도록 하시옵소서. 우리 주님 예수 그리스도의 이름으로 기도합니다. 아멘.

(또는)

전능하시고 영광을 받으시기에 합당하신 하나님. 이 계절에 땅의 열매를 맺으시고 그것을 추수하도록 땀을 흘리게 하시니 감사합니다. 저희가 하나님께서 주신 풍성한 것들의 충실한 청지기가 되어 우리에게 필요한 것을 잘 준비하며 그와 함께 궁핍한 많은 사람들을 구제하여 하나님의 이름에 영광을 돌릴 수 있도록 하시옵소서. 우리 주님 예수 그리스도의 이름으로 기도합니다. 아멘.

[사죄의 기도]

(사죄의 기도 순서를 원한다면 다음과 같이 진행한다.)
그리스도 안에서 한 형제와 자매가 된 여러분, 하나님의 섭리와 은총을 깨닫고 하나님 앞에 조용히 머리 숙여 우리의 죄를 고백하고 용서받으시기 바랍니다.
(조용한 기도를 드린다. 조용한 기도를 드린 후 다같이 고백의 기도를 드린다.)

지극히 자비로우신 하나님, 저희가 생각과 말과 행동으로 주님께 죄 지었음을 고백합니다. 저희가 온 마음을 다해 주님을 사랑하지 않았고 우리들 자신과 같이 우리 이웃을 사랑하지 않았음을 고백합니다. 간절히 기도하옵나니, 주님의 크신 자비로 지금까지의 잘못을 용서하시고 지금의 저희를 변화시키시며 저희가 가야할 길을 일러주시옵소서. 그리하여 어떤 상황에서도 감사하면서 저희가 주님의 뜻을 받들어 기뻐하고 주님의 길을 걸어갈 수 있게 하시옵소서. 우리 주님 예수 그리스도의 이름으로 기도합니다. 아멘.
(다같이 기도드린 후, 목회자가 다음과 같이 말한다.)
이제 여러분은 예수 그리스도의 이름으로 죄사함을 받았습니다.
하나님께 영광을 돌립니다. 아멘.

첫 번째 성서봉독
신명기 8:7-18 (A 해: 2002, 2005, 2008, 2011)
요엘 2:21-27 (B 해: 2003, 2006, 2009, 2012)
신명기 26:1-11 (C 해: 2004, 2007, 2010, 2013)

시편교독
시편 65:1-13 (A 해)
시편 126:1-6 (B 해)
시편 100:1-5 (C 해)

두 번째 성서봉독
고린도후서 9:6-15 (A 해)
디모데전서 2:1-7 (B 해)
빌립보서 4:4-9 (C 해)

찬양
복음서 봉독
　　　　누가복음 17:11-19　　(A 해)
　　　　마태복음 6:25-33　　(B 해)
　　　　요한복음 6:25-35　　(C 해)

설교
회중 기도(중보기도)
모든 귀한 은사와 선물을 우리에게 값없이 주신 창조주 하나님께 감사를 드립시다.

(잠시 조용한 기도를 드린다.)

땅과 하늘과 바다에 있는 창조의 아름다움과 경이로움으로 인하여,

주님, 저희가 감사를 드립니다.

모든 사람들의 삶 가운데 나타난 인자하심을 인하여,

주님, 저희가 감사를 드립니다.

날마다 먹고 마시는 양식과 저희의 가정과 저희의 친구들로 인하여,

주님, 저희가 감사를 드립니다.

생각하는 머리와 사랑하는 마음과 섬기는 손을 주심으로 인하여,

주님, 저희가 감사를 드립니다.

일할 수 있는 건강과 힘, 그리고 안식할 수 있는 여가 주심을 인하여,

주님, 저희가 감사를 드립니다.

고통 중에 인내하고 역경 중에 믿음을 잃지 않도록 용기 주심을 인하여,

주님, 저희가 감사를 드립니다.

용감하게 진리와 자유와 정의와 평화를 찾도록 하심을 인하여,

주님, 저희가 감사를 드립니다.
어느 때나 어느 장소에서든지 성도들의 교제가 있게 하심을 인하여,
주님, 저희가 감사를 드립니다.
무엇보다도, 우리의 주님이신 예수 그리스도 안에서 우리와 세상을 향해 주신 귀중한 약속과 자비로 인하여 감사를 드립니다.
성부와 성령과 함께 예수 그리스도에게 지금부터 영원토록 찬양과 영광이 있기를 간구합니다. 아멘.

평화의 인사

예수께서 "나의 평안을 너희에게 주노라. 내가 너희에게 주는 것은 세상이 주는 것 같지 아니하니라."고 말씀하셨습니다.
주님의 평화가 여러분과 함께 하길 빕니다.
목사님에게도 함께 하길 빕니다.
화해와 평화의 인사를 서로 나누시기 바랍니다.

봉헌

(성찬식을 거행하지 않을 경우에는 봉헌 이후에 감사기도와 주님이 가르치신 기도, 찬송, 축도의 순서로 예배를 마친다.)
(성찬식을 거행할 경우에는 봉헌 순서에 떡과 포도주를 봉헌예물과 함께 앞으로 들고 나온다. 그리고 성찬기도를 시작한다.)

성찬 기도

[수르숨 코르다(Sursum Corda)]
('마음을 높이 들다.' 라는 뜻의 라틴어로 성찬기도의 중요한 요소)
주님께서 여러분과 함께 하시기를 빕니다.

목사님과도 함께 하시기를 빕니다.
여러분의 마음을 높이 드십시오.
주님을 향해 우리의 마음을 높이 듭니다.
주님께 감사를 드립시다.
이는 주의 백성들이 마땅히 해야 할 바입니다.

[감사 기도(Preface)]
전능하신 하나님, 하늘과 땅의 창조주 하나님, 언제나 어디서나 주님께 감사드림이 마땅하고 옳으며 기쁜 일입니다. 하나님의 크신 섭리에 따라 계절이 바뀌고 새로운 시절이 다가옵니다. 주님께서는 땅으로부터 저희가 먹을 양식을 공급하시고 아름다운 과실의 열매를 맺어주십니다. 하나님께서는 저희들을 주님의 형상대로 창조하시고 세상을 관리할 수 있는 능력을 주셨습니다. 땅은 귀중한 소산을 산출하며 주님의 손으로부터 저희가 그것을 받아 큰 복을 누려왔습니다.
그러기에 땅 위에 있는 주님의 백성들과 하늘에 있는 모든 천사들과 함께, 그들의 영원한 찬송에 합하여 주님의 이름을 찬양합니다. 영광과 찬양을 영원히 받으시기를 바라며 우리 주 예수 그리스도의 이름으로 기도합니다. **아멘.**

[상투스(Sanctus)] (다같이)
거룩하시다, 거룩하시다, 거룩하시다. 만군의 주님, 하늘과 땅에 그의 영광이 가득하시다. 지극히 높은 곳에서 호산나. 찬양 받으소서, 주의 이름으로 오시는 분이시여. 지극히 높은 곳에서 하나님을 찬양하도다.

[상투스 후 기도]

거룩하신 하나님, 독생 성자 예수 그리스도를 찬양합니다. 주님은 부유하시나 저희를 위해 가난하게 되셨고, 금식 중에 시험을 받으실 때에 주님 자신을 위해 돌덩이로 떡을 만드시는 것을 거부하심으로 다른 사람들을 위한 생명의 떡이 되셨습니다. 수많은 사람들이 굶주릴 때에 그들을 먹이셨으며, 소외받고 버림받은 사람들과 함께 떡을 떼었고 성전에서 탐욕에 물든 자들을 쫓아내셨습니다.
그리스도의 고난과 죽음과 부활의 세례로써 교회를 탄생시키셨으며, 저희를 죄와 죽음의 노예 상태에서 인도하시고 물과 성령에 의해 새 언약을 저희에게 주셨습니다.

[성찬 제정사]

전능하신 하나님, 저희를 구원하시려고 독생 성자 예수 그리스도를 십자가에서 고난당하게 하셨습니다. 자비하신 주님, 그리스도께서 온 세상의 죄를 위하여 완전한 속죄 제물이 되시고, 성례를 정하시어 저희에게 명하사, 주님께서 강림하실 때까지 주님의 귀하신 죽음을 기념하라 하셨습니다.
(집례자는 빵을 들어 올리며)
예수께서 잡히시던 밤에 떡을 가지사 축사하시고 떼어 가라사대 이것은 너희를 위하는 내 몸이니 이것을 행하여 나를 기념하라 하셨습니다.
(빵을 내려놓는다. 그리고 잔을 들어 올리며)
식후에 또한 이와 같이 잔을 가지시고 가라사대 이 잔은 내 피로 세운 새 언약이니 이것을 행하여 마실 때마다 나를 기념하라 하셨습니다. (잔을 내려놓는다.)

[기념사]

거룩하신 하나님, 예수 그리스도를 통해 행하신 전능하신 일들을 기억하면서, 그리스도와 연합하여 저희 자신을 거룩하고 산 제물로 찬양과 감사 중에 드립니다. 저희 모두가 성찬에 참여하여 그리스도께서 저희를 위해 죽으셨고 부활하셨으며, 저희를 감사와 믿음으로 성장하도록 양육하고 계심을 기억하게 하시옵소서.

그리스도께서는 죽으셨으며, 그리스도께서는 부활하셨으며, 그리스도께서는 다시 오실 것입니다.

[성령 임재의 기도]

전능하신 하나님, 성령께서 이 자리에 모인 저희들 위에 임하시고, 주님의 거룩한 식탁 위에 놓인 떡과 포도주 위에 임하시기를 기도합니다. 이 성찬에 함께 하셔서, 하늘의 떡과 구원의 잔을 먹고 마시는 저희가 그리스도의 새로운 몸을 입어 세상을 변화하는 힘이 되게 하시옵소서.

예수 그리스도께서 최후 승리를 거두며 다시 오실 때까지, 저희가 모두 하나님 나라의 잔치에 참여할 때까지, 성령께서 저희에게 임하셔서, 저희가 그리스도와 하나되게 하시며, 저희들이 서로 하나되게 하시고, 온 교회가 하나되게 하시옵소서. 전능하신 하나님 아버지께 모든 존귀와 영광이 영원토록 있기를 간구하며 우리 주 예수 그리스도의 이름으로 기도합니다. 아멘.

[영광 찬양(Doxology)]

(찬송가 3장, "이 천지간 만물들아"를 부른다.)

주님이 가르치신 기도

분급　　　(분급하는 동안 찬송을 부른다.)

성찬 후 기도

주님께서는 주님 자신을 저희에게 주셨습니다.
이제 저희가 우리 자신을 다른 사람들에게 주겠습니다.
주님의 사랑이 저희를 새로운 백성으로 만드셨습니다.
사랑을 입은 백성으로서 저희가 주님을 기쁨으로 섬기겠습니다.
주님의 영광이 저희의 마음을 가득 채웁니다.
**모든 일 가운데 주님께 영광돌릴 수 있도록 저희를 도우시옵소서.
아멘.**

(또는)

영원하신 하나님, 하나님께서 저희를 우리의 구세주 독생 성자 예수 그리스도의 살아있는 제자로 기쁘게 받아주시고, 예수 그리스도의 몸과 피의 성례를 통해 저희에게 영적인 양식을 주심에 감사를 드립니다. 이제 저희를 세상에 보내셔서 평화의 도구가 되게 하시며, 저희 마음이 큰 기쁨으로 오직 하나님만을 향하여 주님을 사랑하고 섬길 수 있도록 힘과 용기를 주시옵소서. 우리 주님 예수 그리스도의 이름으로 기도합니다. 아멘.

찬송

축도

하나님과 이웃을 섬기기 위해 평화를 누리며 나아가십시오.
저희들은 그리스도의 이름으로 보냄을 받습니다.
이제는 우리 주님 예수 그리스도의 은혜와 하나님의 사랑과 성령의 교제하심이 여러분과 함께 하기를 축원합니다.
아멘.

6) 그 외에 기념하는 날들

초대교회의 아주 이른 시기부터 세상을 떠난 종교 지도자들과 순교자들을 기념하는 날들을 지켜왔다. 그러나 종교개혁 이후 개신교에서는 그런 성자들을 추앙하는 것을 폐기하였으며 현대에 이르러서는 국가와 교파에 따라 특정 인물(예를 들어 웨슬리나 칼빈, 루터 등)을 기념하는 날을 지키고 있다. 국가마다 국가적인 명절과 국경일이 다르므로 그에 맞추어 기독교의 예배도 날짜가 다르게 된다. 한국의 경우에는 교파마다 지정한 특별 주일들(예를 들어 선교주일, 은급주일, 기독교교육진흥주일 등)이 있으며 국가의 경축일에 맞추어 예배를 드리고 있다. 여러 국경일들이 있지만 이 책에서는 광복절을 모델로 삼아 예배순서를 제시하며 그 의미와 취지를 설명하고자 한다.

(1) 광복절 예배

기독교 예배에서 중요한 요소 중의 하나는 예수 그리스도의 명령인데, 그 명령은 성찬식의 "이를 행하여 나를 기념하라."(눅 22:19, 고전 11:24-25)는 말씀으로 표현되어 있다. 기념한다는 뜻의 그리스어는 아남네시스(anamnesis)로 이는 단순히 과거에 있었던 일이나 죽은 사람들을 회상하는 것을 넘어서, 기념되는 사람이나 사건이 실제로 다시 나타나게 하는 객관적인 행위를 뜻한다. 이는 사람들을 바로 '지금 이곳'의 영역으로 들어가게 하는 것이다. 따라서 예배에서의 아남네시스는 예배의 행위를 통하여 예수 그리스도의 실재성을 다시 한 번 경험하는 것을 의미한다. 예배학자인 딕스(Gregory Dix)는 아남네시스를 "하나님 앞에서 완전히 성취된 그리스도의 희생을 상기함으로써 구원받은 자들의 영혼 가운데 지금 여기서 작용하고 있는 것"이라고 설명하였다.[45] 아

---

45) Gregory Dix, The Shape of the Liturgy, 243.

남네시스는 예수 그리스도의 수난, 죽음, 그리고 부활과 연결된다. 이는 창조의 개념을 품는 것으로 출발하여 마지막 성취에까지 이르는 하나님의 모든 역사하심을 포함한다. 그런 까닭에 부이에르(Bouyer)는 예수 그리스도의 구속적 죽음에 대한 기념(memorial)이 바로 장차 다가올 나라에서의 예수 자신의 행위의 궁극적인 완성이라고 했으며, 그 기념에 연관되는 기도와 간구는 항상 종말론적 경험의 실제적인 실현이라고 하였다.[46] 이처럼 아남네시스는 예배 행위에서 과거와 현재, 그리고 미래를 동시에 엮어가며 예수 그리스도의 임재를 강하게 느끼는 것이다.

이러한 맥락에서 우리의 광복절 예배도 역사의 통전성을 충실히 나타내며 '기념'될 때 보다 의미있는 예배가 될 것이다. 일반적으로 지금까지의 광복절 기념예배는 식민의 상태에서 벗어나 해방의 순간을 허락하신 역사의 주관자이신 하나님께 대한 찬양과 감사, 그리고 해방으로 인한 기쁨과 미래에 대한 각오와 다짐 등을 주제로 하여 그 개념을 표현해 왔다. 그러나 지금까지의 예배에서 부족한 점이 있다면 역사 속에서 치유받고 치유하여야 할 상처들을 간과하였다는 것이다. 광복의 기쁨이라는 추상적인 용어 속에 일제 식민 치하에서 죽고 상처받은 수백만의 생명들이 묻혀져 왔으며, 그 누구도 다 함께 드리는 공동예배를 통해 하나님께 그 상처의 치유를 간구하며 과거의 사건들을 기념하는 그런 예배를 시도하지 않았다. 우리가 바르게 기념할 때 제대로 된 예배를 드릴 수 있을 것이다.

유대인들의 경우에 그들은 제대로 기념하는 모습을 보여주고 있다. 제 2차 세계 대전 중에 660만이라는 유대인들이 나치스에 의해 학살되는 사건(Holocaust)이 있었다. 이 학살을 되새기기 위해 유대인들은 "기념일"(히브리어로 Yom HaShoah)을 정해놓고 준수하고 있다. 이

---

46) Bouyer, *Eucharist*, 105.

기념일은 유대인 달력으로 니산월 27일, 즉 유월절 이후 13일째 되는 날로서 기독교 교회력으로는 부활절 이후다. 이 기념일과 관련하여 티쿤(Tikkun)이라는 히브리 용어를 사용하는데, 이는 함께 모여 치유에 참여한다는 의미이다. 이 기념일을 설정한 목적은 대학살이라는 인간 비극을 생생하게 상기하는 것을 통해 화해를 추구하고 삶에 대한 헌신과 인간성에 대한 신뢰를 새롭게 한다는 것이었다. 그러나 그 목적을 실현하는 방법은 분석이나 비판을 통해서라기보다는 예배를 통한 기도와 찬송, 시편낭독, 그리고 회중의 응답이었다. 왜냐하면 예배를 통한 바른 응답이 있기 전에는 대학살이 치유보다는 상처를 주는 것으로 계속 남아 있을 것이기 때문이었다. 회중이 함께 참여하는 예배가 그 사건을 기념하는 내용으로 형성될 때 비로소 치유가 임하게 될 것이다. 공동예배의 목적은 의미있는 방법을 통하여 과거를 현재에 살아있게 함으로써 각각의 세대가 각자의 실존에 부여되는 그러한 사건들을 경험하게 하는 것이다. 종교적인 의식이 기억의 공동적인 축적을 가능하게 하고 유지하는 것이다.

  이러한 관점에서 우리의 광복절 예배를 살펴볼 필요가 있다. 공식적으로 통계가 잡힌 600만이라는 유대인 희생자들만큼 많지는 않다고 할지라도 일제 치하에서 죽임을 당하거나 강제로 동원되어 목숨을 잃거나 고통을 당한 한국 사람의 수는 엄청나다. 일본 정부가 전쟁이 끝나기 바로 전후에 강제동원과 관련된 많은 자료들을 소각하여 폐기했을 뿐만 아니라 그나마 남아있는 자료도 거의 공개하지 않았기에 얼마나 많은 사람이 희생되었는지 정확한 통계조차 없는 상태이다. 그러나 여러 학자들의 주장에 의하면 한국 내에서 강제로 동원된 410만 내지 480만 명을 포함하여 해외로 끌려간 인원까지 합하면 실제 숫자가 700만 명을 넘어설 수 있다는 것이다. "일본이 한국인을 군인으로 동원한 것이 36만, 군속으로 동원한 것이 24만, 노무자로 동원한 것이 140만, 일본군 위안부로 동원한 것이 10만 내지 20만으로 총합계 약 200만에서 220만 명으로 추정하고 있다. 이 가운데 사망자는 군인 53,000명, 군속 75,000명, 노무자 30만 명, 일본군 위안부 8만 명 정도로 약 50만 명 정도에 이르고 생사불명된 숫자는 무수히 많다."[47] 이 엄청나게 많은 사람들이 노예사냥과 같은 그러한 과정을 거쳐 어떻게 끌려가고 어떤 대우를 받았으며, 그리고 얼마나 처참하게 죽어갔는가에 대해서는 많은 기록들이 생생하게 증언하고 있다. 더욱이 그 아픔과 그 상처는 아직까지도 계속되고 있다. 징병이나 징용, 일본군 위안부로 끌려가 전쟁이 끝났음에도 돌아오지 못하고 있는 수많은 사람들, 돌아왔어도 육체와 정신에 가해진 충격으로 인해 현 사회에서 소외된 사람들, 군인이나 군속으로 강제동원되어 전쟁이 끝난 후 전범으로 몰려 재판을 받고 수형생활을 하는 사람들, 사할린이나 해외의 척박한 땅에 거주하며 돌아오지 못하는 수많은 사람들, 그리고 또한 원폭피해자들, … 이루 말할 수 없는 사람들이 아직도 고통받으며 그 상처를 치유하지 못해 눈물을 흘리고 있는 것이 우리의 현실이다. 그러므로 광복절 기념예배는 이 모든 것을 한데 모아 끌어안고 기도드리며 고통을 함께 나눔으로써 하나님의 위로를 받고 치유의 길로 인도되어야 한다. 우리 공동체가 죽은 넋들을 기리고 모든 아픔을 함께 풀어줄 때 상처받은 영혼들과 그 상처가 치유될 수 있을 것이다. 그와 함께 현재 우리 모두가 고통을 공유함으로써 미래의 지평을 열어갈 수 있다. 이렇게 하는 것이 바르게 기념하는 것이 될 것이다.

이와 같은 취지로 구상하여 광복절 기념예배를 드리는 것이 적절할 것이다. 특별예배인 까닭에 평상적인 주일예배와는 다른 모습을 취하여 회중에게 익숙하지 않을 수도 있으나 예배에 앞서 기념예배의 취

---

47) 한일문제연구원, 『빼앗긴 조국 끌려간 사람들』, 217.

지와 의미를 설명해 주고 준비를 한다면 큰 은혜를 경험하는 예배가 되리라고 본다. 평상적인 예배와 달리 특색있는 부분은 증언, 촛불점화, 그리고 아리랑 곡에 따른 찬송이다. 증언은 회중 가운데 연세가 많으신 분들이 낭독하면 좋을 것이고, 촛불점화를 위해서는 회중석과 성단소 사이에 탁자를 설치하고 그 위에 세 개의 큰 초를 세워놓는다. 세 개의 초가 상징하는 것은 해방의 불빛이며, 동시에 희생당한 영혼들을 뜻하며, 그와 함께 과거, 현재, 미래를 함께 어우러 비추며 기념하는 것이다. 그러므로 예배 중에 촛불을 켤 때는 노년, 중년, 소년의 3세대를 대표하는 회중이 각기 나와 차례로 불을 붙이는 것이 의미가 있다. 찬송을 아리랑 곡조(많은 곡조가 있지만 보편적으로 불리는 일명 서울아리랑의 곡조가 무난하다.)에 맞추어 부르는 것이 개체 교회에서 수용될 수 없을 때에는 찬송가에 있는 찬송 중에서 선택하여 부른다. 아리랑 곡조를 사용하는 것이 의미를 갖는 것은 우리 민족의 정서를 짙게 담고 있으며 머나먼 땅에 끌려가서도 그곳에서 가장 애창되었던 곡이었으며, 현재도 동남아 지역이나 만주 등에 생존해 계신 일본군 위안부로 고생하시던 분들이 기억하고 있는 노래이기 때문이다. 광복절 기념예배는 가능한 많은 회중이 순서를 맡아 참여하는 것이 함께 하나님께 경배드리며 기쁨과 슬픔, 그리고 고통을 나누어 공유할 수 있다는 점에서 중요하다. 광복절을 기념하는 취지를 살리기 위한 예배는 다음과 같고, 교회소식 등은 개체 교회의 필요에 따라 삽입할 수 있으며 증언을 첨가하거나 변경할 수 있다.

†광복절 기념예배†

(굵은 글씨 부분은 회중이 담당한다.)

예배로 부름

찬양하라, 하나님을 찬양하라. 찬양하라, 창조주 하나님을 찬양하라. 온전히 아름다운 이 땅에서 하나님께서 빛을 발하셨도다.

하나님이시여, 이 예배를 기뻐받으시며 주님의 구원의 즐거움을 저희 모두에게 회복시켜 주시옵소서.

역사의 흐름 속에서 선하시고 의로우신 길로 인도하시는 하나님을 찬양하라.

광복의 빛을 허락하신 주님께 감사하라.

아직도 큰 상처를 안고 신음하는 저희를 위로하시기 위해 주여 오시옵소서. 저희를 불쌍히 여기시고 자비를 베풀어 주시옵소서.

찬송

104장, "곧 오소서 임마누엘"

증언

[증언 1] 영산포에서 벌인 노예사냥 - 두 대의 호송차는 양철 지붕으로 된 커다란 창고들이 줄지어 선 강가의 큰길로 나섰다. 강가를 따라 약 300미터에 걸쳐 남자 오륙십 명이 분산되어 하역작업을 하고 있었다. 오른손을 들어 '시작' 신호를 하자마자 히라야마는 칼이 달린 단장집을 빼고 모리 순사부장은 허리에 찬 칼을 빼들었다. "작업 중지! 모두 저 쪽으로 가라!" 일하던 남자들은 깜짝 놀라 어깨에 메고 있던 쌀가마를 땅에 내던지고 창고 쪽으로 달렸다. 다른 배에서 일하던 사람들도 일을 중지하고 뛰어 나와서 강가의 큰길은 수십 명의 남자들로 북새통을 이루었다. 내 앞으로 너댓 명이 큰 소리를 내며 달려왔다. 내가 "서라!"하고 고함을 쳐도 달려오기에 맨 앞으로 오는 남자

에게 목검을 내려쳤다. 그 남자는 이빨을 드러내고 짐승과 같은 신음 소리를 내며 주저앉아 머리를 감쌌다. 나는 다음 남자에게 달려들어 그를 때려 눕혔다. 공격을 시작한 지 십분도 안 되어 그곳에서 짐을 싣던 조선 남자들을 모두 몰아 잡았다. "징용 총수 오십 육 명!" 하고 야마다가 큰 소리로 보고했다. 나도 의기양양하게 지시했다. "오늘의 징용은 이것으로 끝내고 바로 광주로 귀환한다." (징용대 동원부장이었던 요시다 세이지의 증언)

[증언 2] 홋카이도 비행장 건설 – 이른 새벽 어둠이 채 가시기도 전에 숙소를 나와 작업을 시작해서 날이 깜깜해져 삽날이 보이지 않을 때까지 일해야 했다. 하루 15-16 시간의 노동시간 중에서 휴식시간은 겨우 30분 정도였다. 물론 휴일도 없었고, 비가 몹시 내리는 날에도 일을 했다. 작업 중에는 감시인이 일을 다그치며 몽둥이를 휘두르는데 보통 하루에 50번 이상을 맞아야 했다. 일이 끝나고 숙소에 돌아올 때에도 군가와 행진곡을 부르게 했다. 자유롭게 다니는 것이 허락되지 않았고 오로지 작업 현장과 숙소 사이의 길만 왔다 갔다 할 수 있을 뿐이었다. 작업이 끝나도 감시는 여전해서 화장실에 다녀올 때에도 감시인이 함께 따라오고 밤에도 돌아다니며 감시를 해서 옆 사람과 한마디 말도 못하게 하였다. 가혹한 노동과 엄중한 감시는 물론, 빈약한 식사도 견디기 힘든 고통이었다. 과로와 감시인의 폭력, 형편없는 식사로 인한 영양실조로 수많은 조선인들이 목숨을 잃었다.

[증언 3] 일본군 위안부 – 겨우 침대가 하나 들어갈만한 조그만 방에 하루에 수십 명이나 되는 군인들이 달려들 때나 폭력으로 휘두르는 군인이 닥칠 때에는, 이들을 거부하고 반항하거나 도망치기도 하였다. 그러다가 잡혀서 군인이나 위안소 주인에게 심하게 얻어맞곤 했다. 어떨 때는 며칠간 거의 밥을 먹을 사이도 없이 군인들을 상대해야 했다. 성병에 걸리기도 했는데, 성병에 걸리면 군의는 606호라고 하는

독한 주사를 놓았다. 이 주사를 맞으면 코에서 이상한 냄새가 나며 어지러웠다. 여러 번 반복해서 이 주사를 맞으면 불임이 된다고 하였다. 성병이 심해지면 어디론가 격리된 채 돌아오지 못한 사람도 있었다.

[증언 4] 생존 위안부 할머니의 고백 – 이제 내 나이 한 이태면 팔십이다. 만주에서의 일은 기억하기도 싫다. 도망쳐 나올 때는 고향 생각에 사무치고 어떻게든 몸이라도 고향에 묻히고 싶다는 마음이 간절했지만 살면서 고생고생 하다보니 왜 그때 죽지 않았나 후회하는 생각들 뿐이다. 이리 혼자 떠돌며 미친년처럼 살아온 이것이 사는 목숨인지 무엇인지 모르겠다. 그래도 50여 년 가슴에 간직한 이야기를 털어놓고 나니 배가 붓는 듯한 증상은 없어지고 속은 후련하다. 한만 풀고 죽으면 된다.

찬송

(아리랑 곡조에 맞추어 다음의 가사를 부른다.)
아리랑 아리랑 아라리요 아리랑 고개를 넘어간다.
1. 어둔 구름이 빛을 가려도 주님의 권능은 영원하리.
   아리랑 아리랑 아라리요 역사의 고개를 넘어간다.
2. 눈물 흘리던 쓰라린 상처도 주님의 위로로 고쳐간다.
   아리랑 아리랑 아라리요 은혜의 고개를 넘어간다.
3. 힘찬 앞날의 새시대 일꾼들 성령의 도우심 믿고 간다.
   아리랑 아리랑 아라리요 소망의 고개를 넘어간다.

촛불점화

빛은 신성함의 상징입니다.
주님께서 우리의 빛이 되시며 구원이 되십니다.

빛은 우리들 안에 계시는 거룩하신 주님을 상징합니다.
우리의 영은 주님의 빛으로 인도됩니다.
빛은 또한 우리 모두의 사명을 상징합니다. 세상 모든 곳에 사랑과 정의와 평화의 빛이 비쳐야 합니다.
오늘날 이 시대를 살아가는 우리 모두가 믿음의 실천을 통해서 불꽃같이 타오르며 빛을 발하게 하소서.
이제 첫 번째 촛불을 켭니다. 이것은 이름도 기억되지 못하고 크나큰 한을 품고 이 땅을 떠난 영혼들을 기리며 밝힙니다.
하나님의 자비와 긍휼을 베풀어 주시옵소서.

(한 사람의 회중이 앞에 나아가 첫 번째 촛불을 켠다.)

이제 두 번째 촛불을 켭니다. 이것은 그 당시의 고통을 간직한 채 아직도 신음하며 현재를 살아가는 수많은 사람들을 기억하며 밝힙니다.
하나님의 자비와 긍휼을 베풀어 주시옵소서.

(한 사람의 회중이 앞에 나아가 두 번째 촛불을 켠다.)

이제 세 번째 촛불을 켭니다. 이것은 우리 민족이 겪었던 고난과 고통을 함께 나누며 미래를 열어 가는 믿음의 용기를 가진 우리 모두를 위해 밝힙니다.
하나님의 자비와 긍휼을 베풀어 주시옵소서.

(한 사람의 회중이 앞에 나아가 세 번째 촛불을 켠다.)
(촛불을 켠 후 모두 다함께 기도한다.)

자비로우신 하나님, 주님의 크신 날개 아래 아픔과 한을 안고 죽어간 모든 영혼들이 안식을 취하게 하시옵소서. 자비의 주님, 주님께

서 허락하신 안식처에서 이 영혼들이 영원한 삶을 누리게 하시옵소서. 더불어 하늘로부터 내리는 평화가 상처를 붙들어 안고 신음하는 모든 이들에게 넘치게 하시옵소서. 그와 함께 하나님 나라가 임하기를 기다리며 기쁨과 슬픔을 함께 나누며 살아가는 우리 모두를 은혜의 길로 인도하시옵소서. 빛이 되신 우리 주 예수 그리스도의 이름으로 기도합니다. 아멘.

말씀 선포를 위한 기도

주님, 성령의 능력으로 저희 마음과 영혼을 열어주시사, 이 시간 선포되는 하나님의 말씀을 통해 주님께서 이 나라 이 민족을 사랑하시고 인도하심을 온 몸으로 느끼며 기뻐하고 감사하게 하시옵소서. 말씀을 읽는 자와 선포하는 자, 그리고 듣는 자 모두가 크신 은혜 가운데 있게 하시옵소서. 이 민족에게 빛을 회복시켜주신 우리 주 예수 그리스도의 이름으로 기도합니다. 아멘.

첫 번째 성서봉독   출애굽기 15:1-18

시편교독   시편 126:1-6

두 번째 성서봉독   베드로전서 1:3-25

찬송(다같이)
33장, "온 천하 만물 우러러"

복음서 봉독
누가복음 4:16-19

설교
죄의 고백과 사죄의 말씀

이제 하나님의 말씀을 받은 우리 모두가 하나님 앞에 우리 모든 죄를 내어놓겠습니다.

(잠시 조용한 기도를 드린다. 조용한 기도 후에 다같이 고백을 한다.)

은혜로우신 하나님, 주님께서는 이 세상을 크신 섭리로 창조하셨으며, 저희들을 사랑으로 창조하셔서 하나님의 모든 은사들을 지켜가라고 명하셨습니다.

그러나 저희들이 하나님의 뜻을 충실히 따르지 못하였고, 독생자 예수 그리스도를 통해 세우신 하나님 나라에 온전히 들어가지 못했음을 고백합니다. 부족한 저희들은 주님께서 보여주시는 진리와 생명의 길을 깨닫지도 못하고 불평하며 제멋대로 갈 길을 고집하기도 했음을 고백합니다. 주님께서 맑고 뜨거운 영혼을 요구하셨지만 바르게 응답하지 못했고 불의에 대해 모른 척 하기도 했습니다. 주님의 은혜를 받기에 합당치 못한 저희들이었습니다.

자비로우신 하나님, 간절히 구하오니 저희의 죄를 위해 돌아가신 예수 그리스도의 피로 저희의 죄와 허물을 씻어 용서하시옵소서. 아멘.

하나님께서 주시는 복된 말씀을 들으십시오.
"그가 우리를 흑암의 권세에서 건져내사 그의 사랑의 아들의 나라로 옮기셨으니 그 아들 안에서 우리가 속량 곧 죄 사함을 얻었도다."(골로새서 1:13-14)
예수 그리스도께서는 죄인들을 구원하시기 위해 이 땅에 오셨습니다. 주님을 믿고 겸허하게 통회하면서 주님 앞에 나온 주님의 백성은 이제 모두 예수 그리스도의 이름으로 죄의 용서함을 받았습니다. 주님께서 주시는 큰 평화를 누리십시오. 아멘.

신앙고백

복된 말씀을 받고 사죄의 은총을 받았으니 사도신경으로 우리의 신앙을 고백하겠습니다. (사도신경 대신에 '기독교 대한감리회 신앙고백'을 사용할 수 있으며 집례자와 회중이 함께 교독하는 것이 좋다.)

기독교 대한감리회 신앙고백

1. 우리는 우주 만물을 창조하시고 섭리하시며 주관하시는 거룩하시고 자비하시며 오직 한 분이신 아버지 하나님을 믿습니다.
2. 우리는 말씀이 육신이 되어 우리 가운데 오셔서 하나님의 나라를 선포하시고 십자가에 달려 죽으셨다가 부활승천 하심으로 대속자가 되시고 구세주가 되시는 예수 그리스도를 믿습니다.
3. 우리는 우리와 함께 계셔서 우리를 거듭나게 하시고 거룩하게 하시며 완전하게 하시며 위안과 힘이 되시는 성령을 믿습니다.
4. 우리는 성령의 감동으로 기록된 하나님의 말씀인 성경이 구원에 이르는 도리와 신앙생활에 충분한 표준이 됨을 믿습니다.
5. 우리는 하나님의 은혜로 믿음을 통해 죄사함을 받아 거룩해지며 하나님의 구원의 역사에 동참하도록 부름받음을 믿습니다.
6. 우리는 예배와 친교, 교육과 봉사, 전도와 선교를 위해 하나가 된 그리스도의 몸인 교회를 믿습니다.
7. 우리는 만민에게 복음을 전파함으로 하나님의 정의와 사랑을 나누고 평화의 세계를 이루는 모든 사람들이 하나님 앞에 형제됨을 믿습니다.
8. 우리는 예수 그리스도의 재림과 심판, 우리 몸의 부활과 영생 그리고 의의 최후 승리와 영원한 하나님 나라를 믿습니다. 아멘.

중보기도(또는 목회기도)

전능하신 하나님, 주님께서 하늘을 펴시고 땅의 기초를 두사 모든 생명들이 주님의 섭리 가운데 살아가게 하심을 감사드립니다. 연약한 저희들을 사랑하시사 그리스도의 십자가 보혈로 구원해 주심을 감사하며 영광과 찬양을 드립니다. 이 모든 찬양과 기도가 주님 앞에 분향함과 같이 되게 하시옵소서. 주님의 사랑에 감격하여 충성과 복종으로 응답하며 이 자리에 모인 저희들에게 주님의 크신 은총을 내려 주시옵소서.
거룩하신 주님, 저희들의 기도를 들어주시옵소서.
(계속하여 개체 교회에 적합한 기도를 연도 형식으로 드리고 회중은 "거룩하신 주님, 저희들의 기도를 들어주시옵소서."라고 응답한다.)

평화의 인사

주님께서는 우리에게 이르시기를, "예물을 제단에 드리다가 거기서 네 형제에게 원망들을 만한 일이 있는 줄 생각나거든 예물을 제단 앞에 두고 먼저 가서 형제와 화목하고 그 후에 와서 예물을 드리라."고 하셨습니다. 이제 우리가 우리의 구원을 위해 희생하신 주님의 성찬 제단에 참여하기에 앞서 주님의 말씀을 따라 사랑과 용서와 화해의 마음을 나타내는 평화의 인사를 서로 나누겠습니다.

봉헌
성찬 기도
주님이 가르치신 기도
분급

성찬 후 기도
찬송
축도

(2) 성찬식으로 드리는 새벽예배

　신앙을 표현하는 양태 가운데 토착적인 요소, 즉 한국적인 특징을 가지고 한국 기독교인들의 영성을 잘 나타내 주는 것은 '새벽기도'와 '통성기도'일 것이다. 한국교회사에 있어서 새벽기도의 기원은 명확하지가 않으나 한국 교회 초기 부흥운동과 밀접한 관계를 맺고 있다. 한국 교인들이 새벽기도회를 하였다는 기록은 1904년 북장로회 평양 선교부 보고에 처음으로 나온다. 그 해 연초에 평양에서 거행한 겨울 사경회 때 참석자들이 묵고 있는 집마다 '동틀 무렵 기도와 찬양'을 드리는 것으로 하루를 시작하였다고 보고하였다. 다른 구체적인 묘사는 1904년 9월에 있었던 이화학당의 부흥회와 관련하여 이화학당 교장인 프라이(Frey)가 보고한 것으로, 이 부흥회를 위해 준비 집회를 하던 중 이화학당 학생들이 '이른 아침에' 예배실에 모여 기도하였다고 전해준다. 이 새벽기도회는 선교사나 교사들이 시작한 것이 아니라 학생들이 자발적으로 시작한 것이었다. 이덕주는 "한국 여성들은 기독교가 소개되기 전부터 새벽 기도를 한 경험이 많았다. 아침 일찍 일어나 '정한수'를 떠놓고 가족들의 건강과 자녀를 위해 '천지신명'께 기도드리던 습관이 사경회 기간 중에 새벽기도회로 이어진 것이다."라고 설명하고 있다.[48] 개인적으로 기도로 진행되었던 새벽기도가 점차 가족 공동체의 기도로, 나아가서 교회 전체의 기도회로 발전하였다. 그 대표적인 예가 길선주

---

48) 이덕주, 『한국 토착교회 형성사 연구』(한국기독교역사연구소, 2000), 369.

로, 그는 기독교로 개종하기 전에 선도(仙道)를 수행하며 하루 3차례(새벽, 정오, 밤) 기도하던 습관이 있었는데 개종 후에도 계속 같은 형식으로 기도하였다. 길선주가 개인적으로 하던 새벽기도에 1906년 가을부터 장대현교회 박치록 장로가 참여하였고 한 달 후에는 정식으로 교회에 청원하여 당회 결의로 전교인이 참여하는 새벽기도회가 시작되었다. 이처럼 한국 교회의 새벽기도는 ①한국인들의 자발적인 기도 운동으로 시작했고, ②사경회나 부흥회 기간에 시작했으며 ③개인적인 신앙훈련으로 시작한 것이 가정과 교회 전체의 기도회로 발전하였다. 이와 같은 배경에서 시작한 새벽기도는 1907년 부흥운동을 거치면서 한국교회 전체로 파급되었고 그 결과 오늘날까지 한국교회의 가장 대표적인 토착신앙으로 자리잡게 되었다.[49]

또 다른 토착 신앙의 형태로 통성기도가 있는데, 통성기도가 처음 보고된 것은 1907년 1월 6일에 시작된 평양 부흥회의 이튿날이었다. 설교 이후에 선교사의 '합심기도(united prayer)' 요청에 한국 교인들은 '통성기도(audible prayer)'로써 큰 소리로 혼돈 없이 강한 응집력을 이루어내는 기도를 드렸다. 결국 통성기도는 ①다수가 소리를 내면서도 혼돈이 없이 조화를 이루는 기도 ②각자 개인적으로 하면서도 남과 함께 드리는 기도 ③형식을 파괴하면서도 또 다른 형식을 만들어 내는 기도였다. 이처럼 통성기도는 개인적이면서 동시에 집단적이었다. 통성기도를 통해 하나님과 통하고 이웃과 연결되는 체험을 하였다. 그런 의미에서 '통(通)'성기도였다. 그와 함께 통성기도는 아픔을 가진 자의 기도가 되기도 하였다. 그런 의미에서 '통(痛)'성기도인 것이다.[50]

초기 기독교 예배에 있어서도 '새벽'이라는 시간은 소중한 시간이

---

49) 이덕주, 『한국 토착교회 형성사 연구』, 370.
50) 이덕주, 『한국 토착교회 형성사 연구』, 374.

었다. 복음서에는 안식일 이후 첫날(오늘날 주일) 새벽에 예수의 무덤을 찾아간 여인들에게 부활사건이 목격되었고 부활하신 예수께서 나타나셨다는 것이 기록되어 있다. 3세기에 기록된 것으로 여겨지는 『사도 전승(Apostolic Tradition)』에서 신실한 기독교인이 지켜야 할 날마다 드리는 기도의 시각에 대해 명시하고 있는데, 그 시각 가운데 새벽에 대하여 이렇게 말하고 있다: "새벽에 일어나 기도하라. 왜냐하면 그 시각에 수탉이 울 때 이스라엘의 자녀들이 그리스도를 부인했기 때문이다. 죽음으로부터의 부활 때에 영원한 빛이 나타남을 소망하고 우리의 눈이 그날을 바라보면서 우리는 믿음으로 그리스도를 안다." 콘스탄틴 황제가 기독교를 공인한 이후 교회에서는 하루의 기도일과(daily office) 가운데 새벽에 동이 틀 때 드리는 기도를 라우드스(Lauds)라고 이름을 붙였다.

오늘날 한국의 개신교에서는 성찬식을 자주 거행하지 않고 있지만 초대 교회에서 성찬식은 주님의 명령으로 행하는 성례전의 하나로 매주일 드리는 예배의 중심을 이루어 왔다. 그리스도의 죽으심과 부활을 기념(anamnesis)하면서 믿는 사람들이 함께 모여 그리스도의 구원의 사건에 참여하였다. 근래에 일어나고 있는 예배 운동(Liturgical Movement)의 주요 주제 가운데 하나가 성찬식의 재발견 및 회복이다. 많은 개신교인들이 일반적으로 성찬식에 대해 강조하는 것이 가톨릭적이고 형식적인 것으로 돌아가는 것이 아닌가 하고 생각한다. 그러나 가톨릭과 개신교를 구분하기 이전에 이미 기독교 예배 발생 초기부터 성찬식은 예배의 가장 중요한 부분이었으며 보이지 않는 하나님의 은혜를 드러내는 역동적인 방법이었다. 기독교 초기부터 성찬식은 그리스도와 성령의 임재를 체험하는 소중한 의식이었다. 성찬식의 발전 과정에서 각 교회 전통에 따른 특별한 요소가 첨가하고 성찬식에 대한 논쟁이 있었다고 해서 성찬식 자체에 대한 중요성과 그 의미를 간과해서는 안 된다. 오히려 성찬식을 활성화하여 회중들이 성찬식의 바른 의미를 깨닫고 더욱 신실하게 행할 때에 살아있는 예배가 되고 교회에도 활력이 넘치리라고 본다. 이런 맥락에서 한국 교회의 토착적인 의미를 담고 있는 새벽기도와 성찬식을 접목하여 매 주일 성찬식을 거행하는 새벽예배를 실시하는 것이 현대 한국 교회의 영성을 깊게 하는 데에 큰 도움이 되리라고 생각한다. 매 주일날 새벽에 성찬식을 행함으로 새벽에 부활하신 예수 그리스도를 영접하는 의미를 강하게 가질 수 있으며, 예배 참여자들도 자발성이 강해져 형식적인 면을 탈피하여 더욱 깊은 영적 교류를 할 수 있을 것이다. 성찬식을 행하는 주일 새벽예배(기도회가 아님은 성찬식을 행하기 때문이다.)의 한 모형을 제시하고자 한다.

†주일 새벽 성찬 예배†

(굵은 글씨 부분은 회중이 담당한다.)
(성찬대는 회중석 앞에 가까이에 놓아 회중이 쉽게 접근할 수 있게 한다. 집례자와 회중 사이에 성찬대가 있고, 집례자는 회중을 향하여 선다.)

예배로 부름

여러분 모두에게 평화가 있기를 빕니다.
목사님에게도 평화가 있기를 빕니다.
우리가 하나님께 산 제물이 되기 위하여, 무엇보다도 회개하여 주님의 용서를 받고 넘치는 은혜와 사랑을 받아야 합니다. 하나님은 미쁘시고 의로우시므로 우리가 우리의 죄를 자복하면 우리 죄를 사해 주시고 우리를 깨끗케 하실 것입니다. 이제 우리 모두 회개의 기도를 드립시다.

(모두가 조용한 기도, 또는 통성으로 기도한다. 기도한 후)

주님, 우리에게 자비를 베풀어 주시옵소서.
주님, 우리에게 자비를 베풀어 주시옵소서.
주님, 우리에게 자비를 베풀어 주시옵소서.
주님, 우리에게 자비를 베풀어 주시옵소서.
주님, 우리에게 자비를 베풀어 주시옵소서.
주님, 우리에게 자비를 베풀어 주시옵소서.

찬송   (2장 또는 4장)

성서봉독   (성경 말씀은 구약, 신약, 복음서 세 부분을 읽는다.)

첫 번째 성서봉독 (구약)
오늘 우리를 위해서 주시는 하나님의 말씀입니다. 주께서 "이 글이 오늘 너희 귀에 응하였느니라."(눅 4:21)고 말씀하셨습니다.
구약의 말씀은 … 입니다. (말씀을 읽은 후) 이는 살아계신 하나님의 말씀입니다.
말씀을 주신 주님께 감사를 드립니다. 아멘.

시편교독
시편 한 편을 선택하여 집례자와 회중이 한 절씩 교대로 읽어나간다.

두 번째 성서봉독(신약)
신약의 말씀은 … 입니다. (말씀을 읽은 후) 이는 살아계신 하나님의 말씀입니다.

말씀을 주신 주님께 감사를 드립니다. 아멘.

찬송   (9장-55장 사이의 찬양과 경배 가운데 한 곡을 부른다.)

복음서 봉독

복음서는 … 입니다. 모두 일어서시기 바랍니다.
(말씀을 읽은 후) 이는 살아계신 하나님의 말씀입니다.
말씀을 주신 주님께 감사를 드립니다. 아멘. (모두 자리에 앉는다.)

설교   (10분 내외의 설교가 바람직하다.)

사도신경

찬송   (모두 일어나 찬송을 부른다. 봉헌 찬송을 부르면서 회중 가운데 세례를 받은 신자 두 사람이 각각 빵과 포도주를 들고 성찬대 앞에 나아가 집례자에게 전달하고 집례자 옆에 서서 성찬식을 돕는다. 빵은 썰지 않은 한 덩어리로 된 것이 바람직하며 포도주는 두 개의 잔에 담는다. 봉헌하는 두 사람이 가운을 입는 것이 좋다.)

평화의 교제

주님께서는 우리에게 이르시기를, "예물을 제단에 드리다가 거기서 네 형제에게 원망들을만한 일이 있는줄 생각나거든 예물을 제단 앞에 두고 먼저 가서 형제와 화목하고 그 후에 와서 예물을 드리라."고 하셨습니다. 이제 우리가, 우리의 구원을 위해 희생하신 주님의 성찬에 참여하기에 앞서 주님의 말씀을 따라 사랑과 용서와 화해의 마음을 나타내는 평화의 인사를 서로 나누시기 바랍니다.(서로 인사를 나누거나 포옹을 한다. "**그리스도의 평화가 있기를 바랍니다.**"라고 인사말을 주고 받는다. 인사를 나누고 회중은 자리에 앉는다.)

성찬기도

[수르숨 코르다(Sursum Corda)]
('마음을 높이 들다.' 라는 뜻의 라틴어로 성찬기도의 중요한 요소)
주님께서 여러분과 함께 하시기를 빕니다.
목사님과도 함께 하시기를 빕니다.
여러분의 마음을 높이 드십시오.
주님을 향해 우리의 마음을 높이 듭니다.
주님께 감사를 드립시다.
이는 주의 백성들이 마땅히 해야 할 바입니다.
(또는 이것이 적당하고 올바른 것입니다.)

[감사 기도(Preface)]
전능하신 하나님, 하늘과 땅의 창조주 하나님, 언제나 어디서나 주님께 감사드림이 마땅하고 옳으며 기쁜 일입니다.
주님께서는 주의 형상대로 저희를 지으시고 생명의 숨을 불어넣으셨습니다. 저희가 주님께로부터 멀리 떨어져 사랑을 잃어버렸어도, 주님의 사랑은 변함없이 굳건히 남아있습니다.
[주님께서는 종살이에서 저희를 해방시켰으며 저희의 주권자가 되심을 언약을 통해 밝히셨고, 젖과 꿀이 흐르는 땅으로 저희를 인도하셨으며, 저희 앞에 생명의 길을 열어놓으셨습니다. 주님께서는 예수 그리스도를 보내시사 저희를 구원하시려고 고난과 죽음을 당하게 하셨습니다. 그리스도를 죽은 자 가운데 일으키시사 부활하게 하심으

로 하나님의 영광을 드러내셨고 또한 그리스도를 통해 죽은 자들의 부활을 약속하셨습니다. 전능하신 하나님, 흩어져 있던 많은 낟알들이 부서져 가루가 된 후 성찬의 떡이 만들어지듯 저희들 하나 하나가 그리스도 안에서 죽어 주님의 영광을 드러내는 알곡이 되게 하시옵소서. 그리하여 하나님의 나라가 이 땅에 임할 때까지 주님의 교회를 섬기게 하시옵소서.][51)

하늘에 계신 하나님 아버지, 저희들을 위해 예수 그리스도의 보배로운 피를 흘리시고 보배로운 몸을 주심을 거듭 감사드립니다. 영광이 주님께 영원히 있사옵나이다.

그러기에 땅 위에 있는 주님의 백성들과 하늘에 있는 모든 천사들과 함께, 그들의 영원한 찬송에 합하여 주님의 이름을 찬양합니다. 영광과 찬양을 영원히 받으시기를 바라며 우리 주 예수 그리스도의 이름으로 기도합니다. **아멘**.

[상투스(Sanctus)] (다같이)

거룩하시다, 거룩하시다, 거룩하시다. 만군의 주님, 하늘과 땅에 그의 영광이 가득하시다. 지극히 높은 곳에서 호산나. 찬양 받으소서, 주의 이름으로 오시는 분이시여. 지극히 높은 곳에서 하나님을 찬양하도다.

[성찬 제정사]

전능하신 하나님, 저희를 구원하시려고 독생 성자 예수 그리스도를 십자가에서 고난당하게 하셨습니다. 자비하신 주님, 그리스도께서 온 세상의 죄를 위하여 완전한 속죄 제물이 되시고, 성례를 정하시

---

51) 이 부분의 기도는 매 주일 마다 그 내용을 달리 할 수 있다.

어 저희에게 명하사, 주님께서 강림하실 때까지 주님의 귀하신 죽음을 기념하라 하셨습니다.
(집례자는 빵을 들어 올리며)
예수께서 잡히시던 밤에 떡을 가지사 축사하시고 떼어 가라사대 이것은 너희를 위하는 내 몸이니 이것을 행하여 나를 기념하라 하셨습니다.
(빵을 내려놓는다. 그리고 잔을 들어 올리며)
식후에 또한 이와 같이 잔을 가지시고 가라사대 이 잔은 내 피로 세운 새 언약이니 이것을 행하여 마실 때마다 나를 기념하라 하셨습니다. (잔을 내려놓는다.)

[기념사]

거룩하신 하나님, 예수 그리스도를 통해 행하신 전능하신 일들을 기억하면서, 그리스도와 연합하여 저희 자신을 거룩하고 산 제물로 찬양과 감사 가운데 드립니다. 저희 모두가 성찬에 참여하여 그리스도께서 저희를 위해 죽으셨고 부활하셨으며, 저희를 감사와 믿음으로 성장하도록 양육하고 계심을 기억하게 하시옵소서.
그리스도께서는 죽으셨으며, 그리스도께서는 부활하셨으며, 그리스도께서는 다시 오실 것입니다.

[성령 임재의 기도]

전능하신 하나님, 성령께서 이 자리에 모인 저희들 위에 임하시고, 주님의 거룩한 식탁 위에 놓인 떡과 포도주 위에 임하시기를 기도합니다. 이 성찬에 함께 하셔서, 하늘의 떡과 구원의 잔을 먹고 마시는 저희가 그리스도의 새로운 몸을 입어 세상을 변화하는 힘이 되게 하시옵소서. 예수 그리스도께서 최후 승리를 거두며 다시 오실 때까지, 저희가 모두 하나님 나라의 잔치에 참여할 때까지, 성령께서 임하셔서, 저희가 그리스도와 하나되게 하시며, 저희들이 서로 하나되게 하시고, 온 교회가 하나되게 하시옵소서. 전능하신 하나님 아버지께 모든 존귀와 영광이 영원토록 있기를 간구하며 우리 주 예수 그리스도의 이름으로 기도합니다. **아멘.**

[영광 찬양(Doxology)]
(찬송가 3장, "이 천지간 만물들아"를 부른다.)

주님이 가르치신 기도
성찬 분급
(집례자는 빵을 들고 둘로 쪼개면서 다음과 같이 말한다.)
이 떡이 하나이듯이, 여기 모인 우리도 하나입니다. 이렇게 떡이 잘라지는 것은 우리에게 나누어 주시기 위해 그리스도의 몸이 부숴지는 것입니다.
(떡을 내려 놓은 후, 잔을 들고)
우리가 감사를 드린 이 잔은 그리스도의 피가 우리에게 나누어지는 것입니다.
(성찬은 먼저 집례자와 도움을 주는 이들이 먹고 마신 후, 성찬대 앞에 집례자가 빵을 들고 서 있고 도움을 주는 이들은 집례자 양편에 포도주 잔을 들고 선다. 회중은 앞줄에 있는 사람부터 중앙 통로로 걸어나와 받아 먹게 한다. 먼저 집례자가 빵을 떼어주며 회중은 이를 받아 포도주에 적셔 입에 넣는다. 성찬 분급을 할 때는 다음과 같이 말을 한다. "이는 하늘의 떡, 예수 그리스도입니다", "이는 구원의 잔, 예수 그리스도입니다" 또는 "이는 그리스도의 몸입니다", "이는 그리스도의 피입니다.")
(성찬 분급이 진행되는 동안 **회중은 모두 함께 찬송을 부른다.** 찬송은 임의

로 지정할 수 있다)

성찬 후 기도 (다같이)

하늘에 계신 우리 아버지, 자비하신 하나님의 은덕으로 주님의 겸비한 종인 저희들이 이 성례를 행하였사오니, 우리가 드리는 찬양과 감사의 제물을 받으시옵소서. 정성으로 주님께 기도하오니 하나님의 아들 예수 그리스도의 죽으심과 피의 공로로 저희가 모두 죄사함과 모든 은사를 얻게 하시옵소서. 거룩하신 주님, 또한 여기서 저희의 영혼과 몸을 주님께 당연하고 거룩한 제물로 드립니다. 겸손히 간구하옵기는, 이 성찬을 받은 저희들이 능히 주님의 은총과 축복을 충만히 받게 하옵소서. 저희들이 죄와 허물이 많아 하나님께 기도드리기를 감당할 수 없으나 감히 간구하오니 우리의 마땅한 이 의무와 봉사를 받아 주시옵소서. 저희의 공로를 헤아리지 마시고 저희의 죄를 사하여 주시옵소서. 모든 존귀와 영광을 전능하신 성부 성자 성령 삼위일체께 영원히 돌려 보냅니다. 아멘.

영광찬양   1장, "만복의 근원 하나님"

축도

주님을 사랑하고 섬기기 위하여 평화를 누리며 나아가십시오.
저희는 그리스도의 부활의 능력으로 보냄을 받습니다. 할렐루야.
성부, 성자, 성령 삼위일체되신 하나님께서 주시는 복이 여러분에게 항상 함께 하기를 간구합니다. 아멘.
아멘. 할렐루야, 할렐루야.
[이후에는 각자 기도하는 시간을 갖고 돌아가게 한다.]

교회력에 따라 예배하기

남 호 지음

초판 1쇄 2002년 6월 7일
초판 3쇄 2010년 10월 15일

발 행 인 | 신경하
편 집 인 | 김광덕
펴 낸 곳 | 도서출판 KMC
등록번호 | 제2-1607호
등록일자 | 1993년 9월 4일

100-101 서울특별시 중구 태평로1가 64-8 감리회관 16층
(재)기독교대한감리회 출판국
대표전화 | 02-399-2008   팩스 | 02-399-4365
홈페이지 | http://www.kmcmall.co.kr
           http://www.kmc.or.kr
전자우편 | kmcpress@chol.com

디자인·인쇄 | 오성야베스 02-716-0231

값 12,000원
ISBN 89-8430-110-8 13230